简明廉政文化词典

杨礼宾　成云雷　主编

山东人民出版社
国家一级出版社　全国百佳图书出版单位

《简明廉政文化词典》编写组名单

主　编

杨礼宾　成云雷

编写人员（按姓氏笔画顺序）

王明华　李世艳　刘光顺　成云雷

孙国志　汪松明　张李军　张　馨

杨礼宾　黄红平　韩裕庆　阎丽丽

序　言

党的十八大报告指出：反对腐败、建设廉洁政治，是党一贯坚持的鲜明政治立场，是人民关注的重大政治问题。这个问题解决不好，就会对党造成致命伤害，甚至亡党亡国。这一重要论述深刻表明，随着执政日久，我们党逐步深化对党风廉政建设和反腐败斗争的规律性认识。实践发展永无止境，认识真理永无止境，理论创新亦永无止境。理论创新是实践发展的源泉，为实践发展提供明确的方向；实践发展是理论创新的基础，为理论创新提供持续的动力。

当前，世情、国情、党情的深刻变化对党风廉政建设和反腐败斗争提出新课题新要求，落实党要管党、从严治党的任务比过去任何时候都更繁重和紧迫。我们党正面临执政考验、改革开放考验、市场经济考验、外部环境考验，面临精神懈怠危险、能力不足危险、脱离群众危险、消极腐败危险。基于对自身历史方位实事求是的判断，我们党对反腐败斗争的长期性、复杂性、艰巨性和紧迫性的认识更为清晰和清醒，我们党加强自身建设和治理腐败的力度也越来越大。

没有理论上的清醒，就没有实践上的自觉。当前形势迫切需要提供一本简明扼要的小型工具书给广大的研究人员和干部群众，以方便查阅参考。2007年4月，中共南通市纪律检查委员会与南通大学联合组建南通廉政文化研究所，后更名为南通廉政研究中心。多年来，南通廉政研究中心始终坚持基础研究与应用研究相互促进的理念，不断开拓创新。这本凝聚着各位专家学者智慧的《简明廉政文化词典》，反映了南通廉政研究中心在反腐倡廉研究上的探索和努力。作为推进反腐倡廉理论创新的实践尝试，编写《简明廉政文化词典》是一项具有开拓意义的工作。编写这样一本书，一方面此前可供借鉴的成果很少，另一方面学术界对于许多问题的研究还没有形成共识，加之我们自身的研究水平和能力上的局限，决定了本书还有许多提高和完善的空间。感谢山东人民出版社领导的关心，我们将认真听取学术界同仁和广大读者的意见，进一步完善和修订，争取在不久的将来能够完成一本比较好的廉政文化方面的辞书。

南通廉政研究中心　**杨礼宾**

2014年9月6日

凡　例

1．本书是一部小型工具书，编写目的主要是为广大反腐倡廉理论工作者、党政干部以及高校师生等希望获得廉政文化知识的读者提供一些必要的、概括性的基础知识。

2．词条释义力求简明、准确，语言力求朴实、通俗，事例力求恰当易懂；所收条目，均选自近年来廉政文化研究领域比较流行的著作和刊物。了解这些词条，对于了解和研究廉政文化建设的相关理论和实践问题，能够起到积极的帮助作用。

3．廉政文化建设与研究的相关理论和实践近年来发展迅速，学术界对于某些问题的解释在短时间内还不可能取得完全一致的共识，因而对于某些词条采取了案而不断的写法，即梳理基本的事实而不作过多评判。

4．所有词条均按照词目的汉语拼音顺序排列。同音词按照声调排列。词目按照第一个字分条排列。第一个字相同的多字词目，再按照第二个字的汉语拼音顺序排列。依次类推。

目　录

F

G

H

J

K

L

M

S

T

W

X

Z

A

安贫乐道

安于贫困的生活状况，乐于追求高尚的道德境界。语出《后汉书·韦彪传》：“安贫乐道，恬于进取，三辅诸儒莫不慕仰之。”体现了中国传统知识分子在恶劣环境下仍然坚持人生的理想、信念、准则的出世态度，体现了视精神追求高于物欲的价值取向，与廉洁、廉政的内在要求具有一致性。一个人若能做到安贫乐道，那么就可以抵御种种外在物欲的腐蚀，保持廉洁操守。中国传统文化中的安贫乐道思想，反映了人们对于精神价值的追求，对社会主义廉政文化建设具有积极的借鉴意义。

按察使

古代官名。唐朝初年设置，负责巡察地方，考核吏治。实为唐朝各州刺史的上级，权力仅次于节度使。金朝改提刑使为按察使，主管司法刑狱和官吏考核。元代改称肃政廉访使。明初复用按察使之名，主管一省司法，中叶后为巡抚的属官。清朝时隶属各省总督、巡抚，清末改称提法使。民国时被废除。

案件监督卡

近年来，中国各地法院为完善监督机制所采取的一种制度。由案件查办负责人员填写，内容包括案件和双方当事人的基本情况及享有的权利、承办案件人员的姓名、当事人对承办案件人员满意与否及办案人员是否有违法违纪和办案不公等情况。案件监督卡分案件审理监督卡和案件审理后监督卡两种。前者分两联，第一联在提起公诉时随案卷一并送达法院，由审判人员在庭审结束后就是否保障被告人行使合法权利情况进行填写并签字后，与判决书一起送达公诉机关；第二联在提起公诉时送达被告人，在案件审结后由被告人对诉讼权利是否得到行使进行填写后交回检察院。公诉人在收到两联“监督卡”后进行认真比对审查，一旦发现问题，即通过调阅庭审笔录、查看庭审录像、了解当事人、与判决（裁定）对比等方式进行监督，对违反法定程序等问题将依法进行纠正，符合抗诉条件的依法进行抗诉。这种方式可以弥补公诉人不出庭的简易程序刑事案件的监督缺失，有效促进法院保障被告人行使合法诉讼权利的自觉性和规范性。后者主要是指案件结束后，当事人将上述情况如实填写，直接投到监督卡投递箱或邮寄到法院监察室。对当事人在监督卡中反映的问题，监察室负责核查、落实。这种方式可以有效警醒和强化法官的公正意识、效率意识和责任意识，有力推动审判工作的健康发展。

案中案

在查办一个案件的过程中，发现的线索或涉案人员交代的问题指向其他人员，由此挖出一些窝案、串案。从腐败案件的类别和查处情况来看，“案中案”呈上升趋势，犯法者作案手段趋于多元化、智能化和隐秘化；案件查办面临调查对象难突破、作案事实难取证、人情关系难处理等棘手问题。

暗访监察制度

是监察制度的一种，也是当前加强巡视制度执行力的重要手段。监督机构在暗访监察中，事先不告知访察内容、督察人员不暴露身份，以暗访、暗察、暗拍、暗录等为基本工作手段，随机察访被监督部门的管理情况，了解工作中存在的突出问题，以及跟踪反馈各项整改措施落实情况的制度。该制度的实施对于维护行政秩序、保证国家机器正常运转具有积极作用。

暗箱操作

亦称黑箱操作，指权力拥有者利用职权暗地里做某些违反社会公正或违法的事。暗箱操作中的权力拥有者通过这种做法，可以为自己谋得一定利益和好处，但有违行政事务应该公正、公平、公开的原则，严重败坏了社会风气。

B

八个坚持、八个反对

即“坚持解放思想、实事求是，反对因循守旧、不思进取”；“坚持理论联系实际，反对照搬照抄、本本主义”；“坚持密切联系群众，反对形式主义、官僚主义”；“坚持民主集中制，反对独断专行、软弱涣散”；“坚持党的纪律，反对自由主义”；“坚持艰苦奋斗，反对享乐主义”；“坚持清正廉洁，反对以权谋私”；“坚持任人唯贤，反对用人上的不正之风”。2001年9月，中国共产党十五届六中全会审议通过《中共中央关于加强和改进党的作风建设的决定》，针对当时党的作风建设中存在的比较突出和严重的问题，而提出的纠正措施，是中国共产党在新的历史条件下党的作风建设的重要内容。它以简短、直接、清晰的语言表明了中国共产党在作风建设上的鲜明态度和端正党风的决心。

八项规定

中共中央政治局2012年12月4日，审议通过关于改进工作作风、密切联系群众的规定。要求中央政治局全体同志：（一）要改进调查研究，到基层调研要深入了解真实情况，总结经验、研究问题、解决困难、指导工作，向群众学习、向实践学习，多同群众座谈、多同干部谈心、多商量讨论、多解剖典型、多到困难和矛盾集中、群众意见多的地方去，切忌走过场、搞形式主义。要轻车简从、减少陪同、简化接待，不张贴悬挂标语横幅，不安排群众接送，不铺设迎宾地毯，不摆放花草，不安排宴请。（二）要精简会议活动，切实改进会风，严格控制以中央名义召开的各类全国性会议和举行的重大活动，不开泛泛部署工作和提要求的会。未经中央批准一律不出席各类剪彩、奠基活动和庆祝会、纪念会、表彰会、博览会、研讨会及各类论坛；提高会议实效，开短会、讲短话，力戒空话、套话。（三）要精简文件简报，切实改进文风，没有实质内容、可发可不发的文件、简报一律不发。（四）要规范出访活动，从外交工作大局需要出发合理安排出访活动，严格控制出访随行人员，严格按照规定乘坐交通工具，一般不安排中资机构、华侨华人、留学生代表等到机场迎送。（五）要改进警卫工作，坚持有利于联系群众的原则，减少交通管制，一般情况下不得封路、不清场闭馆。（六）要改进新闻报道，中央政治局同志出席会议和活动应根据工作需要、新闻价值、社会效果决定是否报道，进一步压缩报道的数量、字数、时长。（七）要严格文稿发表，除中央统一安排外，个人不公开出版著作、讲话单行本，不发贺信、贺电，不题词、题字。（八）要厉行勤俭节约，严格遵守廉洁从政有关规定，严格执行住房、车辆配备等有关工作和生活待遇的规定。

拜金主义

一种金钱至上的思想道德观念。认为金钱不仅万能，而且是衡量一切行为的标准。这种价值观的核心之处是视物质利益为最高价值，看不到精神追求和精神境界的重要性。拜金主义者太过强调金钱的重要性，以致变得唯利是图、金钱至上。信奉拜金主义的人极容易贪污腐败。加强对拜金主义的批判，是社会主义精神文明建设的重要内容，也是推进社会主义廉政文化建设的重要手段。

办案风险责任分解制

从初查、立案、调查等各个环节，对可能出现的风险进行全面排查，并做出风险评估，针对排查出的风险点采取责任分解的方式进行防范的制度。责任分解是根据查办案件所涉及的各个岗位、各个环节的特点，把责任分解到线索保管、文书运转、谈话、取证、陪护、移送等环节，加强过程管理，细化和明确各岗位的职责，切实做到“谁负责、谁防范”的要求，防止意外事故发生。杜绝办案安全事故的发生。办案风险责任分解制是反腐倡廉制度建设中加大制度建设、形成防控体系、努力降低查办案件风险的重要举措，是防控查办案件风险的有效保障。

包 庇

明知他人有违纪违法的事实而加以窝藏或掩护的行为。《中华人民共和国刑法》第三百一十条规定包庇罪：明知是犯罪的人而为其提供隐藏处所、财物，帮助其逃匿或者作假证明包庇的，处三年以下有期徒刑、拘役或者管制；情节严重的，处三年以上十年以下有期徒刑。包括包庇犯罪分子，包庇恐怖组织、黑社会性质组织，包庇有严重违纪行为的人员的三种行为。

包公案

中国古代公案小说。全书共十卷，由明朝安遇时等作。小说以宋朝清官包拯为主角，叙述了百余个包公断案的故事。小说塑造了清正廉明的包拯的形象，对后世影响很大。

包 拯

包拯（999～1062年），北宋庐州合肥（今属安徽）人，字希仁，天圣进士，仁宗时任监察御史，曾建议朝廷练兵，充实北方边防，以御契丹。后任天章阁待制、龙图阁直学士，官至枢密副使。包拯为官刚正，断讼明敏，廉洁奉公，执法不畏权贵，时称：“关节不到，有阎罗包老。”著有《包孝肃奏议》。他的事迹长期流传民间，小说、戏曲多以之作为题材。是中国古代清官的典型。

保护伞

比喻某种庇护性力量，保护某些人或某些组织，使其利益不受损害或不受干涉的权力主体。从广义上讲，主要是指政府官员包庇纵容违法违纪违章行为，为其提供各种便利或非法保护。刑法中理解“保护伞”主要指国家公职人员包庇纵容黑社会性质组织的犯罪行为，或者国家公职人员组织、领导、参与黑社会性质组织，沆瀣一气，共同实施犯罪的情况。成为“保护伞”一般应该具备主观和客观两个要件。首先，成为“保护伞”的人在主观上肯定是故意的，即明知黑社会性质组织从事的是犯罪活动而予以包庇或者纵容。其次，纵容黑社会性质组织违法犯罪的，行为人在客观上实施的是放纵行为，可以是直接故意，也可以是间接故意。总之，被认定为黑社会性质组织“保护伞”的人，必须实施了包庇、纵容黑社会性质组织的行为。

报复性腐败

部分领导干部由于仕途不顺、关系不和、家庭不幸等原因而产生的不顺心、不服气、不罢休的情绪，在工作中实施贪腐行为作为报复的现象。在这类腐败行为中，行为主体以腐败的恶行向他怀有不满的一切进行报复，以宣泄自己被抑制的私欲，达到某种心理平衡。

贝卢斯科尼行贿案

2009年10月，意大利司法部门针对总理贝卢斯科尼重新提起腐败诉讼。在这起案件中，贝卢斯科尼被指控为掩盖自己的腐败罪行向英国律师大卫·米尔斯提供40万欧元（约合人民币402.55万元）的贿赂。而后者在20世纪90年代为贝卢斯科尼作为被告的两次审判中提供伪证，从而使贝卢斯科尼逃避指控。2009年2月，意大利法院判处米尔斯4年零6个月的监禁。但随后意大利最高法院撤销了对米尔斯的有罪判决，理由是“对米尔斯的指控已经过了诉讼时效”。虽然被撤销了有罪判决，米尔斯还是破坏了“意大利政府形象”而“应向意大利政府支付25万欧元的赔偿金”。但贝卢斯科尼在担任意大利总理期间，利用职权对司法部长施压，要求改革司法体系，避免自己上法庭受审。经过多年审理，2012年法院裁定不追究贝卢斯科尼涉行贿案。

辩诉交易

在法院开庭审理之前，作为控诉方的检察官和被告人的辩护律师通过协商，以检察官降格指控、撤销指控或者要求法官从轻判处为条件，来换取被告人就较轻的罪名或者数项指控中的一项或几项作出有罪答辩。通过这样一种制度，检察官、法官可以提高办案效率，罪犯也得到了比原罪行较轻的刑事制裁，形成对双方都有利的局面。

标本兼治、综合治理、惩防并举、注重预防

中国共产党反腐倡廉的方针。出自胡锦涛同志2004年1月在十六届中央纪律检查委员会第三次全体会议上的讲话。胡锦涛在讲话中指出，反腐倡廉既要从严治标，惩治腐败，又要着力治本，预防腐败，坚持惩防并举、注重预防，建立健全与社会主义市场经济体制相适应的教育、制度、监督并重的惩治与预防腐败体系。2004年党的十六届四中全会把“坚持标本兼治、综合治理、惩防并举、注重预防”作为反腐倡廉工作的新方针，要求抓紧建立健全与社会主义

市场经济体制相适应的教育、制度、监督并重的惩治和预防腐败体系。这是党中央在新的形势下做出的党风廉政建设和反腐败斗争的重大战略决策，是对党的反腐倡廉方针的坚持、完善和发展，标志着中国反腐败斗争向前迈出了坚实步伐，实现了理论创新，进入了新的发展阶段。

冰　敬

明清时期的一种官场陋习，每到夏季，各地官员以消暑降温为名给京官的“孝敬”。其对象通常是军机大臣，后扩大到普通上下级之间。“冰敬”后来成为夏季行贿的别称。

剥皮揎草

明朝的一种酷刑。将人皮完整剥下来，做成袋状，在里面填充稻草，做成人偶然后悬挂示众。根据佛教传说，“剥皮揎草”是地狱当中对罪大恶极的灵魂施行的酷刑。明太祖朱元璋为打击腐败，整顿吏治，将此刑运用到现实中。根据《大明律》规定，官员贪污数额在六十两白银以上的，就要枭首示众，并将尸体剥皮实草，置于衙门官座旁，以便对继任官员起到警戒作用。

剥削阶级

占有生产资料，自己不劳动或只附带劳动，无偿占有他人劳动成果的阶级。在人类社会历史上，先后出现三种剥削阶级：奴隶主阶级、地主阶级和资产阶级。早在新中国之初，以“消灭剥削”为己任的中国共产党就开始改造剥削阶级。到20世纪50年代中期，通过土地改革和赎买等社会主义改造手段，数以百万计的地主、富农和民族资本家变成了“自食其力的劳动者或国家干部”。不过，在中国，剥削阶级作为阶级已经消灭，但是阶级斗争还将在一定范围内长期存在。

不当得利

没有法律或合同上的根据而受利益，并使他人受损的法律事实。由于不当得利之法律事实所产生的债权债务关系，称为不当得利之债。取得利益的人称受益人，遭受损害的人称受害人。不当得利的取得，不是由于受益人有针对受害人的违法行为，而是由于受害人或第三方的疏忽、误解或过错所造成的。不当得利的构成须具备四个要件：第一，一方取得利益；第二，一方遭受损失；第三，一方受益与他方受损失之间有直接因果关系；第四，一方受益无合法依据。四个要件缺一不可。中国《民法通则》第92条规定："没有合法根据，取得不当利益，造成他人损失的，应当将取得的不当利益返还受损失的人。"

不正当两性关系

与配偶以外的人发生的性行为。国家机关工作人员发生不正当的两性关系，应根据不同情况予以处理。对犯有一般性错误的，应批评教育；错误严重的，给以适当的处分；腐化变质的，要开除党籍甚至公职；触犯刑律的，要追究刑事责任。对不正当的两性关系的处理，既要克服处分偏多偏重，又要克服不管不问的现象。1989年12月28日，中共中央纪委《关于共产党员违反社会主义道德党纪处分的若干规定》提出"利用职权、教养关系或诱骗等其他手段与他人发生性关系的，给予撤销党内职务处分；情节严重的，给予留党察看或开除党籍处分。与直系血亲发生性关系的，给予开除党籍处分"。

不正之风

主要指领导干部在政治、思想、工作和生活方面表现出来的不良作风。不正之风主要有以权谋私、官僚主义、行贿受贿、请客送礼、铺张浪费、权钱交易、损公肥私、任人唯亲、主观主义等。不正之风的存在，严重影响党的形象和政府的威望，涣散人心，腐蚀人们的灵魂、败坏社会风气，阻碍社会主义的改革和开放，影响社会的安定团结。在本质上，不正之风违背社会主义原则，侵犯国家、集体和人民群众利益，不利于社会发展，虽然是作风问题，但如果不加以遏制，就会对腐败的滋生蔓延起到推波助澜的作用，甚至直接演变为腐败行为或腐败现象。当前，推进社会主义廉洁政治建设，首当要纠正不正之风。

C

财产申报制度

一种根据国家的相关法律规定，要求特定人群对其财产和收入情况进行如实申报的制度。按照该制度，国家公职人员在任职时、任职期间或者任期届满后，必须向有关部门申报自己及一定范围的家庭成员的财产及其变化状况。凡公职人员所获得的收入高于其职务收入相应的水平，而又无从解释其原因的，一般要受到行政处分或者法律制裁。这一被称为“阳光法案”的制度起源于1883年英国的《净化选举、防止腐败法》。一些国家和地区实施财产申报制度的实践表明，它对反腐倡廉、树立政府和公务人员的良好形象起到了积极的作用。

察举制

汉代至隋代的一种选官制度。各个朝代根据不同需要设立各种科目，指定有关官员担任推荐人，荐举相应人才，经朝廷考核后给予官职。定期的察举科目被称为常科或岁举，如孝廉、秀才科；由皇帝不定期下诏要求贡举的为特科、制科或诏举，如贤良、文学、明经、有道等科。察举的对象非常广泛，从平民到现任的官吏皆可。特点是以封建伦理道德为考核重点，注重声名取士；同时以荐举为主，考试为辅。察举制作为中国古代最早的系统的选官制度，在封建社会正常运转的时期，为一些德才兼备的儒家知识分子进入统治阶层提供了制度保证。对中国的教育制度、人才选拔制度、官吏制度都有重要的影响。

忏　悔

原为宗教用语，指向人表露自己的过错，希求容忍宽恕。佛教规定，出家人每半月集合举行诵戒，给犯戒者以说过悔改的机会。后遂成为专以脱罪祈福为目的的一种宗教仪式。引申为认识了错误或罪过而感到痛心。在廉政文化中，引申为认识了错误或罪过而感到痛心、决心悔改。

长征精神

把全国人民和中华民族的根本利益看得高于一切，坚定革命的理想和信念，坚信正义事业必然胜利的精神；为了救国救民，不怕任何艰难险阻，不惜付出一切牺牲的精神；坚持独立自主、实事求是，一切从实际出发的精神；顾全大局、严守纪律、紧密团结的精神；紧紧依靠人民群众，同人民群众生死相依、患难与共、艰苦奋斗的精神。从1934年10月，中央红军主力被迫撤离中央革命根据地开始长征，到1936年10月中国工农红军第一、二、四方面军在甘肃会宁地区顺利会师，红军长征历时两年，转战十一个省，最远行程约二万五千里。长征精神是中国共产党人和人民军队革命风范的生动反映，是中华民族自强不息的民族品格的集中展示，是以爱国主义为核心的民族精神的最高体现。为中国革命不断从胜利走向胜利提供了强大精神动力。

厂 卫

明代由皇帝直接领导的侦察机关的合称。厂，指东厂、西厂、内行厂。卫指锦衣卫。因其性质同为特务机构，关系亦密切，故常合称。东厂系永乐十八年（1420）设立于北京东安门北；西厂系成化十三年（1477）设于旧灰厂；内行厂系正德初年（1508）设于荣府旧仓地。锦衣卫于洪武十五年（1382）成立，厂卫使皇帝对中央和地方的控制得以加强，但因厂卫都可以不通过司法机构，直接奉诏行事，受理词状，严重破坏了国家正常的法制秩序，且滥刑酷狱，造成无数冤案，激化了明代的社会矛盾，以致后人有“明不亡于流寇而亡于厂卫”之叹。

诚 实

中华民族传统美德的一种。指言行与内心一致，不虚假。

诚 信

在中国传统文化中，诚是立身处世的真诚状态，信是说话算数，有诺必践。是处理人际关系的基本伦理原则和道德规范。也是行为主体所应当具有的基本德性和品行。诚信是立人之本、齐家之道、为政之法。无论在过去或是现在还是未来，诚信对于建设人类社会文明和净化社会风气都是极为重要的。

惩前毖后，治病救人

中国共产党在1942年开始的延安整风运动中提出的对待犯错误同志的正确方针。毛泽东在解释这个方针时指出："对以前的错误一定要揭发，不讲情面，要以科学的态度来分析批判过去的坏东西，以便使后来的工作慎重些，做得好些。这就是'惩前毖后'的意思。但是我们揭发错误、批判缺点的目的，好像医生治病一样，完全是为了救人，而不是为了把人整死。"这从根本上结束了"左"倾机会主义"残酷迫害，无情打击"的错误方针，并为后来正常情况下的党内斗争制定了正确的方针。这一方针能够达到既能弄清思想、又能团结同志这样两个目的。

惩治和预防腐败体系

中国共产党在新形势下反腐倡廉工作的重大战略决策。指教育、制度、监督并重的惩治和预防腐败体系，是坚持标本兼治、综合治理、惩防并举、注重预防方针的体现。2003年10月中共十六届三中全会作出的《中共中央关于完善社会主义市场经济体制若干问题的决定》中提出。2004年9月，中共十六届四中全会通过的《中共中央关于加强党的执政能力建设的决定》提出坚持标本兼治、综合治理、惩防并举、注重预防的方针。2005年1月，中共中央颁布《建立健全教育、制度、监督并重的惩治和预防腐败体系实施纲要》，全面阐述可建立健全惩治和预防腐败体系的指导思想、主要目标和工作原则。主要目标：到2010年，建成完善的惩治和预防腐败体系基本框架。再经过一段时间的努力，建立思想道德教育的长效机制、反腐倡廉的制度体系，权力运行的监控机制，建立完善的惩治和预防腐败体系。工作原则：（一）坚持与完善社会主义市场经济体制、发展社会主义民主政治、建设社会主义先进文化、构建社会主义和谐社会相适应。要为完善社会主义市场经济体制，实现社会主义民主政治的制度化、规范化和程序化，发展社会主义先进文化、构建社会主义和谐社会提供保证。（二）坚持教育、制度、监督并重。教育是基础，制度是保证，监督是关键。三者统一于惩治和预防腐败体系之中，相互促进，共同发挥作用。既要从严治标，更要着力治本，惩防并举，注重预防。（三）坚持科学性、系统性、可行性相统一。理论与实际相结合，立足全党，着眼全局，总体规划，分阶段实施；注重科学合理、系统配套和可操作性，充分发挥惩治和预防腐败体系的整体效能。（四）坚持继承与创新相结合。认真运用党反腐倡廉的基本经验，借鉴国外反腐败的有益做法，加强全局性、前瞻性问题的研究。解决新问题，总结新经验，在继承中发展，在发展中创新。这一战略决策的提出，是对执政规律和反腐倡廉工作规律认识的进一步深化，是在发展社会主义市场经济和对外开放条件下深入开展党风廉政建设和反腐败工作的新要求，是从源头上防治腐败的根本举措，对于提高党的执政能力、巩固党的执政地位，具有十分重要的意义。

吃卡拿要

一些公职人员违反国家有关规定，接受他人宴请、盘剥经手的财物或者索要财物等不法或违纪行为。如一些拥有行政管理权力的部门在对企业检查过程中存在不规范现象，各种检查评比行为过多过滥，检查部门和名目繁多；一些管理部门不仅热衷于各种检查，而且一查就是十天半个月，还要下属为其专人陪护，供吃供喝。一些工作人员滥用职权、巧立名目，没有好处不办事，给了好处乱办事。一些部门对下属单位的物质、资源直接索要或暗示需求等。上述行为败坏了社会风气，影响了干部队伍在人民群众心目中的形象，是反腐倡廉建设中要着力加以解决的问题。

出淤泥而不染

莲花从污泥中生长出来却不沾染污秽。佛学理论中以莲花比喻佛法的高洁，以淤泥比喻现实人世间的污浊。语出北宋理学家周敦颐所作《爱莲说》。用此语称赞莲花身处污泥之中，却纤尘不染，洁身自爱的可贵精神，表现了作者的高洁人格和磊落的胸襟。后人往往用“出淤泥而不染”来比喻身处污浊环境却能保持高洁情操，这对于倡导培养个人廉洁品德具有重要价值。

串　供

犯罪嫌疑人与证人之间，或共同犯罪案件的各犯罪嫌疑人之间在互相串通的基础上所作的统一口径的虚假陈述。表现形式是各犯罪嫌疑人之间或与证人之间在供述内容上的一致。办案人员如果轻信这种表面上的一致而采信了虚假的供述，就会导致对案件的错误处理。现行犯或重大嫌疑分子，如有串供可能，可以先行拘留。审讯时，各犯罪嫌疑人与证人应分别讯问，并禁止接触，以防串供。

创　收

创造常规以外的收入。目前，该词已经被用于生活中各个方面：政府创收、高校创收、旅游创收、媒体创收、网络创收等。创收在一定程度上取得了较好的社会效益和经济效益，但由于一些创收行为不规范或制度不健全等原因，创收工作中存在不少漏洞和问题，甚至产生腐败，如有些行政执法部门的乱罚款乱收费等。

从严治党

中国共产党为适应执政、改革开放和发展社会主义市场经济的新情况新问题而提出的加强党的建设的基本方针和根本要求。党的十三大、十四大、十五大、十六大、十七大和十八大报告中，都强调了加强党的建设必须坚持从严治党的要求。从严治党主要包括：要严格按党章办事，按党的制度和规定办事；要对党员特别是领导干部严格要求，严格管理，严格监督；要在党内生活中讲党性，讲原则，开展积极的思想斗争，弘扬正气，反对歪风；要严格按照党章规定的标准发展党员，严肃处理不合格党员；要严格执行党的纪律，坚持在纪律面前人人平等。这五条涵盖了党内政治生活的基本内容，具有很强的现实针对性，不仅各级党组织应按照这些要求去做，每个党员和党员干部应该以此来要求自己，见之于行动。

从政道德法（美国）

1878年，美国国会通过的法案。此法规定，美国总统、副总统、国会议员、政府官员、联邦法官和大部分年薪在5万美元以上的文职官员和军人，必须在任职前报告本人的财务情况，以后每年定期公开说明自己的财务情况。内容包括全部劳动收入和非劳动收入、收受的大部分礼品、债务及财政负担、同企业有关的个人财产、在企业中担任的职务以及配偶的收入来源等。制定这项法律的目的是为了保证这些官员的“个人利益与其担任的公职不发生冲突”，以作为他们的“道德规范和行动准则”。《从政道德法》还规定，如果不提交财务报告，或者有意制作假报告者，要受到罚款处分，政府还可给予其他的惩罚。

村务财务公开督查制度

中国加强农村基层党风廉政建设，在农村实行的一种制度。《关于加强农村基层党风廉政建设的意见》要求，成立村务财务公开督察组，对村务、财务进行长期监督，督查组从深入了解村情民意、建立完善村规民约、规范村民自治工作入手，采取措施，有效调处部分农村因村务财务不公开，民主管理不到位而引发的一系列矛盾纠纷，有力地推进农村民主政治建设，保障村民参政议政和民主监督权的有效行使，密切农村党群干群关系，为维护农村社会稳定，扎实推进社会主义新农村建设提供坚强的组织保证。

村账乡代理

是一种新型的农村财务管理模式。在保持村级集体财产所有权、审批权、使用权、收益权和监督权不变的前提下，由乡镇对村级资金和账务实行双代管，村级所有会计业务由乡镇进行代理，使分散管理、各自核算的村级财务管理转变为集中统一核算的财务管理模式。“村账乡代理”的推行，把村干部置于乡（镇）政府和群众的双重监督下，增加了村级财务管理的透明度，有效地维护了村级组织和广大农民的合法权益，促进了农村社会的和谐稳定。

D

打“白条”

以个人或单位的名义，在白纸上书写证明收支款项或领发货物的字样，作为发票来充当原始凭证。白条往往用来指代不符合财务制度和会计凭证手续的字条或单据，如用白纸书写的借条、收据以及未经有关责任人签证的单据等。在当今经济生活中，使用“白条”报账的情况较多，有的单位购进商品，支付劳务费用没有取得正式发票，而以收据或手写白条入账；有的单位在无正式发票的情况下，大都由业务经办人员写一纸说明，有的甚至经办人员都不签字而由会计人员作一说明等顶库。“白条”的出现极可能为腐败提供机会。

大 诰

亦称《明大诰》。明太祖朱元璋亲自写定的刑典。明初洪武十八年（1358）至二十年（1360）陆续颁行。包括《大诰》《大诰续编》《大诰三编》《大诰武臣》四部分，共236条，统称《御制大诰》。内容分法外用刑的案例、严酷法令和皇帝对吏民的训导三部分。重在惩治贪官污吏豪强。全篇反映了明太祖治乱世用重典的思想，因为过于严酷，在洪武之后基本不再实施。

大理寺

南北朝到清代的中央审判机关。初设于北齐，隋时确立。寺是指官署，其首长称大理寺卿，亦简称大理寺。职掌审核刑狱案件。唐时一度改为详刑寺，不久复名大理寺。宋代分左右寺，左寺复审个地方奏劾和疑狱大罪，右寺审理京师百官的刑狱。主官称卿，下设少卿、丞及其他员役。明清沿用，至清末改为大理院。编制及名额，各代略有变更。明清两代，与刑部、都察院合称三法司。

带病提拔

人民群众用比喻的手法对一些有腐败行为的党政干部“边腐边升”得到提

拔和重用的形象生动的说法。它是指干部在被提拔前或提拔过程中，就已经不同程度地存在有违纪违法行为，甚至有严重的腐败行为，但组织未能发现或查实，使干部继续得以提拔任职的情况。“带病提拔”是干部选拔任用工作中的不正之风，虽然被“带病提拔”的领导干部只是极少数，但影响极坏，危害极大，不但使人民群众对党的干部路线产生怀疑，而且是对公正用人的亵渎，挫伤了广大干部的积极性。

待　遇

此处指公民在社会生活中享有的政治和经济等权利。党和政府给各级领导干部都有一定的政治和经济待遇，目的是表示对干部工作的肯定，便于激励干部努力工作，克服腐败观念，不受不正当经济利益的诱惑。也有人认为为了预防腐败要大力提高干部政治和经济待遇，即以高薪养廉来克服消极腐败现象。但高薪养廉能否见真效，在理论界尚存争议。

党八股

特指中国共产党所领导的文化宣传战线上的一种教条主义之风。见毛泽东于1942年2月8日在延安干部会上的讲演《反对党八股》一文。八股文是明清科举考试的一种文体，重形式而不重内容。毛泽东用“党八股”来批评革命队伍中某些人在写文章、发表演说或者做其他宣传工作的时候，对事物不加分析，只是搬用一些革命的名词和术语，言之无物，空话连篇，如同过去的八股文一样。毛泽东认为这种文风不但不便于表现革命精神，而且还使革命精神窒息，必须在反对主观主义、宗派主义的同时，连同党八股一起反掉，代之以生动活泼、新鲜有力的马克思列宁主义文风。

党的纪律检查机关

对党组织和党员遵守党的纪律的情况进行监督、检查，对违犯党的纪律的党组织及其成员执行纪律的职能机关。按照《中国共产党章程》的相关规定，中国共产党的纪律检查机关是党内专司党纪党风的专门监督机构，分党的中央纪律检查委员会和党的地方各级纪律检查委员会。党的中央纪律检查委员会在党的中央委员会领导下进行工作。党的地方各级纪律检查委员会和基层纪律检查委员会在同级党的委员会和上级纪律检查委员会双重领导下进行工作。党的基层委员会是设立纪律检查委员会，还是设立纪律检查委员，由它的上一级党组织根据具体情况决定。党的总支部委员会和支部委员会设纪律检查委员，负责党纪党风的督察。

党的先进性建设

马克思主义执政党自身建设的根本任务。先进性泛指某事物与其他事物比较时所体现出来的长处和优势。马克思主义政党的先进性，指马克思主义政党在认识和改造世界的实践中，在理论纲领和实践活动中体现出来的，与一般群众和其他政党相比较，能够坚持马克思主义、代表社会发展正确方向，代表最广大人民根本利益的行为和特征。党的先进性，是以马克思列宁主义为指导、以工人阶级作基础、以优秀分子为成员、以民主集中制为组织原则所形成的。具体体现在党的理想、宗旨和路线、纲领、方针、政策之中，体现在党员和党的干部的模范带头作用之中的一种特质。党的先进性建设，根本目的在于使中国共产党保持与时俱进的品质，始终走在时代前列，不断提高执政能力、巩固执政地位、完成执政使命；通过推进思想建设、组织建设、作风建设、制度建设、反腐倡廉建设，使党的理论和路线、方针、政策始终体现经济社会发展进步的要求和全国各族人民的利益，不断提高广大党员的素质和各级党组织的创造力、凝聚力、战斗力，始终发挥党员的先锋模范作用，始终发挥党组织的领导核心作用和战斗堡垒作用。党的先进性是历史的具体的，既是一以贯之的，又是与时俱进的；一个政党过去先进不等于现在先进，现在先进不等于永远先进；马克思主义政党赢得先进性固然不容易，在应对考验和化解风险过程中保持和发展先进性更不容易，因而加强马克思主义政党的先进性建设要作为一项贯穿于党的生存和发展全过程的历史任务，一刻也不能放松。

党 风

即党的作风。是党的无产阶级性质和世界观在党的工作与活动中的表现，是全党包括党的各级组织和党员个人在政治、思想、组织、工作、生活等方面体现党性原则的一贯态度和行为。这个概念的形成经历了一个发展过程。最早在党的建设中使用“作风”一词是恩格斯。十月革命后，列宁也多次使用“作风一词”，批评严重脱离群众的官僚主义作风。在党的历史上，最早提出“党风”科学概念、并且形成一套党风建设理论的是毛泽东。在《整顿党的作风》一文中，他把作风由党员个人的形象扩展为党组织的整体形象，把作风由一般的工作作风推及到政治、思想、组织、生活等各个方面。中国共产党党风的核心内容集中表现在五个方面：理论联系实际的作风、密切联系群众的作风、批评与自我批评的作风、谦虚谨慎艰苦奋斗的作风、民主集中制的作风。

廉政建设

中国共产党开展端正党风、防治腐败的一系列活动。是党的建设的重要组成部分，是新时期党的一项重大的政治任务。党章规定，党的各级纪律检查委员会协助党的委员会加强党风建设和组织协调反腐工作。其根本目的是密切党与群众的关系，加快改革开放步伐，同心同德建设中国特色社会主义。

党风廉政建设责任制

中国共产党为端正党风政风，深入推进反腐倡廉工作而制定的制度。它是密切党群、干群关系，加快改革开放步伐，同心同德建设中国特色社会主义的政治保证。它要求各级领导机关必须切实负起加强党风廉政建设的责任，创新反腐倡廉领导体制和工作机制。1998年11月21日，中共中央、国务院发布《关于实行党风廉政建设责任制的规定》，要求各级党委（党组）、政府以及党委和政府的职能部门的领导班子和领导干部在党风廉政建设中承担七项领导责任。这一规定在促进各级党委和政府抓好党风廉政建设和反腐败斗争、不断增强拒腐防变和抵御风险能力、切实提高党的领导水平和执政水平方面发挥了重要作用，但随着新时期党的建设特别是反腐倡廉建设的不断深入，已经不能完全适应现实需要，2010年中央决定对之予以修订。相较而言，新修订的《关于实行党风廉政建设责任制的规定》有三大特点：适用范围更加广泛，对中国人民解放军和中国人民武装警察部队的党风廉政建设责任也提出了要求；责任内容更加全面，在领导班子、领导干部承担责任方面，在保留原来内容的基础上，增加了“作风建设”和“权力制约”方面的内容；责任追究更加明确，明确了是谁的责任就追究谁，谁的责任重就深究谁。

党管干部原则

中国共产党在长期的革命、建设和改革过程中总结出来和必须遵守的对干部管理的根本原则。1938年10月14日，毛泽东在《中国共产党在民族战争中的地位》中就“干部政策”指出，“正确的路线确定之后，干部就是决定的因素”。干部是党的事业兴旺发达的骨干，党管干部是实现党的领导的重要组织保证。党管干部，主要是指各级党委坚持贯彻执行党的干部路线、方针和政策，严格按照党的原则选拔任用干部，并对各级、各类干部进行有效管理和监督。党管干部原则的实质，就是要保证党对干部人事工作的领导权和对重要干部的管理权力。1962年底，刘少奇和邓小平在全国组织工作会议和监察工作会议上提出“党要管党”的论断。邓小平指出：“党要管党，一管党员，二管干部。对执政党来说，党要管党，最关键的是干部问题，因为许多党员都在当大大小小的干部。”其具体内容包括：一是党要加强对干部工作的领导，制定干部工作的方针、政策；二是推荐和管理好重要干部；三是指导干部人事制度的改革；四是做好对干部人事工作的宏观管理和检查监督。不同历史时期，有不同内涵。革命战争年代，党的干部除军队系统是单独管理外，全部由中央及各级党委的组织部来统一管理，适应了当时革命斗争任务的要求。建国后，战争年代“一揽子”管理干部的方式难以适应新形势与环境的需要，党管干部的原则表现为在中央和各级党委统一领导下，在中央及各级党委的组织部统一管理下对干部进行分部分级管理。新时期以来，随着社会主义市场经济体制的建立，随着社会主义民主政治的发展，原有的党管干部原则的内涵已越来越不适应市场经济体制与民主政治发展的需要，1989年8月28日，中共中央在《关于加强党的建设的通知》中提出“要坚持党管干部的原则，改进党管干部的方法”，并概括出党管干部原则的主要内容为：“加强对干部工作的领导，制定干部工作的方针、政策，推荐和管理好重要干部，指导干部人事制度的改革，做好对干部人事工作的宏观管理和监督。”

党纪处分

对违反纪律的党员采取的必要的教育手段和处罚手段。按照2004年2月18日颁布的《中国共产党纪律处分条例》第二章“违纪与纪律处分”的规定，党组织和党员违反党章和其他党内法规，违反国家法律、法规，违反党和国家政策、社会主义道德，危害党、国家和人民利益的行为，依照规定应当给予党纪处分的，都必须受到追究。第十条规定对党员的纪律处分种类有警告、严重警告、撤销党内职务、留党察看、开除党籍五个不同层次；第十一条规定对严重违犯党纪的党组织的纪律处理措施有两种，改组和解散。按规定，党员受到警告或者严重警告处分，一年内不得在党内提升职务和向党外组织推荐担任高于其原任职务的党外职务；撤销党内职务处分，是指撤销受处分党员由党内选举或者组织任命的党内各种职务；留党察看处分，分为留党察看一年、留党察看二年；党员受到开除党籍处分，五年内不得重新入党；对于严重违犯党纪、本身又不能纠正的党组织领导机构，应当予以改组；对于全体或者多数党员严重违犯党纪的党组织，应当予以解散。

党内监督

专指中国共产党内部监督。它是党为加强自身建设，更好地反映和代表工人阶级和人民群众的利益，党内享有监督权的主体依据《党章》和党内其他规章制度在组织内部通过检查、督促、评价、揭露、举报、处理等方式作用于监督客体，以保证监督客体的行为在任何情况下都不违背党的纪律的一种客观有序的活动，具有自觉性、强制性、客观性和相对独立性四个特点。党自成立以来始终重视党内监督对于加强自身建设的重要价值。在一大的党纲中就提出党员要受到党的执行委员会严厉监督。1927年党的第五次代表大会上第一次选举出中央监察委员会。六大上，中央监察委员会被中央审查委员会代替。后邓小平在党的八大作《关于修改党的章程的报告》论述党内监督的重要性和紧迫性，再次提出设立中央监察委员会。1978年召开的十一届三中全会决定成立中央纪律检查委员会。1990年3月20日，中共中央通过的《关于加强党同人民群众联系的决定》提出拟定党内监督条例的任务。2003年12月31日，中共中央向全党印发《中国共产党党内监督条例（试行）》。党内监督在具体的形式上，主要包括党组织的监督和党员相互间的监督。党内监督的重点对象是党的各级领导机关和领导干部，特别是各级领导班子主要负责人。重点监督内容有：（一）遵守党的章程和其他党内法规，维护中央权威，贯彻执行党的路线、方针、政策和上级党组织决议、决定及工作部署的情况；遵守宪法、法律，坚持依法执政的情况；（二）贯彻执行民主集中制的情况；保障党员权利的情况；

（三）在干部选拔任用工作中执行党和国家有关规定的情况；（四）密切联系群众，实现、维护、发展人民群众根本利益的情况；（五）廉洁自律和抓党风廉政建设的情况。

党内监督条例

即《中国共产党党内监督条例（试行）》的简称。共5章，总则、监督职责、监督制度、监督保障、附则，共47条。它的出台经历了一个逐步发展的过程。1987年7月29日，中央纪委下发《关于对党员干部加强党内纪律监督的若干规定（试行）》。1990年3月12日，党的十三届六中全会通过《中共中央关于加强党同人民群众联系的决定》，提出拟定党内监督条例任务。2002年11月，党的十六大报告明确提出要建立结构合理、配置科学、程序严密、制约有效的权力运行机制，要求重点加强对领导干部特别是主要领导干部的监督。2003年12月31日，中共中央向全党印发了《中国共产党党内监督条例（试行）》。这标志着党内监督工作进入规范化、制度化的新阶段。它对于从根本上提高党内监督工作水平，全面推进党的建设新的伟大工程，产生了重大而深远的影响。2004年党的十六届四中全会通过的《中共中央关于加强党的执政能力建设的决定》强调，必须认真贯彻党内监督条例，进一步加强党内监督。这是一部十分重要的党内法规。它的颁布实施，对于坚持党要管党、从严治党的方针，发展党内民主，加强党内监督，维护党的团结统一，大力提高党的领导水平和执政水平，增强拒腐防变和抵御风险能力，保持党的先进性，始终做到立党为公、执政为民，必将起到重要作用。

党内警告

中国共产党党内五种纪律处分中最轻的一种。党员违犯党纪，需要给予警告处分，应由支部大会讨论决定，并报总支委员会批准；没有总支委员会的，可报上一级党的委员会或党的纪律监察委员会批准。受警告处分的党员，如是一级党委委员或候补委员，应由支部大会决定，经本级党委批准；在特殊情况下，可直接由本级党委决定，报上一级党委批准。如果受警告处分的官员是上级党委管理的干部，需报上级管该干部的党委或党的纪律检查委员会备案。党的地方各级纪律检查委员会委员受到警告处分，由各级纪委批准，报同级党委和上一级纪委备案。担任党内职务的党员犯了错误，受到党内警告处分的，一般不影响他继续担任原来的职务，只要工作需要而又称职，可以继续担任原职。如果由于种种原因不适合担任原职的，可以采取调整的办法，另行分配适当的工作，这种调整属于正常的工作调动，不是一种纪律处分。但是，依照《中国共产党党内纪律处分条例》第十二条规定，受到警告处分的党员，一年内不得在党内提升职务和向党外组织推荐担任高于原任职务的党外职务。

党内民主

党员和党组织的意愿、主张的充分表达和积极性、创造性的充分发挥。主要内容有：中国共产党所有党员不论职务高低，都享有党章规定的权利并应履行其义务；党的各级领导机关应由选举产生；党的各级委员会实行集体领导和个人分工负责相结合的制度；党内讨论决定问题实行少数服从多数的原则；党员有权了解和直接参与党内事务的权利。党内民主主要涉及有关党的代表大会、党员权利、集体领导和党内监督等四个基本方面。其中，党的代表大会和集体领导是实现党内民主的基本形式，保障党员权利是实现党内民主的基本前提，党内监督是实现党内民主的重要保障。近年来，党内民主不断地制度化规范化，先后颁布制订《中国共产党党员权利保障条例》《中国共产党地方组织选举条例》《中国共产党党内监督条例》等，对推动党内发展起到重要作用。

党内严重警告

比党内警告处分稍重的一种处分。处分依据一方面要根据党员所犯错误的性质、程度；另一方面要考虑本人对所犯错误的认识和态度。严重警告处分的审批程序与警告处分一样，一般必须经过支部大会讨论决定，并按照处分党员的批准权限，逐级报上级党组织批准。在党内担任领导职务的党员，因为犯错误受到严重警告处分，一般也不影响其担任原来的职务，如果由于某种原因不适宜继续担任原来的职务而被党组织免职或被调动工作，属正常的干部任免或调动，不含有对受严重警告处分党员附加惩处的意思，不能视为纪律处分。但是，依照《中国共产党党内纪律处分条例》第十三条的规定，受到严重警告处分的党员，一年内不得在党内提升职务和向党外组织推荐担任高于原任职务的党外职务。

党群关系

政党与群众的关系。在中国，是指中国共产党与广大人民群众之间的关系。作为中国工人阶级的先锋队、同时也是中国人民和中华民族的先锋队，中国共产党与广大人民群众血肉联系，是区别于其他任何政党的显著标志之一。党与人民群众的关系，主要包括两个方面：第一，人民群众必须要有党的领导。没有党的领导，人民群众的革命斗争就是自发的，就不能取得胜利；人民群众当家作主，管理国家的权利就得不到保障；人民群众建设民主、文明、富裕的生活就不可能实现。第二，党必须联系人民群众，相信群众，依靠群众。党一旦脱离人民群众，就失去了自己赖以存在和发展的基础，就不能取得革命的胜利和建设的成功，也就不可能实现自己的崇高理想和奋斗目标。党坚持全心全意为人民服务的宗旨，一刻也不脱离人民群众，一切为了人民群众，一切依靠人民群众，一切从人民群众的利益出发，是共产党人言论行动的最高标准，是密切党群关系的第一要旨。

党务公开

根据党章等党内有关法规的规定和各地实际情况，除依纪依法应当保密的事项外，党内工作、党内生活的内容、程序、结果等在一定范围内进行公布。包括党的中央组织、地方组织向下级党组织乃至全体党员的公开，党的地方组织和基层组织领导班子的活动、决定等向所属下级组织和党员公开。党组织做出的重大决策，涉及广大人民群众切身利益的，还应面向社会公开。党务公开是发展党内民主、加强党内监督、加强党的执政能力建设和先进性建设的重要举措。实行党务公开，其目的就是使党员更好地了解和参与党内事务，充分行使知情权、参与权、选择权和监督权，增加党内工作、党内生活的开放度和透明度，保证下级党组织和广大党员的知情权，使党员更好地了解和参与到党内事务中来，增强党员的荣誉感和责任感，调动党员的积极性、主动性和创造性。党务公开是党内民主的前提。2009年党的十七届四中全会通过《中共中央关于加强和改进新形势下党的建设若干重大问题的决定》明确提出："推进党务公开，健全党内情况通报制度，及时公布党内信息，畅通党内信息上下互通渠道。"党务公开对于防止党内权力过分集中，提高人民民主监督的效率、提高党内决策的民主性和科学性都具有重大意义。

党性修养

党性修养是指共产党员在政治、思想、道德品质和知识技能方面，按照党性原则进行的自我教育、自我锻炼、自我改造和自我完善。党性是一个政党固有的本性，是阶层性最高和最集中的表现。中国共产党是中国工人阶级的先锋队，是中国各族人民利益的忠实代表，是中国社会主义事业的领导核心。它所固有的明显区别于其他政党的特性，构成了中国共产党的党性。刘少奇曾指出，“共产党员的党性，便是无产者阶级性最高而集中的表现，便是无产者本质的最高表现，便是无产阶级利益最高而集中的表现。”刘少奇在1939年发表的《论共产党员的修养》，是第一次全面论述共产党员党性修养的重要著作。共产党员所必需的党性修养包括以下几个方面：理论修养、思想意识修养、组织纪律修养、科学文化知识修养、领导艺术修养和治理能力修养等。这几个方面的内容，构成了作为一名共产党员所必需的基本素质要求。作为党员的一种本质改造，党性修养的提升方法有：（一）树立终身学习的观念，提高理论素养，学习科学管理，多方涉猎各种知识；（二）锤炼自身的思想品德，要有正确世界观、人生观和价值观，践履社会公德、家庭美德、职业道德，加强党内生活锻炼；（三）提高拒腐防变的能力。

党要管党

马克思主义执政党提高自身建设科学化水平的重要原则。它是刘少奇、邓小平1962年底在全国组织工作会议和监察工作会议上提出来的重要论断，后来成为中国共产党建设的一项基本要求，是党加强自身建设过程中始终坚持的一条基本经验。在执政和发展社会主义市场经济的历史条件下，党能否管住、管好自己，关系国家前途和命运。党的十一届三中全会以来，根据改革开放和社会主义现代化建设的要求，根据反对不正之风和反对腐败斗争的要求，中国共产党多次提出党要管党、从严治党的要求，加强和改进党的建设，努力提高党的执政水平和领导水平，始终走在时代前列，成为中国特色社会主义建设事业的坚强领导核心。

党员先进性

体现在中国共产党党员身上的一种高尚特质。它是中国共产党先进性的坚实基础，主要体现在每个党员按照党的先进性要求，发挥先锋模范作用的素质、能力和实际行动上。由于不同历史阶段党的纲领和路线随着时代发展和任务变化而调整，因此，党员的先进性带有鲜明的时代特征，是党的生命之本。衡量党员先进性的表现有：是否坚持理想信念，坚定不移地为建设中国特色社会主义而奋斗；是否坚持勤奋学习，扎扎实实地提高实践“三个代表”重要思想和科学发展观的本领；是否坚持党的根本宗旨，始终不渝地做到立党为公、执政为民；是否坚持勤奋工作，兢兢业业地创造一流的工作业绩；是否坚持遵守党的纪律，身体力行地维护党的团结统一；是否要坚持“两个务必”，永葆共产党人的政治本色。2000年，中共中央组织部组织了对全国30万名党员思想状况的调查。在调研中发现许多党员理想信念动摇、领导干部腐败、基层组织涣散等问题。针对这些问题，党的十六大报告提出在党内开展一次以学习实践“三个代表”重要思想为主要内容的保持共产党员先进性的建议。

党员行为规范

《中国共产党章程》及其他党内法规所规定的共产党员的行为准则、规则、纪律、道德的总称，也包括以传统、风尚、习惯和党内惯例而沿袭下来的传统规范。广义上还包括国家法律、行政纪律、社会道德等公民必须遵守的行为准则、纪律规定、道德守则。它是中国共产党性质、宗旨、使命对党员的要求，也是共产党员先进性的具体体现，是每个共产党员必须遵循的行为准则。

党员责任区

由中国共产党基层组织根据党员的不同工作岗位、工作性质、实际能力和活动范围，把需要党员承担和完成的各种生产指标、行政事务、群众工作以及基层党组织分配的各项任务有机地结合在一起，以责任制的形式落实到每一个党员，从而形成以一个或几个党员为主体，以一定数量的群众为对象，以一定区域为活动范围的责任区。它有利于在党的基层组织中明确权责，更好地促进工作的扎实有效开展，在最大限度上发挥党员的先锋模范和示范作用。

党政分开

政党系统在职能上与国家政权系统的分开。不仅包括执政党与政府，还包括与国家权力机关、司法机关的分开。属于中国政治体制改革的主要内容之一。

是为了解决党政不分、以党代政问题，理顺党与国家政权的关系而进行的一项党和国家领导体制的重大改革。目的是加强和改善党的领导，确保党的政治领导、组织领导和思想领导，真正发挥党的总揽全局的作用，管好路线和方针政策，同时也有利于政府管好其职权范围内的工作。党政分开有中央、地方、基层等几个层次的内容：（一）党中央，要对各方面工作实行政治领导，即在政治原则、政治方向和内政、外交、经济、国防等重大决策方面实行领导，并向中央国家机关推荐重要干部。（二）省、市、县各级地方党委，应在执行党中央统一路线和国家统一政令的前提下，在本地区实行政治领导，具体规定五条职责，即贯彻执行中央和上级党组织的指示、保证国务院和上级政府指示在本地区的实施、对地方性的重大问题提出决策、向地方政权机关推荐重要干部、协调本地区各种组织的活动。（三）乡镇一级的党政分开，打算有意识地推到县一级关系理顺后再加考虑。（四）企业党委，一律起监督保证的作用；事业单位的党委，随着行政首长负责制的执行，逐步转变职能，起监督保证作用。

党政主要领导干部和国有企业领导人员经济责任审计规定

2010年12月，中共中央办公厅、国务院办公厅印发的规定之一。该规定有六章，分别为总则、组织协调、审计内容、审计实施、审计评价与结果运用、附则，共四十四条。审计的对象分两个领域：一是对党政主要领导干部经济责任审计，包括地方各级党委、政府、审判机关、检察机关的正职领导干部或者主持工作一年以上的副职领导干部；中央和地方各级党政工作部门、事业单位和人民团体等单位的正职领导干部或者主持工作一年以上的副职领导干部；上级领导干部兼任部门、单位的正职领导干部，且不实际履行经济责任时，实际负责本部门、本单位常务工作的副职领导干部。二是对国有企业领导人员的经济责任审计，包括国有和国有控股企业（含国有和国有控股金融企业）的法定代表人。根据干部管理监督的需要，可以在领导干部任职期间进行任中经济责任审计，也可以在领导干部不再担任所任职务时进行离任经济责任审计。这个规定是加强经济责任审计法规制度建设、规范经济责任审计行为、促进经济责任审计工作科学发展的现实需要，对于增强领导干部依法履行经济责任意识、完善领导干部管理和监督机制、促进惩治和预防腐败体系建设具有重要意义。该规定施行后，1999年5月中共中央办公厅、国务院办公厅印发的《县级以下党政领导干部任期经济责任审计暂行规定》和《国有企业及国有控股企业领导人员任期经济责任审计暂行规定》（中办发〔1999〕20号）同时废止。

盗　泉

古泉名，故址在今山东泗水县东北。《淮南子》说："曾子立廉，不饮盗泉。"旧常以"盗泉之水"比喻以不正当手段得来的财物，以不饮盗泉表示清廉自守。

道德法典（意大利）

2001年，意大利针对国家公务员的行为规范而颁布实施的法规。该法典多达88项条款，对公务员几乎所有的行为都作了限制性规定。其中包括：不准参加任何秘密组织；不准从事其他职业活动；除亲朋所赠价值微薄的礼品外，不准接受任何赠品和赠款，不得已而接受的礼品一律上缴等内容。

道德风险

某些道德原则和规范在现实生活中的推行、践履有可能导致不理想效果或负面影响的危险性。亦指可能的道德行为在实际过程中的不确定性，这种不确定性既可以指作为行为主体本身的可能道德行为的不确定性，也可以指一种社会措施所可能引起的社会可能道德后果的不确定性，并且这种不确定性主要是立足于其可能的结果及其潜在的危机或风险。就其来源而言，道德风险主要有三：一是指某些道德原则和规范的推行超越或严重滞后于某一具体的社会组织或团体的实际情况，有可能导致道德价值的扭曲和失灵；二是指社会所采取的行为措施有可能对社会道德状况和水平产生消极影响；三是指个体成员在道德表达上的不确定性有可能使社会道德蒙受一定的风险。道德风险根源于人类的存在特性及其动机与效果的不对称性，与人类在道德和行为上的探求活动密切相关。

道德情感

亦称"道德感"。是道德意识的重要内容之一。指人们在社会实践中伴随其立场、观点和生活经历而形成的对现实道德关系和道德行为的好恶、爱憎等心理活动。是人们在道德方面对社会存在的一种主观态度。它经常通过道德情绪直接地、本能地做出反应。道德情感是人们参加社会道德活动和接受道德教育的结果，一旦形成，就会驱使自己选择正确的道德行为，成为道德品质的有机构成部分。

道德意识

人们在长期的道德实践中形成的各种道德思想、道德观念、道德情感、道德意志、道德信念和道德理论体系的总称。是人类社会长期发展的产物。可区分为个体道德意识和群体道德意识。两者的统一，即表现为人们共同承认和遵守的一定的道德原则和规范。道德意识和政治意识、法律意识一样，也是植根于社会经济关系之中，归根结底都是由人们的社会经济关系所决定，受一定的经济关系和阶级利益的制约。

德才兼备

同时兼有优秀的品德和才能。是中国共产党历来选拔干部的标准，也是选才用人所必须遵循的一项基本原则。德是政治标准，主要是政治态度、思想品质和思想作风；才是业务标准，主要指工作能力。德才兼备是一个完整的统一体，不能割裂，不能偏废。要防止和纠正重德轻才和重才轻德的倾向。重德轻才，就会助长不学无术的倾向；重才轻德、就会偏离正确的方向。因此，必须把二者紧密地结合起来。

德国各联邦州腐败案件清理中心

1993年德国各联邦州成立的反腐败工作机构。该机构作为德国检察院的一个部门，隶属于德国司法部。其职能是受理贪污、贿赂、渎职等腐败案件的举报、转办、侦查与起诉，起着承上启下的枢纽作用。一是与直接隶属联邦州议会的审计署联系，起诉贪污受贿案件；二是将涉及公务员的部分腐败案件移交警察署侦查；三是将自办和审计署、警察署移送的案件向法院提起公诉；四是加强同政府各部门的联系，负责公务员队伍的预防违法犯罪教育和监督。

邓小平理论

以邓小平为主要创立者、以建设有中国特色社会主义为主题的理论。是中国特色社会主义理论体系的重要内容，是新时期以来马克思主义中国化的重大理论成果。这一理论是在毛泽东思想基础上发展而成，主要回答“什么是社会主义、怎样建设社会主义”。它首次比较系统地初步解答了中国特色社会主义发展道路、发展阶段、根本任务、发展动力、外部条件、政治保证、战略步骤、党的领导和依靠力量以及祖国统一等基本问题，贯通哲学、政治经济学、科学社会主义等领域，涵盖经济、政治、科技、教育、文化、民族、军事、外交、统一战线、党的建设等方面，是比较完备的科学理论体系。

狄仁杰

狄仁杰（630～700年），字怀英，唐代并州太原（今山西省太原南郊区）人；唐（武周）时杰出的政治家，武则天当政时期曾任宰相。历官并州都督府法曹、大理丞、侍御史、宁州、豫州刺史，武则天即位，任地官侍郎、同凤阁鸾台平章事，后为来俊臣诬害下狱，贬彭泽令，转魏州刺史，神功初复相，后入为内史，封燕国公。狄仁杰为官，始终保持体恤百姓、不畏权势的本色，居庙堂之上，以民为忧，被后人称为“唐室砥柱”。他在武则天统治时期曾担任国家最高司法职务，判决积案、疑案，纠正冤案、错案、假案；在任掌管刑法的大理丞的一年内，判决了大量的积压案件，涉及上万人，其中没有一人再上诉申冤。处事公正，是中国历史上以廉洁勤政著称的清官。

第一责任人制度

第一责任人，对所办工作的办理效果、达成时限承担直接责任，并负责对办理过程中出现的问题进行协调解决的制度。所谓“第一责任人”，是指办理、牵头办理、承担或分管某项工作的第一受理人。如该项工作出现延误、客户投诉、未达到预期效果等情况，第一责任人要承担责任。如该项工作由于其他员工的工作行为给工作造成失误、延误，第一责任人应如实、及时在处理过程中向上一级领导反映情况。

电子监察系统

行政监察机关运用网络技术，对行政审批服务事项实施监控、监督的系统。其功能是多方面的，最基本的功能有：实时监控、预警纠错、绩效评估、信息服务等。

豆腐渣工程

质量差或存在潜在危险的工程的代名词。豆腐渣没有黏性，脆弱且容易粉碎，因此用以比喻那些由于偷工减料等原因造成不坚固的容易毁坏的工程。狭义的“豆腐渣工程”专指质量不达标的工程，广义的“豆腐渣工程”指生产、经营过程中的一切不合格现象。

都察院

中国古代中央政府机构之一。明、清两代全国最高监察机构。主掌监察、弹劾及建议。明洪武十五年（1382）改御史台置。长官为左，右都御史，下设副都御史、佥都御史。又分十三道，设置监察御史，巡按州县，考察官吏。清代沿置。改以左都御史、左副都御史为主官，右都御史及右副都御史专为总督、巡抚加衔；裁撤佥都御史。雍正元年（1723）以六科给事中并入，合称“科道”。所属有六科、十五道、五城察院、宗室御史处及稽察内务府御史处等机构。

渎职罪

国家机关工作人员利用职务上的便利或者徇私舞弊、滥用职权、玩忽职守，妨害国家机关的正常活动，损害公众对国家机关工作人员职务活动客观公正性的信赖，致使国家与人民利益遭受重大损失的行为。渎职罪的主体限定为国家机关工作人员，即各级国家机关中的管理人员。具体来说，国家机关工作人员是指国家立法、行政、司法、军事等部门的公职人员，还包括中国共产党的各级机关、中国人民政治协商会议的各级机关的公职人员。侵犯的客体是国家机关的正常管理活动。所谓国家机关的正常管理活动，是指各级国家机关依法行使国家管理职权的正常活动，如各级行政部门（包括工商、卫生、内外贸易、海关、教育、财政税收、交通、农林渔政等部门）、司法部门的正常管理活动。渎职罪的主观方面，有故意，也有过失。渎职罪的客观方面表现为行为人实施了滥用职权、玩忽职守、徇私舞弊（包括徇私枉法、徇情枉法等），并使公共财产、国家和人民利益遭受重大损失的行为。

多党制

在一个国家中，通常由不确定的两个或两个以上的政党联合执政的政治制度。最早起源于工业革命时期的英国，后为诸多资本主义国家所借用。多党制的特点在于：联合执政；选民的政治选择更具有意义；政党对政府的控制力相对较弱；小党能量不可小视等。一般将多党制分为温和的多党制、极端的多党制和一党独大制。温和多党制以德国、比利时等国为典型，其政党数量一般在3～5个，政党间意识形态的距离较小，政党间的相互作用呈“向心力竞争”，允许出现联合政权并且鼓励联合政权的出现，政局比较稳定；极端多党制以意大利、法国为代表，其政党数量6～8个或更多，政党间意识形态的距离较大，“政党分散化”倾向严重，常常造成政局不稳。一党独大制是多党制中的一种特殊情况，即在一些国家中，进入议会的政党不止一个，但政权却长期为一个政党垄断，如新加坡、马来西亚等国。

堕 落

一个人由较高的生活要求、道德水准、理想目标跌落到比较低的方面。现在通常指一个人因放松对自己的要求、不能抵御外界的诱惑而追财猎色，背弃最初的理想追求。也指一个社会正当的、积极的、健康的思想习俗和道德风尚等受到阻碍压制，以至于低下的、庸俗的、消极的观念对不同的个体进行侵袭浸润，使其放松抵抗甚至接纳变为自己的指导思想，造成具体个人或团体的腐化变质。

E

讹　诈

为了达到非法利益或目的，借故敲诈组织和个人的钱财。有些领导干部利用手中的权力索取贿赂、讹诈钱财；此外，少数领导干部的隐私被黑社会掌握而被讹诈的情况也时有发生。犯罪分子利用掌握的领导干部的某些犯罪证据迫使领导干部就范，而领导干部害怕事情败露不敢报案。如厦门远华特大走私案件中主犯赖昌星，就是利用掌握的领导干部的某些隐私，通过讹诈的办法，迫使领导干部在腐败的道路上越走越远，从而达到自己不可告人的目的。

俄罗斯反腐败法

2008年12月25日，时任俄罗斯联邦总统的梅德韦杰夫正式签署的法案。该法案的草案此前由国家杜马和联邦委员会相继通过。从1992年首部《打击腐败法》草案提交直至本部法律的通过，其间共有7部草案曾经议会讨论，历时17年之久。此法案共有14条，内容为：该法所运用的“腐败”“反腐败”等基本概念；反腐败的法律基础；反腐败的基本原则；俄罗斯联邦在反腐败领域的国际合作；反腐败的组织基础；预防腐败的措施；国家机关提高反腐败效率的基本工作方向；国家和市政公务员申报有关收入、财产和财产性债务资料的义务；国家和市政公务员汇报诱导其实施腐败违法行为情况的义务；国家和市政公务员的利益冲突；防止和调整国家和市政公务员的利益冲突；曾经充任国家或市政机关职位的公民在签订劳动合同时的限制；自然人腐败违法行为的责任；法人腐败违法行为的责任。从内容看，该法从法律基础到组织基础，从基本原则到具体措施，从打击腐败到预防腐败，从国内反腐到国际合作，从行为到责任，从个人责任到法人责任，从宏观到微观，都对俄罗斯反腐败的工作作了规定，从而构筑起反腐败的完备体系。

F

罚 金

强制犯罪人向国家缴纳一定数额金钱的刑罚方法。作为一种财产刑，它是以剥夺犯罪人金钱为内容的，这是它与其他刑罚方法显著区别之所在。适用对象是触犯刑法的犯罪分子和犯罪法人，只能由人民法院依刑法的规定判决。主要特征有：罚金是人民法院对犯罪分子采取的强制性财产惩罚措施；按照中国刑法罪责自负，反对株连的原则，罚金只能执行犯罪分子个人所有的财产；罚金的范围只能是强制犯罪分子缴纳个人所有的一定数额的金钱。如果没有钱款、可以对其拥有的合法财产采取查封、扣押、冻结、变卖、拍卖措施，用变卖、拍卖的钱款折抵罚金；罚金的缴纳是在法院的判决生效之后，涉及的是刑罚的执行问题。区别于罚款和没收财产。

罚 款

行政处罚手段之一，是行政执法单位强令违反行政法规的个人和单位在指定期间内缴纳一定数额金钱的措施。罚款不需要经人民法院判决，只要行政执法单位依据行政法规的规定，作出处罚决定即可执行。违反治安管理处罚条例，由公安局依治安处罚条例规定的程序即可执行；违反工商管理，由工商行政管理机关依据工商行政管理的具体规定程序作出决定即可执行。罚款与罚金的性质、恶劣程度都不同。罚款承担的是一种行政责任，而罚金承担的是一种刑事责任。只有法定的主体，依据法律规定，才能实施罚款行为，否则就是腐败行为。

法的价值

以法与人的关系作为基础，法对于人所具有的意义，是法对于人的需要的满足，是人关于法的绝对超越指向。包括法的工具性价值和伦理性价值。法的工具性价值指法律所体现的价值，是人们认识世界与改造世界的一种工具。法的伦理价值指法律所追求的价值，是将法的价值构建于一定的道德伦理价值体系基础之上，蕴涵了社会道德伦理精神，体现出对社会生活应有模式的价值追求。其实质是公平与正义。完善民主法制，全面落实依法治国，是中国构建社会主义和谐社会的首要目标和任务，对法的价值的关注和研究，则是法治化实现的前提和保障。其中，法的伦理性价值是良法创制的基础，是司法公正的道德保障，是公民法律信仰形成的前提。

预防贪污腐败中心

1993年，法国政府批准成立的跨部门机构。中心由高级法官及内政部、地方行政法庭、司法警察和税务部门的专家组成，基本任务是收集国家政府管理和经济部门中有关贪污腐败的蛛丝马迹，分析腐败案件的类型，总结现有的反腐经验，研究利用新科技手段犯罪的各种可能性。中心工作人员的任期一律为4年，定期轮换。按照相关法令规定，该中心每年要向政府总理和司法部长提交一份活动报告，内容主要包括针对贪污腐败问题提出的制裁措施和预防性建议。

法律面前人人平等

法律确认和保护公民在享有权利和承担义务方面处于平等的地位，不允许任何人有超越法律之上的特权的原则。这一观点早在古希腊时期就曾经被提出，但作为法制的一个基本原则，是在资产阶级革命时期确立的。1776年7月4日美国的《独立宣言》和1789年8月26日法国的《人权宣言》，都提及了这一原则。资产阶级确立这一法治原则，是对封建阶级特权的否定，在人类社会发展史上是巨大的进步。但是，资产阶级的法律是建立在私有制基础之上的，它的所谓的法律上的平等，掩盖着实际存在的人们经济上和社会地位上的不平等。而社会主义法律是建立在公有制基础之上的，因此中国在宪法中明确规定了“公民在法律面前一律平等”这一基本原则，反映和集中了广大人民群众的意志和利益。人民群众作为国家的主人，决定了中国人民群众不仅在形式上，而且可以在事实上做到法律面前人人平等。

法律体系

一国一定时期内，由不同层次的法律组成的相互联系和协调一致的法律有机整体。是法律发展到一定阶段才形成的，某一阶段的法律体系只包括这个阶段通行的法律，不包括已经失效的，或将来要制定的法律。处于法律体系之中的法律规范，有着共同的指导思想，担负着共同的职责，各种法律规范之间存在着广泛的联系。中国特色社会主义法律体系，适应中国社会主义初级阶段的基本国情，与社会主义的根本任务相一致，以宪法为统帅和根本依据，由部门齐全、结构严谨、内部协调、体例科学、调整有效的法律及其配套法规所构成，是保障我们国家沿着中国特色社会主义道路前进的各项法律制度的有机的统一整体。这个体系由法律、行政法规、地方性法规三个层次，宪法及宪法相关法、民法商法、行政法、经济法、社会法、刑法、诉讼与非诉讼程序法七个法律部门组成。

法 治

按照法律治理国家的政治主张。中国古代的“法治”是先秦时期法家的政治哲学思想，与儒家的“德治”相对。现代的“法治”是与人治相对应的治国理论、原则、方法和制度。人治强调个人权力在法律之上。法治包含两个部分，即形式意义的法治和实质意义的法治，是两者的统一体。形式意义的法治，强调“以法治国”“依法办事”的治国方式、制度及运行机制。实质意义的法治，强调“法律至上”“法律主治”“制约权力”“保障权利”的价值、原则和精神。形式意义的法治应当体现法治的价值、原则和精神，实质意义的法治也必须通过法律的形式化制度和运行机制予以实现，两者均不可或缺。

翻 供

犯罪嫌疑人、被告人推翻或改变原来所作的认罪供述的行为总称。包括否认型翻供和辩解型翻供两种形式，前者指犯罪嫌疑人、被告人全部或部分地推翻原供认的犯罪事实；后者系指犯罪嫌疑人、被告人虽不否认事实，但提出一些足以影响犯罪成立的新辩解，这些辩解事实上已导致原供的改变。从性质上讲，翻供是犯罪嫌疑人、被告人对其原作的有罪供述的自我否定。被告人翻供的原因，常见的有：为了逃避法律制裁，对已供述的罪行又反悔；由于对法律、政策有误解，认为越是把自己的罪行说得严重越会得到从宽处理，一旦认识这种错误后就推翻原来的虚假供述；为了包庇，把属于其他共犯的罪行说成是自己实施的，后又后悔而改变前述；还有的是因司法人员的威胁、利诱、欺骗甚至刑讯逼供而胡招乱供，后又推翻原来的供述。

反腐败法

以预防、惩治和铲除腐败、实现社会和谐与公平正义为目标的专门性法典。目前对贪污贿赂腐败犯罪专门立法的国家有30多个，如新加坡、美国、菲律宾、越南、肯尼亚、赞比亚等，涉及反腐败的法案也有100余部。专门的"反腐败法"集组织法、程序法、实体法于一体。这种立法模式有利于集中刑法资源，按照特殊法优于普通法的原则，在遵循刑法基本原则的前提下，加大对贿赂犯罪的惩治力度。中国在反腐败的长期实践中，已形成了许多行之有效的政策、措施、经验，如将这些措施和经验法律化、规范化，将给一些特殊反腐败措施提供法律依据。

反腐败法案

2006年5月，英国政府在对现有的各类反腐败法律条文进行整理、综合和修订的基础上通过的新的反腐败的法律。扩大了贿赂犯罪的主体范围，规定只要利用其职位为他人谋取利益并收受好处，即被界定为犯罪，进一步完善了反腐败的法律规定。英国通过制定专门的反腐败法律、在多部法令中规定防止腐败的条文、设定具有操作性和程序性的规范，从根本上加强反腐败制度建设，从而有效的预防和控制了腐败行为的发生与蔓延。

反腐败国际合作机制

在反腐败方面进行的国际合作所运用的多种机制。主要包括四种。第一种是联合国框架下的机制，以《联合国反腐败公约》（下称公约）等一些国际公约为主要内容，这部分合作涉及内容比较多，参加的国家也比较多；但是，联合国的反腐败机制还停留在立法层面，联合国没有执法机构，《公约》也没有协调机构，只能依靠各成员国自行在公约的机制下合作。第二种是其他国际组织，如国际刑警组织框架内的合作，这些合作的特点是立法规定较少，而着重于实务，如侦查、追捕犯罪嫌疑人方面的合作。第三种是区域间国家进行合作，如欧盟成员国之间、美洲国家、非洲国家之间的合作，亚洲还没有一个全亚洲国家都参加的反腐败合作组织，所以中国对这些区域间合作机制研究极少。第四种合作机制是国家与国家之间的双边合作，这种合作可以在两国协议的框架内进行，也可以个案合作。目前采用比较多的是双边合作。

反腐败理论

有关如何预防和遏制腐败的理念理论。目前有影响的反腐败理论主要有以下几种：（一）有学者基于委托—代理理论，认为当代理人违背委托人的利益进行其他行为时就出现了腐败，因此必须要通过加强信息的收集和适当的监督来遏制腐败行为的出现；（二）有学者基于投入和收益原理，指出当某种非法行为的获益大于其付出时，这种行为就会出现，因而主张通过适当的高薪来养廉；（三）有学者认为不合理的制度只能导致不义的社会，因而主张从建规立章的角度梳理社会的不公正规定，避免制度性腐败；（四）有学者认为腐败的出现在于制度存在缺陷和漏洞，主张编制致密的制度来抑制腐败的发生；（五）有学者从实践中权力过于集中所带来的不良后果主张，要通过权力的分立和制衡来遏制腐败。

反腐败“两道防线”

指党纪国法防线和思想道德防线。1996年5月28日，由时任中共中央纪委书记尉健行在北京顺义和天津红桥就如何抑制腐败提出。他认为，抑制腐败必须从两个方面进行努力，从外在制度和思想源头两个方面构筑党纪国法和思想道德反腐败“两道防线”。针对腐败的治理，必须尽可能抑制住各种腐败的不法行为，这就需要建构各种制度法律法规。具体来讲，首先要做到有法可依，尽快制定各种适合社会需要的各种纪律规则；其次，要求营造有法必依的执法氛围；再次，各级执法机关必须严格执行法律，查处各种违法乱纪行为，惩治违法犯罪。当然，要使腐败真正能够得以遏制，还需要从腐败的源头即人的思想意识的角度加强宣传，使各种法律的规则观念等让人知晓，并构建与法律相应的对腐败的认知体系，使干部从内心里认同并自觉遵守，真正达到即或无人监督也能自觉约束自己。

反腐倡廉法规制度体系

中国以建立健全惩治和预防腐败体系建设为重点，以制约和监督权力为核心，以提高制度执行力为抓手，逐步建成的内容科学、程序严密、配套完备、有效管用的法规制度体系。包括三大法律制度规范和六个制度门类。三大法律制度规范为：国家法律、行政法规规章中关于廉政建设和反腐败的规范；关于党风廉政建设和反腐败的党内法规及其他党内法规中关于党风廉政建设和反腐败的规范性文件；从中央到基层的党的组织、行政机关和其他单位制定的关于反腐倡廉的制度规范。六个制度门类分别是：以宪法和党章为内容的反腐倡廉根本大法；反腐倡廉教育制度；反腐倡廉监督制度；反腐倡廉预防制度；反腐倡廉惩治制度；反腐败领导体制和工作机制法规制度。中国特色反腐倡廉制度体系的初步形成，标志着党风廉政建设和反腐败斗争各项工作基本上有了有法可依，保证了党风廉政建设和反腐败斗争的有力进行。

反腐败委员会

韩国国家的反腐败机构。韩国根据国会2001年6月通过的《反腐败法》，成立了直属总统领导的“反腐败委员会”，制定了“清廉度指数”，负责对全国反腐败工作的领导。

反求诸己

儒家的一种修养方法。指遇到问题不是向外寻求解决办法，而是反省自己的内在修养，通过提高道德境界来解决问题的思路。语出《孟子·公孙丑章句上》：“仁者如射，射者正己而后发，发而不中，不怨胜己者，反求诸己而已矣。”

反洗钱法

中国十届全国人大常委会第24次会议通过的法律。“洗钱”，是指将违法犯罪（如毒品犯罪，黑社会性质的组织犯罪，恐怖活动犯罪，走私，受贿犯罪等）的所得收益，通过提供资金账户、资金转移、存入境外银行、金融交易手段等方式，掩饰、隐瞒其来源和性质，使其在形式上合法化的行为。《反洗钱法》共计7章37条，主要规定了反洗钱监督管理、金融机构反洗钱义务、反洗钱调查、反洗钱国际合作等内容，自2007年1月1日起施行。《反洗钱法》最终确立了中国预防监控洗钱活动的制度框架。

犯 罪

触犯刑律、危害社会、依法应受刑罚处罚的行为。犯罪的本质特征是行为具有严重的社会危害性。法律特征是违反刑法，法律后果是应受到刑罚处罚。中国刑法第13条规定："一切危害国家主权、领土完整和安全，分裂国家、颠覆人民民主专政的政权和推翻社会主义制度，破坏社会秩序和经济秩序，侵犯国有财产或者劳动群众集体所有的财产，侵犯公民私人所有的财产，侵犯公民的人身权利、民主权利和其他权利，以及其他危害社会的行为，依照法律应当受刑罚处罚的，都是犯罪，但是情节显著轻微危害不大的，不认为是犯罪。"这一犯罪概念是对各种犯罪现象的理论概括，它不仅揭示了犯罪的法律特征，而且阐明了犯罪的社会政治内容，从而为区分罪与非罪的界限提供了原则标准。

犯罪所得

通过盗窃、抢劫、诈骗、贪污等犯罪行为所获取的公私财物，包括金钱、物品等。2006年6月29日，全国人大常委会通过并公布施行的《刑法修正案（六）》正式取消了窝藏、转移、收购、销售赃物罪罪名，改为掩饰、隐瞒犯罪所得、犯罪所得收益罪罪名，该罪名适用时间从2007年11月6日开始。掩饰、隐瞒犯罪所得、犯罪所得收益罪是指，明知是犯罪所得及其产生的收益仍予以窝藏、转移、收购、代为销售或者以其他方法掩饰、隐瞒的行为。明知是犯罪所得，低价收买归已，或低价收买后高价卖出从中渔利，也是掩饰、隐瞒犯罪所得、犯罪所得收益行为。如果双方事前通谋，则以共同犯罪论处。

范仲淹

范仲淹（989～1052年），北宋政治家、文学家。字希文，苏州吴县（今江苏苏州）人。大中祥符进士。少年贫困力学，出仕后有敢言之名。天圣中任西溪盐官，参与重修捍海堰。景佑二年（1035），以天章阁待制权知开封府。次年，上《百官图》议朝政，被指为朋党，贬知饶州。宝元三年（1040）西夏攻延州，他与韩琦同任陕西经略副使，改革军制，巩固边防。庆历三年（1043）担任参知政事，建议十事，主张建立严密的任官制度，注意农桑，整顿武备，推行法制，减轻徭役。因为保守派反对，不能实现。他亦罢去执政，出任陕西四路宣抚使。后在赴颖州途中病死。工于诗词散文，所作文章富于政治内容。《岳阳楼记》中“先天下之忧而忧，后天下之乐而乐”的名句，传诵千古。有《范文正公集》。

防范性条款

为防止某些不正常的事情或行为发生而制定的各项制度政策或法律法规。侧重于预防行为主体的行为，具有警示性、提醒性和预示性作用。如《中国共产党纪律处分条例》第127条就作了预防性规定，防止党和国家工作人员或者其他从事公务的人员给党、国家和人民利益以及公共财产造成损失：“党和国家工作人员或者其他从事公务的人员，在工作中不履行或者不正确履行职责，给党、国家和人民利益以及公共财产造成较大损失的，给予警告或者严重警告处分；造成重大损失的，给予撤销党内职务、留党察看或者开除党籍处分。本条例另有规定的，依照规定。”

防腐化法

为防止腐败，1906年和1916年，英国议会先后两次制定并通过的法律。《防腐化法》规定，公务员有贪污受贿、滥用政府基金行为的即被开除，并丧失领取退休金的资格，构成犯罪的则予以刑事处罚。任何公职人员在签订合同时，接受或同意接受以及试图获取任何人的私物、酬金，便构成腐化罪。任何政府部门和公营企业的正式职员，如果已经接受了试图签订或阻止签订合同的任何人的金钱或其他好处，只要证据确凿，即应处以7年以下的监禁。英国虽不要求各级官员申报自己的财产，但规定其在任何时候都不得从事有损于作为公职人员的有效性的一切活动。同时还规定，公职人员一旦出现被法院宣告破产或丧失偿还能力，须将这一情况立即报告，以便采取纪律措施。如其破产是因为从事不合法的交易如赌博等所致，该官员就被撤职或宣布不再任用。

防火墙工程

计算机科学学科术语，通过监测、限制、更改跨越防火墙的数据流，尽可能地对外部屏蔽网络内部的信息、结构和运行状况，以此来实现网络的安全保护的一种重要的防御工程。后来这一术语被应用到廉政文化建设中。廉政文化中的防火墙，往往是通过对干部加强宣传教育，提高其思想觉悟，使其能自觉抵制各种腐化行为，同时通过制度建设，使其能够提高拒腐防变的能力，从而打造出一道预防和应对腐败侵蚀的防火墙工程。

防止腐败法

1947年，印度首次通过的旨在有效防止贿赂和腐败的专门法律。该法为《1947年防止腐败法》，其后，几乎每隔两三年，印度政府都会对其进行一些修改。1988年，印度在总结以前反腐败立法经验和教训的基础上，制定了“旨在统一和修正关于防止贪污及与此有关的法律的法案”，即《1988年防止腐败法》。共分总则、特别法官的任命、违法与惩处、依本法调查案件和准予起诉及其他有关条款5章31条，对腐败案件的侦查、起诉、审判和定罪量刑、适用范围及其他反腐败法律的适用作了详细规定，是一部集刑事实体法、诉讼程序法于一体的综合性的反腐败法。

防止贿赂条例

1971年，香港颁布的适用于处理公职人员贿赂行为的法规。该条例对公务员的总要求是：凡公务人员索取或接受某种好处，或群众中有人向公务员提供某种好处，作为其做某些事情，或不做某些事情的酬谢和诱饵，或者为了加速或拖延履行其正常职责，这些都属犯罪行为。该条例第3条规定：一个政府公职人员未经最高行政长官允许，接受任何钱财和礼物都属违法行为，并不需要其接受钱财和礼物与该政府公职人员本人的公务有关；第10条规定：一个现任或曾任政府公职的人享受的生活水平或拥有的财产与其薪金收入很不相称，而又无从解释其来源时，这就无需证明其具有任何具体的贪污行为，当然就应该推定其为贪污所得。条例对“反贪污独立委员会”的调查权力作了特殊规定：委员会的官员可以检查被怀疑对象的任何账目，包括银行账目，有权调阅过去资金转移的详细材料，有权进入和搜查有理由被认为藏有罪证的房屋，并扣押罪证。对任何人在起诉之前，必须得到律政司的批准。

防止贪污法

1960年，新加坡议会通过的一部强有力的反贪法律。该法于1960年6月

17日颁布，1985年重新修订，全文共35条。融实体法、程序法和组织法于一体，对惩治腐败起到了关键性的作用。在《防止贪污法》中，不仅严格详细地规定公务员不准利用职务之便和权力收受报酬，而且对官员如何处理那些无法推辞掉的礼品做了详细规定。严厉处罚是新加坡反贪污法律的另一个特点。如其中规定，对犯有贪污罪的人除没收其全部非法所得外，还要处以罚金或判处5年以上7年以下的监禁，或并处之。40多年来，借助廉政建设，新加坡执政党和政府的公信力大大提高，新加坡也被称为“亚洲最廉洁的国家之一”。

非法所得

当事人在未取得合法经营资格的前提下，从事经营活动而获得的利润或者纯收入，包括通过违法行为、不正当方法、损害他人利益等方式所得的利益。中国刑法第64条规定：“犯罪分子违法所得的一切财物，应当予以追缴或者责令退赔；对被害人的合法财产应当及时返还；违禁品和供犯罪所用的本人财物应当予以没收。没收的财物和罚金一律上缴国库，不得挪用和自行处理。”

非法占有

通过非法的途径实现占有。刑法中的非法占有是通过刑法所禁止的手段将他人所有的财物进行实际掌握和控制，使物主对物失去控制。按照中国《刑法》第二百七十条规定，将自己代为收管的他人财物或将他人的遗忘物非法占为己有，数额较大，拒不交出或退还的，可构成侵占罪。

非法资产追缴

将犯罪分子的违法所得强制收归国有。《刑法》第64条规定：“犯罪分子违法所得的一切财物，应当予以追缴或者责令退赔；对被害人的合法财产，应当及时返还；违禁品和供犯罪所用的本人财物，应当予以没收。没收的财物和罚金，一律上缴国库，不得挪用和自行处理。”非法资产指犯罪分子因实施犯罪活动，而取得的全部财物，包括金钱或者物品，如盗窃得到的金钱或者物品，贪污得到的金钱或者物品等。

非物质化贿赂

隐蔽性较强的性贿赂、信息贿赂、业绩贿赂、感情贿赂等。在一定程度上，非物质贿赂的腐蚀性，远非特定数额的财物所能企及，其社会危害性和持续性，甚至超过了财物贿赂。性贿赂是典型的非物质贿赂，行贿人通过提供性服务让受贿人获得非物质的利益，以达到利益交换或权职交换之目的。信息贿赂是指行贿人通过向有关人员提供信息而获取好处，受贿人可通过对所获得信息的利用，获得可观的经济或政治利益，主要表现为提供人事职务升迁信息、商业秘密、审判机密等。业绩贿赂是指发生在同系统上下级之间的一种贿赂方式。行贿人利用与上司的工作关系，故意将其业绩推到上司身上，有些上司为升官也向下级索取业绩，并封官许愿，在其得到提拔晋升后，主动或被动为下属办事。

分配正义

由古希腊哲学家亚里士多德最早提出的一种理论。亚里士多德认为，分配正义涉及财富、荣誉、权利等有价值的东西的分配，对不同的人给予不同对待，对相同的人给予相同对待，即为正义。美国新自然法学代表人物约翰·罗尔斯发展了这一理论，其内容主要是社会制度在分配利益和负担方面的正义问题。罗尔斯认为，实现分配正义是有条件的。首先，要设想一个保证平等公民自由的由一个正义宪法调节的社会基本结构，否则，就谈不到分配正义问题。其次，可以设想政府分成四个部门，即配给、稳定、转让和分配制度，通过这四个部门的工作来实现分配的正义。罗尔斯认为，为了实现这一种正义，社会基本结构应该：（一）在与正义的储存原则一致的情况下，适合于最少受惠者的最大利益；（二）在机会公平平等的条件下职务和地位向所有人开放。最后，分配正义还有赖于涉及公民平等自由的正义原则的实现。

分权制衡

主张国家的立法、行政、司法三项权力应当分别由三个不同的国家机关去行使，形成三项权力间的相互牵制和相互约束的格局，以保持国家权力间的平衡状态，防止某个机关或某个人独断专行的理论。该理论被西方国家普遍运用在政治体制和其他国家管理活动中。制衡学说源于分权思想，分权思想可以溯源于古希腊的亚里士多德。在分权思想基础上发展起来的制衡学说，形成于资产阶级革命时期。当时尚未掌握政权的资产阶级为了同封建主分享统治权并反对封建主的专横，便提出了分权制衡理论。

分散主义

通常用来指一些中心城市的发展过于集中，带来一系列相关问题，因而主张分散城市的功能，促进城市协调发展。来源于20世纪英国埃比尼泽·霍华德的花园城市理论。1898年，霍华德在《明天的花园城市》一书中提出其发展花园城市的理念：城市由内核呈放射状向外延伸，用绿化带将不同功能区分割成不同单元，每一单元人口以3万人为限。通过同心圆的层层向外推进凸显其追求自由平等、舒适便利的思维方式和设计理念。后来该词多指部分公务人员不遵从我党民主集中制原则，无视上级的决定，不愿接受上级的领导和指挥。毛泽东《在中国共产党全国代表会议上的讲话·开幕词》中曾提到："中央和各级党委必须坚持集体领导的原则，继续反对个人独裁和分散主义两种偏向。"

风闻奏事

举报人可以根据传闻进行举报，不必拿出真凭实据，也不署名。源于汉代的"三公谣言奏事"，至南北朝乃成为御史的特殊权力，也就是说谏官可以根据道听途说来参奏大臣。从有关南北朝史籍所载风闻奏事的事例来看，有的风闻须由御史台核实后方才奏劾。

烽火戏诸侯

在西周后期，末代君王周幽王宠爱后宫美女褒姒，褒姒不爱笑，幽王在没有敌军的情况下举烽火将诸侯军队引来，褒姒因此而大笑。幽王为博美人一笑，屡次举烽火，从此失去诸侯对他的信任。当犬戎进攻幽王时，幽王再举烽火求救，已经没有诸侯愿意来救他了。最后幽王在骊山下被杀，褒姒被掳走后下落不明，犬戎"尽取周赂而去"。西周灭亡，警示后世统治者不能贪恋女色，否则必定带来亡国的灾难。

服务型政府

为公众服务的政府，它是在公民本位、社会本位理念的指导下，在整个社会民主秩序的框架中，把政府定位于服务者的角色，并通过法定程序，按照公民意志组建起来的以“为人民服务”为宗旨，以公正执法为标志，并承担着相应责任的政府，是“三个代表”重要思想在政府管理领域的具体体现。

腐　败

原意是食品因变质而产生臭气、刺激味和毒性物质的一种自然现象。在政治学上，腐败是指公职人员借职务之便获取个人利益，从而使国家政治生活发生病态变化的行为。腐败在广义上说是行为主体为其特殊利益而滥用职权或偏离公共职责的权利变异现象，从狭义上说泛指国家公职人员为其特殊利益而滥用权力的权利蜕变现象。除此之外，还包括国家公职人员或者其近亲属以及其他与其关系密切的人，利用国家公职人员职权或者地位形成的便利条件受贿现象。

腐败成本

腐败行为者因腐败行为而付出的政治上、经济上、精神上和道德上的代价。特征为：（一）腐败成本的内容具有多样性。除包括一般社会活动的成本人力、物力、财力三个部分外，还包括政治代价、精神代价、法律风险和道德损失；（二）腐败成本的投入具有后发性。因事前并不投入成本，而是先投入权力，因此案发后，才根据腐败程度（收益）来确定成本；（三）腐败成本的计算具有惩罚性。必须以高出腐败收益为原则，否则就难以遏制腐败行为的蔓延。可见，腐败成本并不是一般意义上的成本，而是存在于政治和经济活动领域的一种特殊的追偿性成本。

腐败犯罪

行为主体因贪腐违反法律的明确规定而应受到刑法制裁的行为。通常而言，腐败行为的严重性只有达到被法律规定为应当惩罚的程度，才被称为腐败犯罪。中国《刑法》中虽然没有专门的腐败犯罪的罪名，但与腐败有关的腐败犯罪行为的具体罪名已主要集中在《刑法》的第八章“贪污贿赂罪”和第九章“渎职罪”中。《联合国反腐败公约》所要打击的洗钱、窝赃、妨碍司法等腐败犯罪行为，则散见于中国《刑法》的各章节中。《公约》第三章“定罪及执法”明确规定，可以定罪的腐败行为包括：贿赂、贪污、挪用公款、影响力交易、窝赃、滥用职权、资产非法增加、对犯罪所得洗钱、妨害司法等九种犯罪行为。

腐败收益

通过腐败行为所获得的非法收益。既包括物质利益如钱财、房产、珠宝、有价证券等；也包括精神上的满足，如溜须拍马、荣誉名声等；以及机会的获得和影响力的提升，如获得特定权威、参与某种决策等。

腐败刑事定罪和执法机制

对腐败进行科学量刑定罪和执行的一系列制度和办法。反腐败作为我们党和政府必须常抓不懈的一项工作，需要法律的支持和制度的保障。在反腐败斗争中，刑法作为最后的手段，具有特别的威慑力和特殊的严厉性，需要积极而慎重、稳妥地适用。同时，刑事法治也应当根据中国反腐败新形势、新任务的需要，科学、合理地加以完善。这样才能促进中国反腐败斗争与法制建设良性的互动，并保证反腐败斗争取得良好的政治效果、社会效果和法律效果。通过腐败刑事定罪和执法机制完善各项制度，可以给予腐败分子以打击和严惩。

腐败预防机制

防止和减少腐败行为发生的权力运行保障系统。这一机制的职能包括：一是规定专门的预防腐败机构，制定和执行有效的反腐败政策；二是建立科学的选任公职人员的管理制度，规定公职人员的廉政制度；三是建立以透明、竞争、客观为标准的公共采购制度，维持公共财政管理制度的公开、透明；四是简化行政程序，建立公众与国家机关的联系；五是建立和完善司法腐败预防机制；六是针对私营部门的腐败，制定私营机构廉洁的标准和程序，防止利益冲突，形成良好的商业惯例；七是促进社会参与，开展反腐败的公共宣传活动；八是打击洗钱活动，加强反洗钱犯罪的国际合作。为从根本上预防腐败的滋生蔓延，中共中央于2007年9月6日宣布成立国家预防腐败局。国家预防腐败局是中华人民共和国的国家级预防腐败专门机构，主要负责全国防腐败工作的协调与策划，制定反腐政策，检查与指导社会企业、单位、团体的反腐工作，同时负责预防腐败的国际合作和国际援助。

腐败资产追回机制

对因实施腐败犯罪而直接或间接产生或者获得的任何财产以及用以犯罪的财产、设备或者其他工具，通过一定的司法协助程序予以追讨或者返还的制度。《联合国反腐败公约》创设的重要法律机制之一，其主要内容包括资产的直接追回、资产的间接追回、资产的返还和处分、资产转移的预防和监测以及特别合作等方面。在经济全球化的今天，腐败犯罪也日益呈现跨国化发展的特征。面对日益发展的腐败犯罪跨国化和腐败资产全球流动的新形势，腐败资产来源国和腐败犯罪受害者如何追回腐败资产成为一个日益凸显的严重问题。由于各国经济利益的冲突和法律制度的差异，资产追回面临着巨大的困难和不确定性。国际社会为此作出了不懈的努力，通过了一系列政治声明，并且通过了若干区域性反腐败公约尝试解决这一问题。2003年10月通过的《联合国反腐败公约》第一次在国际立法中全面、系统地对资产追回问题进行规定。关于腐败犯罪所得转移的预防和监测，公约要求各国金融机构须核实客户身份，进行严格审查账户，报告可疑交易，保存相关客户和交易的资料。各国应禁止设立“空壳银行”，并避免与外国金融机构中允许有“空壳银行”使用其账户的金融机构建立关系。公约要求建立公务人员财产申报制度，设立金融情报机构，进行国际合作。公约规定的直接追回机制，提供了三种追回资产的途径，第一种是请求国直接在被请求国法院提起民事诉讼来确认其对腐败资产的合法所有权。第二种是缔约国采取必要措施，允许本国法院实施根据《联合国反腐败公约》所确立的犯罪的人，向受到这种犯罪损害的另一缔约国支付补偿或者损害赔偿。第三种是各缔约国根据本国法律，采取必要的措施，允许本国法院或者主管机关在必须就没收作出决定时，承认另一缔约国对所转移的腐败犯罪所得的财产主张合法所有权。

负罪感

是指个人基于一定的文化背景、道德理念、个体认知对自己已有的言行举止或其造成的后果进行反思而感到自责悔恨的情绪。负罪感的产生来源于个人已有的价值理念和个人应用这套观念对自身行为的评价。其强弱与个体对特定理念的价值认定程度、个人对其违背的程度、个人是否主观故意以及外在的氛围等的评估密切相关。

富贵不能淫，贫贱不能移，威武不能屈

富贵不能扰乱他的心意，贫贱不能改变他的志向，威武不能屈服他的节操。现在往往用来形容人的意志坚定、不动摇，在各种威逼利诱面前能坚持原则。语出《孟子·滕文公下》：“富贵不能淫，贫贱不能移，威武不能屈，此之谓大丈夫。”这是孟子和纵横家景春辩论什么样的人才能称得上大丈夫时说的话。

G

干部队伍建设“四化”方针

即干部队伍的革命化、年轻化、知识化、专业化。这是新时期干部工作的根本指导方针。革命化是就干部思想、政治和道德素质而言的，要求干部树立正确的世界观、人生观和价值观，具有坚定的政治信念和良好的道德品质；年轻化是就干部年龄、体力、精力而言的，它要求干部年富力强、精力充沛，能胜任紧张、艰巨的工作；知识化是就干部科学文化素质而言的，它要求干部掌握胜任本职工作所需要的科学文化知识；专业化是就干部业务水平、专业能力而言的，它要求干部具备做好本职工作的能力，成为所领导的那个领域的内行。干部队伍革命化、年轻化、知识化、专业化，体现了对干部的品德、才能、知识、体质等方面要求的统一，四者缺一不可。

干部合理流动

领导干部按照相关规定进行科学有序的换岗流动。干部合理流动可以将干部的好作风、好做法进行交流；另一方面也可以避免干部久呆一个地方形成“小集团”“保护伞”，不利于廉政建设。干部合理流动能够在一定程度上保证“人尽其才”，也可以对预防腐败起到积极作用。主要有几种类型：一是优化性轮岗，即人员合理搭配，取长补短，优势互补；二是培养性轮岗，即把一些德才兼备、成绩突出、综合素质好、发展潜力大的干部放在重要岗位上锻炼；三是促进性轮岗，即把工作能力强的干部调整到业绩相对弱的基层或科室，或把缺乏经验、但有一定发展潜力的干部放到业绩好的基层或科室锻炼等。

干部监督工作大格局

在选拔任用干部过程中所形成的加强监督信息采集与分析、完善监督结果的有效运用机制、科学运用监督成果、切实加大预防腐败力度的格局。构建干部监督工作大格局，既是加强干部选拔任用工作全过程监督的需要，也是加强干部选拔任用工作全过程监督的有力保障。干部监督工作大格局体系建设是一项长期性、系统化的工程，需要各级各单位密切配合，互动协作，共同推进，需要结合党的建设总体目标要求，统筹兼顾，准确定位，确保体系建设的长效性，运转的灵活性，功能的健全性。党的十七大报告提出要“加强干部选拔任用工作全过程监督”。加强干部监督工作，是促进党内民主和谐的有力举措。充分发挥干部监督在教育、引导、警示、纠偏干部方面的预警作用，积极构建科学分工、相互配合、合理制约、高效运行的干部监督工作大格局体系，切实促进党内民主，以增进党内和谐，促进社会和谐。

干部廉洁自律规定

对领导干部加强自我约束、自我管理的一系列规章制度。为规范领导干部从政行为，1984年到1988年，中共中央、国务院分别发布了《关于严禁党政机关和党政干部经商、办企业的决定》《关于进一步制止党政机关和党政干部经商、办企业的决定》和《关于县以上党和国家机关退（离）休干部经商、办企业问题的若干规定》等。为抓好领导干部廉洁自律工作，使领导干部廉洁自律工作规范化、制度化，自1993年8月起，针对领导干部廉洁自律工作，中共中央、国务院发布了《关于反腐败斗争近期抓好几项工作的决定》，其中，对领导干部提出了廉洁自律的“11个不准”和“1个不得”。中央有关部门先后颁布了“五条规定”“新五条规定”“四条补充规定”，提出了“31个不准”，并对企业领导干部提出了“四条规定”，这些都对领导干部廉洁自律工作起到了有力的促进作用。但这些规定比较零散，不够全面、系统。经过几年实践，在对“31个不准”和其他有关廉政规定加以归纳和概括的基础上，1997年，中共中央发布了《中国共产党党员领导干部廉洁从政若干准则（试行）》。这是一部比较完整、系统的有关领导干部廉洁从政的规定，进一步健全了领导干部廉洁从政行为规范。随着反腐倡廉形势和任务的发展，2010年，中共中央对《中国共产党党员领导干部廉洁从政若干准则（试行）》进行了修订和完善，出台了《中国共产党党员领导干部廉洁从政若干准则》，对党员领导干部提出了8个禁止和52个不准，对于进一步提高管党治党水平和深入推进反腐倡廉建设具有十分重要的意义。

干部任用条例

根据党的“德才兼备、以德为先”的选人用人标准而制定的具体的干部任用原则和办法。1995年颁布的《党政领导干部选拔任用工作暂行条例》，在规范干部选拔任用工作、防止和纠正用人上的不正之风、建设高素质党政领导干部队伍等方面发挥了重要作用。2002年7月在此条例的基础上修订形成了《党政领导干部选拔任用工作条例》，干部任用条例按照“严格、宽阔、科学、管用”的选人用人要求，以实绩论优劣，凭德才用干部，鼓励干部干事创业，激励人才创先争优，把政治上靠得住、工作上有本事、作风上过得硬、人民群众信得过的优秀干部选拔到重要岗位上来。

干部选拔任用制度

选拔、录用、任免干部的原则、方式方法及程序等一系列制度的总称。是干部人事制度的重要内容。建立完善科学的干部选拔任用制度，对于建立精干、高素质的干部队伍，保证党和国家政权建设和社会主义事业的发展，有着十分重要的意义。主要原则包括：（一）坚持党管干部的原则。在干部选拔任用工作中，要认真贯彻执行党的干部路线、方针和政策，严格按照中央《党政领导干部选拔任用工作条例》的规定来确定任用的原则、程序、办法、标准和条件。（二）坚持德才兼备、任人唯贤的原则。（三）坚持群众公认、注重实绩的原则。（四）坚持公开、平等、竞争、择优的原则。

高薪养廉

部分资本主义国家将高薪作为推行廉政工具的一项制度。其理论依据为不廉洁的原因之一在于，国家公职人员的薪金难以满足政府公职人员的基本需要，要使政府官员克己奉公，必须赋予公职人员“合理的待遇”。为此，应给政府官员报以高薪，并提供不亚于企业的优厚的住房、医疗和退休待遇，竭力满足公职人员的衣、食、住、行、医、育、乐等需要，使其无虞匮乏，以这样可以去掉贪污受贿、为政不廉的口实。

葛柏案

香港反腐倡廉历史上产生重大影响的案件。1973年，当时涉嫌贪污的香港警务处总警司葛柏在接受调查期间逃回英国，在香港社会引发强烈反响，并促使香港成立廉政公署。后来，葛柏被廉政公署引渡回港受审，并以串谋贪污及受贿罪被判刑4年。这是廉政公署成立后经办的第一个案子。葛柏被定罪后，香港政府针对办案过程发现的漏洞，修订《防止贿赂条例》，删除了第10条的解释期规定。廉政公署将葛柏绳之以法，消除了社会上批评廉政公署“只打苍蝇、不打老虎”的说法，赢得了市民的肯定和信任。此案不仅成为廉政公署肃贪倡廉工作的重要里程碑，也恢复了香港市民对司法制度的信心。

个人崇拜

不适当地夸大个人作用，把个人凌驾于群众、阶级、政党之上，加以神化，盲目崇拜的现象。它是过去人类历史上遗留下的一种腐朽遗产。在理论上它完全违背了历史唯物主义关于群众、阶级、政党、领袖相互关系的基本观点；在实践上它提倡盲目迷信，严重压抑和妨碍人民群众的主动性和创造性，破坏党的民主集中制和集体领导的原则。它强调对领袖个人的崇拜，而不是对领袖的真正热爱，对党和人民的利益有百害而无一利。

个人利益

个人生存和发展的各种需要的总和。包括个人物质生活和精神生活需要的满足，个人身体的保存和健康，个人才能的利用和发展等。个人利益受种种因素的制约，社会生产力水平从总体上制约着个人利益的实现，个人在社会中的地位和作用的不同，决定着个人利益的方式、质量和数量的不同。个人利益与集体利益是辩证统一的，当个人利益与集体利益发生冲突，而个人利益又是正当的，在其他条件下是可以得到满足的，而在此时此地，不牺牲个人正当利益，集体利益就无法实现时，社会主义集体主义原则要求必须牺牲个人利益，这种牺牲表现出崇高的道德精神。

个人主义

伴随西方资本主义而出现的一种资产阶级的思想和学说。个人主义作为一种价值理论，强调个人本身就是目的，具有最高价值，社会只是达到个人目的的手段；作为一种政治思想，强调个人的民主和自由，强调自我支配、自我控制、不受外来约束；反映在经济思想上，主张每个人或家庭都享有最大的机会去取得财产，维护私有制。近代资产阶级革命时期的思想家，把个人主义普遍化，看作一般的人性，并使之成为政治、经济、道德的主要内容和评判标准，以此作为资产阶级反对封建禁欲主义的思想武器。作为伦理原则的个人主义，把道德视为本质上是个人的，在道德行为中把自身利益奉为最高准则。趋向极端会导致损人利己的极端个人主义。作为道德原则的个人主义是与集体利益相对立的，为共产主义道德所不容。但必须将其与追求个人正当利益区别开来。

个人专断

某些领导人违反集体领导制度，把自己凌驾于党的组织之上，个人说了算，容不得别人不同意见的不良作风。这同民主集中制和党的集体领导原则根本对立。这种工作方法不能集思广益，往往会导致做出错误决定，贻误党的工作，削弱党的战斗力，给党的事业造成很大危害。鉴于党的历史经验，特别是“文化大革命”的严重教训，党章明确规定：“不允许任何领导人实行个人专断和把个人凌驾于组织之上。”党的十六届四中全会提出：“坚决反对和防止个人独断专行，反对好人主义、自由主义。”党的十七大报告再次强调，要“严格实行民主集中制，健全集体领导与个人分工负责相结合的制度，反对和防止个人或少数人专断。推行地方党委讨论决定重大问题和任用重要干部票决制。”

工程招标投标

在货物、工程和服务的采购行为中，招标人通过事先公布的采购和要求，吸引众多的投标人按照同等条件进行平等竞争，按照规定程序并组织技术、经济和法律等方面专家对众多的投标人进行综合评审，从中择优选定项目的中标人的行为过程。作为一种国际惯例，工程招标投标是商品经济高度发展的产物，是应用技术、经济的方法和市场经济的竞争机制的作用，有组织开展的一种择优成交的方式。这种方式是其实质是以较低的价格获得最优的货物、工程和服务。

公共财政

为社会提供公共产品与公共服务的政府分配行为。与市场经济体制相适应的一种财政管理体制。它主要着眼于满足社会公共需要，弥补“市场失效”缺陷。公共财政的历史使命，在于它支持、促进着市场经济体制的形成和发展。包括以下四点本质规定：（一）以增进绝大多数社会成员的公共利益为宗旨；（二）以提供公共产品、公共服务，满足社会公共需要为目标；（三）最大限度地实行民主决策；（四）充分接受民主监督。其形式主要包括：税收收入、债务收入、国有资产收益、政府费收入、其他收入形式。公共财政在国民经济中占有重要地位，它对依法促进公平分配、调控宏观经济、合理配置市场资源、做好国有资产管理起着不可代替的作用。

公共采购制度

亦称政府采购制度。各级政府为了开展日常政务活动或为公众提供公共服务的需要，在财政的监督下，以法定的方式、方法和程序（按国际惯例一般应以竞争性招标采购为主要形式），从市场上为政府部门或所属公共部门购买商品和服务的行为。其目的是为了满足公共需要，其核心是从采购立项、审批到实施有一套完整、规范的管理制度。公共采购的方式：（一）竞争性公开招标；（二）竞争性封闭招标；（三）协商招标；（四）非竞争性协商。公共采购的核心原则是公开、公平、公正和有效竞争；基本原则是物有所值，推动国内竞争和促进产业发展，防腐倡廉，支持政府其他政策，国民待遇原则和非歧视性。

公共产品

与私人产品相对，亦称“公共财货”“公共物品”。在西方经济学中，指能为绝大多数人共同消费或享用的产品或服务。如国防、公安司法等方面所具有的财物和劳务，以及义务教育、公共福利事业等。特点是具有非竞争性和非排他性，一些人对这一产品的消费不会影响另一些人对它的消费，即一些人对这一产品的利用，不会排斥另一些人对它的利用。一般由政府或社会团体提供。

公共活动

许多人的集体活动。它可以是许多人共同参加的活动，也可以是在理论上对许多人开放的活动。如欢迎、欢送、祝贺、集会、舞会、参观、旅游、各种庆典等均属公共活动。某一活动的开展通常都有其特定的意义与价值，负载着主办者特定的目的与诉求，因而在廉政文化的熏陶和建构的过程中，也可以通过举办演小品、看电影等形式向人们传达特定的价值理念。

公共机构腐败行为法

1889年英国颁布的第一部反腐败法。该法令将公共机构成员或官员的主动或被动受贿均定义为腐败行为。对于犯有此类罪行的公务人员可处以6个月至7年的监禁，或者加上不设上限的罚款。此外对某些政治权利进行剥夺，例如，除了解除职务以外，还规定从犯罪之日起的5年内相关人员不得担任任何公职；如果第二次再犯类似的罪行，则永远不得担任任何公共职务，而且，在从犯罪之日起的5年内，剥夺其在议会和其他任何公共机构选举中的投票权，此外还有可能被剥夺获得养老金的权利。

公共价值

具有公共性能，可以同时满足多个主体需要的价值。其实质是公民在公共生活和共同实践中所共同认可分享的价值观念或体系。它具有公共性，针对的是公共领域；具有共享性，能够基于特定的背景而被社会成员广泛认知和接受；具有包容性，通过对价值体系的分层能够容纳不同个体的价值诉求。

公共理性

主张社会各主体以社会正义为目标、以平等自由的身份为依托，以平等协商的方式参与社会事务的方式。这一概念由德国哲学家康德首先提出，他认为公共理性是人们在一切事情上运用自身理性的自由。美国哲学家罗尔斯则把它当作是所有共享平等公民身份的人的理性。它的目标是公共的善和社会的正义，它在个人的理性基础上建构起来，与个人的理性能力密切相关，它并不是超越所有具体个体高居其之上的绝对的价值标准，而是人们试图彼此进行交流沟通的一种方式，它要求通过不同个体之间的开放、公开的对话协商，人们就某些事项达成共识。公共理性要求人们超越具体个体利益最大化的欲求限制，寻求整个社会普遍的公共利益。

公共利益

服务于无定型的大多数人精神、物质需要的事物。与私人利益相对。公共利益的界定通常以受益的多寡来判断，如果某种事物在特定群体里使大多数人或过半数人受益，那么这样的事物就是公共利益。如何对无定型人中的多数进行界定，通常有两种标准，一种是德国洛厚德提出的以地域为基础，即在特定地域内，如果一种事物满足的是该地域内多数人的利益，即可看作是公共利益，如某地的学校服务于当地大多数人群；另一种以专业领域为基础，即在特定专业、群体、领域内，如果一种事物满足的是该专业、群体、领域多数人的利益，即可看作是公共利益，如某人观点代表的是某市政治学会里大多数人的意见。

公共权力

在进行公共管理的过程中，为维护公共利益、秩序，公职人员所凭借的权力。在中国，权力来源于人民，但涉及公共事务时，每个公民不可能直接、全面地参加各种决策、执行、监督等活动，就需要由其委托人或代理人来负责实施。对于公共权力的产生和目的，有不同的解释。霍布斯主张，人类一开始就处于原始的平等状态，任何人都拥有天赋的自然权利，可以做任何事情，但如果个人随自已意志任意而行就会妨害整个社会各种事情的正常运行。为了维护自身的利益，就彼此相互约定让渡出一部分权力并把它交给特定的个人和组织，这些个人和组织就获得超越于个人权力之上的由个人所让渡委托的部分权力也即公共权力。

公共意志

普遍的共同的意志，是法国哲学家卢梭对政府权力的配置和来源的解释。对于自由，卢梭认为只要一个人能够进行自主的判断，他就拥有自由。认为人类最初处于自然的自由状态，是孤立自足的，但这种自由的个体力量毕竟有限，无以应付外界的挑战，这就迫使不同个体不得不联合起来，为了使联合后的个体不至于相互妨碍，必须有一个机构能够确保所有的人对其所做出的决定都予以遵守，它就是卢梭所说的代表公共意志的机关。主张只有反映普遍共同利益的观点和行为才能构成公共意志，而众多分散个人的意见只能称之为众意。国家必须以公共意志为基础维护全体国民的共同利益，在此过程中可以吸纳众人的意见。对于外在的机构是否限制了人的自由，卢梭认为自由和被统治之间并不存在矛盾。原因在于，当整个社会由原初的混乱因而觉醒认识到需要订立一定的契约来确保个人的自由和权力时，彼此就把自身所拥有的一切权力转让给了第三方，它就形成一种公共人格，代表着全体的意志，即公共意志，静态的称之为国家，动态的称之为主权者，“我们每个人都以其自身及其全部的力量置于公意的指导之下，并且我们在共同体中接纳每一个成员作为全体之不可分割的一部分”。由于公意是每个人意志的代表，因而当一个人服从于公共意志时，实际上也不过是服从于自己的意志，他因服从于自己的意志而仍然是自由的。这种理论也被指责为专制独裁提供了理论基础。

公共资源交易体系

用于科学合理的配置公共资源的平台、规范和措施的总称。公共资源是指那些不为个别个人或单位占有垄断，其他社会成员均可依法使用的，归社会共同拥有的自然资源。可以是自然生成存在的空气、水、土地等，也可以是归社会所有服务于无定型个人的公共财物如基础设施、政府或事业单位资产等。长期以来中国一直沿用计划经济的模式，采用行政审批的方式进行公共资源的配置，其弊端日渐暴露出来。当下，引入市场配置与政府宏观调控相结合的运行机制，有利于公共资源配置的科学化和合理化。公共资源交易体系通常由下列因素构成：打造资源交易的平台和管理中心；制定纳入交易的资源范围清单；制定交易的程序和规范；确立违背交易规则的处罚措施等。

公开选拔、竞争上岗

党委（党组）及其组织（人事）部门采取公开报名与考试考察相结合的办法，按照规定的条件和程序，选拔任用党政领导干部或者其人选的一种方式。是适应新形势、应对新挑战、建设高素质的党政领导干部队伍的重要举措。公开选拔领导干部，或者在党政机关通过竞争上岗的方式产生领导干部，可以有效解决公平竞争的问题，实现由“伯乐相马”式的选人向“赛场竞马”式的选人方式转变，可以扩大选人视野，打破论资排辈和平衡照顾的旧框框，真正做到多中选好、好中选优，不拘一格选人才，可以促进大批优秀人才脱颖而出。

公款行贿

党政机关、国有及集体企事业单位或者社会团体等，为了本地区、部门的小团体利益，用公款对有一定权力的单位和个人行贿的行为。公款行贿现象是在封建官场余毒影响下，当前体制弊端与个人私利动机相结合产生的一种社会政治嬗变，是滋生腐败的温床。治理公款行贿必须标本兼治、惩防并举，用纪律法规严惩典型案例是当务之急，制度建设与廉政文化建设相结合是治本之策。

公民道德

对公民这一社会主体身份的道德要求。公民道德规定性与一般意义上的社会对公民的道德要求有别，主要指：（一）公民在社会公共生活中所应遵守的道德原则与规范；（二）即“公民美德”，公民在社会公共生活中对于这些道德原则规范的遵守及其所具有的道德品质与德性。公民道德是普遍性的道德要求，体现的是对社会公共生活秩序及其公正性的追求。通过廉政文化建设提高国民廉洁素质，也是公民道德建设的重要使命。

公　平

法律学、伦理学和经济学的重要范畴。在法律学和伦理学范畴中，公平同公道、公正、正义等范畴有着相近的含义，含有从公正的角度出发平等地善待每一个与之相关的对象的意义。在集体、民族国家之间的交往中，公平指相互间的给予与获取大致持平的平等互利，同时还包含有对待两个或两个以上的对象时的一视同仁。在经济学中，公平主要是指社会各经济利益主体能以平等的身份参与各类经济活动，并且在经济活动中只能凭借其自身的要素所有权获得与之贡献相对应的报酬，任何人不能以超经济的强权手段获得额外的收益。公平的核心问题是指社会利益的分配是否满足人们的愿望或者以一种人们能普遍接受的方式满足人们的愿望。尽管公平总是不可避免地要诉诸利益上的考虑和计较，涉及贡献与索取、给予与回报之间的关系，但它同时也强调精神动机的纯正性和评价行为的适度性。

公仆意识

共产党人立党为公、执政为民的理念。中国共产党作为执政党，是国家和人民利益的忠实代表，领导干部无论职位高低，都应强化公仆意识，这是我们党的性质的必然要求，也是我们事业勃兴的根本保证。其核心是：领导就是服务。领导干部的权力、责任和义务，归结为一句话，就是为人民服务，做人民公仆。在思想上尊重群众，政治上代表群众，感情上贴近群众，行动上深入群众，工作上为了群众。广大党员干部尤其是领导干部的全部工作，就是要不断实现好、维护好、发展好最广大人民的根本利益。除了人民的利益，没有也不应有自己的特殊利益。

公生明，廉生威

只有公正、公平才能严明，只有廉洁才能有威仪。语出明朝无极知县郭允礼《官箴》：“吏不畏吾严而畏吾廉，民不服吾能而服吾公；公则民不敢慢，廉则吏不敢欺。公生明，廉生威。”威信是由个人各方面素质形成的一种取信于民的力量。权力与威信有联系，但不是等同的，不是谁有权就有威，也不是谁权力越大威信就越高。威信建立在自身的“吃苦在前，享受在后”的模范作用中，建立在“立党为公、执政为民”的实际行动中，建立在清正廉洁、无私奉献高尚情操中。

公推公选

公开推荐，公开选拔。采取个人自荐、群众举荐和组织推荐相结合，通过考核、考试、面试（演讲、答辩）等程序，公开选拔领导干部候选人预备人选，再依法举行选举或组织任命。

公务卡

财政预算单位工作人员持有的，主要用于日常公务支出和财务报销业务的贷记卡。该卡透明度高，所有的支付行为都有据可查、有迹可寻，是规范现金管理的有效手段。推行公务卡制度，逐步实现使用公务卡办理公务消费支出，能够提高政府支出透明度，有效预防腐败，有利于提高财务管理水平，对推进惩防体系建设具有重要作用。

公务消费

国家工作人员在执行公务的过程中所产生的接待费、通讯费、办公费、差旅费、交通费等公务支出费用。近年来，中国公务消费开支一直呈上升趋势，存在着诸多的问题，如过度消费，奢侈浪费现象普遍；模糊消费，变通开支现象严重；灰色消费，假公济私现象频发等，造成了大量国家和集体资财被挥霍浪费，甚至成为“合理的腐败黑洞”。控制公务消费的有效手段有：一是限权；二是廉审，重要事项要经廉政审核关；三是单列，公务消费要实行财务单独列项；四是公示，公务费用支出要定期曝光。这样才能够有效约束和规范公职人员的日常公务消费行为。

公务员道德

表达公务员职业责任、体现公务员职业特征、调控公务员职业行为，具有善恶意义的行为准则。既指国家公务员在其行使和履行公务的活动中形成且必须遵循的道德原则和规则，也指国家公务员在其特定职业实践中形成和表现出来的道德传统、道德心理意识和道德品质等。它是在国家公务员的行政实践活动中形成的，是行政这一特定职业的职业义务和职业责任的价值表达。它不仅与一般社会道德和其他行业的职业道德相联系，而且有其不同于一般社会道德和其他职业道德的内容要求和特点。

公务员法

有关公务员制度的法律规范的总称。由于公务员制度涉及的问题很多，如关于公务员的范围、职位分类、录用、考核、奖惩、职务的任免和升降、培训、权利义务、工资福利、辞职、退休，因此，当代世界各国的公务员法一般都是以一个总法作为龙头，包括一系列法律文件的一个体系。在中国，现行的公务员法是2005年4月十届全国人大常委会第十五次会议通过，2006年1月1日起施行的《公务员法》，这是新中国成立以后第一部干部人事管理的综合性法律。《公务员法》分总则，公务员的条件、义务与权利，职务与级别，录用，考核，职务任免，职务升降，奖励，惩戒，培训，交流与回避，工资福利保险，辞职辞退，退休，申诉控告，职位聘任，法律责任和附则共18章，共107条。

公务员守则和纪律条例

新加坡政府为促使公务员做到道德自律而制定的法律。对触犯条例者，视情节轻重分别给予革职、降级、警告、强制退休处罚。比如明确规定：公务员每年必须申报自己和配偶的全部财产和收入情况，申报的财产包括动产、不动产、银行存款及利息、股票、证券；担保人和家庭成员所拥有的投资和利息情况，个人负债情况等。不准许公务员接受任何人赠送的礼品，不得接受宴请。对于确实推辞不掉的礼品，先将礼品收下，然后向单位报告并上缴国库；如果本人想保留这一份礼品，可由财政部门估价后由本人付款购买。公务委员会对于涉嫌渎职或玩忽职守但又不够刑事处分的公务员，有权依程序进行调查，并给予行政处分。

公　正

多学科共有的重要概念，在哲学中，公正是指人们合理地处理人与人、人与社会、人与自然之间关系的一种态度和方式；在经济学中，公正是社会成员参与市场竞争时具有的良好环境，包括机会均等、规则合理、分配得当；在伦理学中，公正是指从一定原则和准则出发，对人们行为和作用所作的相应评价，它既指符合一定道德规范的行为，又主要指处理人际关系和利益分配的一种原则；在法学中，公正是指在法律面前人人平等，每个人不论其社会地位如何、经济状况怎样都具有相同的权利和义务；在社会学中，公正是指一种平等的社会状况，即按同一原则和标准对待相同情况的人和事。

公职人员

具有国家公职身份或其他从事公职事务的人员。公职人员的内涵和外延，随着时代和国家形势的发展而不断变化。根据中国宪法和《国务院任免行政人员办法》的规定，中国国家公职人员包括以下人员：全国人民代表大会选举产生的全国人民代表大会常务委员会的组成人员，中华人民共和国主席、副主席、国务院、中央军事委员会、人民法院和人民检察院的组成人员，以及地方各级人民代表大会选举产生的人民代表大会常务委员会、人民政府、人民法院和人民检察院的组成人员，国务院任命的行政人员和县以上地方各级人民政府任免的国家机关工作人员，包括国家所属企事业单位的负责人等。

功利主义

亦译“功用主义”。以实际功效或利益作为道德标准的伦理学说。历史上曾出现过许多功利主义观点和学派。作为一个完整的理论形态，则指资产阶级的功利主义。19世纪时，英国边沁首先提出“功利原则”，认为达到“最大多数人的最大幸福”是道德活动的唯一目的，成为资产阶级功利主义的代表人物。约翰·穆勒于1822～1833年组织“功利主义学会”，提出“功利主义”一词，发展了边沁的思想。功利主义把行为作为达到所有相关者的最大幸福或快乐的手段，将功利原则看作是采取行动或选取规则的终极标准。现代有普遍功利主义、行为功利主义和规则功利主义等。

关联回避

公职人员在履行职务时，为避免亲戚朋友等情感因素、商业财产等利益因素等影响公职人员公正执法，特要求当某个案件与其自身、亲属、家族等相关人员有利害冲突和利害相关时，此公职人员应避开嫌疑不参加执法的制度。通过回避的程序规定意在使事件当事人和评判者相分离，保持执法者的相对中立和公正。

关于党和国家机关必须保持廉洁的通知

1988年6月1日，由中共中央发出的关于党和国家机关必须保持廉洁的通知。通知说，中央认为必须把保持廉洁的问题尖锐地提到党和国家机关的全体共产党员和工作人民面前。现在，改革已进入一个关键阶段，若干重大改革措施将陆续出台，党和国家机关能否保持廉洁，关系到人心的向背和改革的成效。否则，即使问题出在少数人身上，也会玷污党和国家机关保持廉洁的基本要求。党和国家机关工作人员要正确动用人民赋予的权力来为人民办事，切实做到严守法纪，不贪赃枉法；秉公负责，不以权谋私；艰苦奋斗，不奢侈浪费。担任领导职务的共产党员要起表率作用。必须依法惩处索贿、受贿、贪污、弄权渎职、敲诈勒索等违法犯罪行为。必须坚决刹住受礼送礼、大吃大喝等不良风气，解决这些问题的重点是党和国家的各级机关。

关于加强党风和廉政建设的意见

1990年10月8日，中央纪委印发的关于加强党风和廉政建设的意见。明确提出要切实抓好几个问题：（一）搞好党风和廉政建设必须坚持两个文明一起抓的指导思想；（二）从办实事入手，扎扎实实地解决群众反映强烈的问题；（三）严肃党的纪律，认真查处违纪案件；（四）着重抓好领导机关、领导干部的党风和廉政建设。

关于共产党员违反社会主义道德党纪处分的若干规定（试行）

1989年12月28日，由中央纪委制定的《关于共产党员违反社会主义道德党纪处分的相关规定（试行）》，是为严肃党纪，因败坏社会主义道德的行为作斗争，保持共产党员先锋模范作用，密切党群关系，促进社会主义精神文明建设，保证改革开放的顺利进行而制定的。本规定共十五条。对共产党员违反社会主义道德的行为，如弄虚作假、骗取名利、侮辱、诽谤、诬陷他人、大办婚丧喜庆事宜、不承担赡养义务、虐待家庭成员、临危退缩、能救而不救，不正当两性关系等规定了相应的党纪处分。

官本位意识

把是否为官当成一种核心的社会价值尺度去衡量个人的社会地位和价值的一种意识和价值取向。官本位，不是一个严格的科学概念，而是通俗的说法，最早出现于20世纪80年代。随着社会的发展，其含义渐丰，指以官为本、以权为纲，以仕途为个人事业的选择导向，一切服从于官级地位，一切为了做官和升官，把做官、升官看作人生最高价值追求，同时又用做官来评判人生价值的大小，是否入仕为官，能否官居高位，成了衡量一个人奋斗成功与否的标志。官本位文化导致了社会的长期专制以及升官发财等腐败思想的流行，对于廉政文化建设具有负面影响。

官　倒

亦称“权倒”。指一些官员利用政府部门的权力，干预影响商品在流通领域正常流向流量的非法倒买倒卖活动。“官倒”作为一种社会现象，其产生有着多方面的原因。国家对经济的管理有“直接”与“间接”两种方式并存，“人治”与“法治”同时共存，经济运行实行计划控制和市场调节的双轨制等，都是重要原因。“官倒”是社会经济领域“流通病”和上层建筑领域“舞弊病”的综合征，其对社会的危害是多方面的。它使国家计划控制下的物资、资金流转改变正常流向，破坏了有计划商品经济的计划性特征，破坏了由市场（而不是由权力）的调节流通的商品经济内在机制，由此产生的商品流通恶性循环，造成生产环节萎缩，消费环节负担加重，分配环节出现严重不平衡，以致扩大了总供需失衡的矛盾，人为造成物价恶性膨胀。

官 德

亦称“吏德”和“干部道德”。掌握一定政治权力或行政职权的公职人员行为规范。“官”是一种政治身份，又是一种社会角色。官德本质上是一种政治性角色道德，指的是官员恪守职业道德，严守政治操守。如果官德缺失就会在思想上、作风上都导致腐败。这种腐败和单纯的经济腐败相比，具有更大的危害，它不仅导致国家和民众的经济利益受损，而且会从组织上、声誉上败坏整个干部队伍的形象，并可能由此衍生更多的不良现象。

官二代

指干部子女特别是指高级干部子女。这种说法的出现反映了人们对世袭权力以及其他社会利益固化等现象的不满。

官僚主义

一种脱离群众，当官做老爷的领导作风和脱离实际，发号施令的工作作风。官僚，中国古代指在衙署办事的官吏。后常用作贬义词，指不负责任的政府官员。官僚主义一词在汉语中出现较晚，是从西方转译过来的，其主要表现是：严重脱离群众，自认为高人一等，高高在上，不深入实际，对出现的问题不调查、不研究、习惯于说空话、大话和套话；爱做表面文章，对需要解决的问题敷衍塞责、互相扯皮、推诿、办事拖拉，不讲效率。它是国家机关中一种极为有害的政治毒菌和腐蚀剂，对国家的政治生活、经济生活和社会主义建设事业具有极大的危害性。

官商勾结

代表国家权力的政府工作人员与从事市场经济活动及以营利为目的的商贸组

织或个体经营者串通在一起，用损害国家和人民的利益的方式来攫取巨大非法利益的现象。中国目前正处于经济转型的社会变革时期，由于制度不健全以及其他原因，一些政府官员，背弃了自己的神圣职责，利用党和人民赋予他们的权力，为了个人或某个集团的利益做出违法乱纪的事情。目前，官商勾结的腐败现象，已经成为严重阻碍中国社会主义市场经济建设的绊脚石。这种腐败现象，已经远远超出经济的范畴，正渗透到社会中的各个领域。由此可见，有效遏制官商勾结的腐败现象，对于中国开展反腐败斗争是否取得成功，具有重要意义。

官员财产申报制度

各级官员向上级或有关部门书面汇报自己或家庭财产情况的制度。是一种防止官员贪污腐败的措施，这一措施是反腐倡廉最为根本的制度保障。最早起源于瑞典的家庭财产收入申报制度“阳光法案”。早在1766年，瑞典公民就有权查看从一般官员直到首相的纳税清单，这个制度一直被延续下来，并被世界许多国家借鉴，成为极具约束力的反腐机制。1883年英国议会通过的《净化选举防止腐败法》，是世界上第一部有关财产申报的法律。由于其反腐效果被众多国家所验证，所以至20世纪80年代后逐渐为大多数国家所采用并完善。在很多国家，官员财产申报制度被称为“阳光法案”或“终端反腐”。截至2012年，全世界有97个国家和地区将“官员财产申报”入法。

管采分离

监督管理与操作执行相分离的管理体制。是建立科学的政府采购运行机制的客观要求，是实施政府采购“阳光”工程的重要手段，是加强财政支出管理、提高财政资金使用效益的有效措施。“管”就是负有管理职能的机构要管好自己该管的事情，做到监管有规；“采”就是采购单位和集中采购机构要注重讲规范、讲质量，做到操作有方；“分”就是“管采”双方明确定位，厘清职责，分清角色，做到既不能失职不作为，也不能越权乱作为；“离”就是相互之间既分工合理，又协调协作，做到离中有合，合中有离，相辅相成。它能够防止国有资金的流失，堵塞采购活动中的各种漏洞，防范腐败现象的发生，保证机关工作高效廉洁。

郭桓案

明朝洪武四大案之一。洪武十八年（1385），户部侍郎郭桓等人通同各直省的官吏作弊、盗卖官粮的案件。以其涉案金额巨大，对经济领域影响深远而为世人瞩目。对此，明太祖将六部左右侍郎以下皆处死。此案牵扯面过广，各省官吏死于狱中达数万人以上。

国家廉政体系

由国家建立的，旨在长期预防腐败、实现廉洁政治的体系结构。一个国家的廉政制度体系是该国文化历史、政治制度、经济发展水平、法律体系和腐败状况等因素共同作用的结果。中国的国家廉政体系是一种独特的模式，其最大的特点在于中国的反腐败工作是在中国共产党的领导之下进行的，中国共产党是中国廉政建设的核心领导力量。经过长时期的探索，中国共产党已经在中国建立了一套较为完善的国家廉政体系。事实证明，中国走的是一条与中国国情相适应的，有中国特色的廉政建设之路，是符合中国国情和现阶段发展要求的。国家廉政体系就是在党的领导下，通过党的学习和创新，在全社会范围内建立这样的体系：不仅要管党，还要管政；不仅要监督一般干部，还要监督党中央本身；不仅要解决国内腐败问题，还要促进国际合作，在全球范围内推动反腐败。

国有企业领导干部廉洁自律四条规定

1995年2月，中央纪委五次全会提出的关于国有企业领导干部廉洁自律的规定。包括：（一）不准把经营、管理活动中收取的折扣、中介费、礼金据为己有；不准违反规定领取兼职职务的工资、奖金。（二）不准个人私自经商办企业；不准利用职权为家属及亲友经商办企业提供各种便利条件。（三）不准违反规定多占住房；不准用公款购买、建造超标准住宅。（四）不准在企业非政策性亏损、拖欠职工工资期间购买小汽车；不准购买进口豪华小汽车。1995年5月11日中共中央纪委颁行配套的《关于国有企业领导干部廉洁自律“四条规定”的实施和处理意见》共12条，进一步明确了“四条规定”的适用范围，同时还对“四条规定”中的“八个不准”提出了具体的实施和处理意见。“四条规定”是推动反腐败斗争深入发展、促进党风廉政建设的重要举措。

国之四维

治理国家的四种根本原则，春秋时法家、思想家管仲把礼、义、廉、耻视为国之四维。礼指上下有节；有礼，人们就不会僭越等级限度。义指以法进仕；有义，就不会妄自求进。廉指明察善恶；有廉，就不会掩饰恶行。耻是羞恶知耻；有耻，就不会顺从邪妄。管仲认为，治国用此四项原则，则国可守民可治，天下安定。

H

行业不正之风

发生在行业领域内的不正当社会风气。在不同行业有不同的表现。在党政机关，有的部门及其工作人员利用职权，无偿占用企业资金、交通工具、通讯设备、音像设备等财物，索要赞助款；在公安、交通、工商、税务、林业、畜牧等行政执法部门，表现为“吃、拿、卡、要”，如在公路上乱设站卡、乱罚款、乱收费；一些地区和部门，违反规定在社会上乱集资；有的中小学擅自增加收费项目，随意提高收费标准；有的新闻宣传部门从业人员搞有偿新闻，收受采访报道对象的钱、物、有价证券、信用卡等财物；医疗部门有些医务工作者在医务活动中收受红包。为了纠正行业不正之风，党中央把它作为反腐败三项工作之一，并且先后颁布实施了一系列规范性文件，采取多种措施，坚持不懈地对之进行纠正。

好人主义

上下讨好，八面玲珑的处世哲学。好人主义是对错误思想和行为的容忍，它麻痹人的真假、善恶、美丑之心，从根本上讲是一种讲关系而不讲原则的庸俗作风。

浩然之气

刚正宏大的精神状态。语出《孟子·公孙丑上》：“吾善养吾浩然之气。”“浩然之气”其实就是道德修养达到极高境界时所表现出来的精神状态和处世风范。它是善的巨大力量与美的强烈感染力的内在统一，是一种崇高美。从廉政文化的角度讲，历史上的清官廉吏身上大多具有这种浩然之气，能够不为外在物欲所诱惑，甚至为了捍卫自己的人格而赴汤蹈火、视死如归，决不苟且偷生，玷污自己。它对两千多年来中华民族思想道德的传统，产生了深远的影响，对不同历史时期的人们具有巨大的精神激励作用。

合法权益

符合法律规定并受法律保护的权利和利益。利益，是个人和社会生存与发展的需要及其满足状态。然而，“需要”不等于“利益”，并不是所有个人和社会的需要都必然要以利益的形式表现出来。“需要”转化为“利益”，受到自然、社会、历史、传统、道德、风俗等条件的制约，也应得到法律上的认可。利益得到法律上的认可和保护，即成为合法利益。它具有如下特点：（一）可控性。合法利益是人类力量可以控制和掌握的利益，人力不及的利益是不存在的。（二）合道德性。人们控制和掌握的利益必须具有道德基础，符合正当的、合理的程序要求，它的使用不得用于反人道、反人类的活动。失去道德基础的利益，一般不应受法律的保护。（三）合目的性。利益的占有与使用，还必须与社会、国家所确认的目的相一致。若个别利益与一般利益的总体目标相冲突，那么就不会成为合法的利益。法律权利由于合法利益的存在而存在，从合法利益中取得存在的价值。另一方面，合法利益的具体保护手段就是法律权利及与此相应的法律义务。正是由于利益与权利不可分，人们常常将两者并用，笼统地称为“权益”或“合法权益”。

合法性基础

合法性必须建立在一个共同认可的基础上的原则。从道德哲学角度，主要是从个人的角度来判断某个东西是否“合法”。从政治学的角度来说，通常用来指政府与法律的权威为民众所认可的程度。合法性被认为是政府行政的最基本条件：如果一个政府缺乏必要程度的合法性，它将很快地崩溃瓦解。对合法性基础的认识最经典的是马克思·韦伯的概括，他将之分为：（一）传统型，其基础是已经确立的习俗或习惯；（二）法理型，合法性来自于法律制度和统治者指令权力；（三）魅力型，来自于英雄化的非凡个人以及他所默示和创建的制度的神圣性。韦伯认为以上类型都是理想类型，历史上的合法性形式都是这三种类型不同程度的混合。在当代国家中，合法性更加依赖于政治权力的有效性，这也是近代政治的基本特征之一。这包括了政府能否有效的对社会事务进行管理，经济能否持续发展。

合理收入

亦称“合法收入”。公民在法律规定的范围内取得的财物。在中国，合法收入包括：劳动所得如职工的工资、奖金；农民在承包经营中按规定提留和交税之外的收入，经营家庭副业的收入，个体劳动者合法的利润、稿费等；福利和社会保险收入如福利费、退休费、退职费、补贴费、助学金、抚恤金等；接受赠送、继承遗产以及合法的租金、利益等。中国宪法规定，国家保护公民的合法收入的所有权。

和平演变

是西方资本主义国家对于社会主义国家所采取的一种遏制战略。目的是通过非暴力的衍生变化过程，促使社会主义国家崩溃瓦解。西方资本主义国家在利用武力侵略不能将社会主义国家消灭的情况下，通过采用技术交流、文化交往等方式影响社会主义国家人们的心理、行为方式，进而使社会主义国家的生活方式、国家运行变成资本主义式的，从而逐渐消灭社会主义国家。最早由美国国会议员杜勒斯在20世纪50年代初提出。由于它所进行的过程中并没有发生战争，所以叫“和平演变”。从以往的实践来看，和平演变主要通过以下途径：一是进行以资产阶级意识形态为核心的思想渗透；二是分化瓦解，诱压兼施，煽动民族情绪，支持社会主义国家内部的反对派，并且运用经济手段来诱压社会主义国家接受西方条件，动辄以“经济制裁”相威胁。

和珅贪污案

清朝历史上重大贪污案件之一。和珅是清乾隆皇帝的宠臣，在掌握朝政20余年期间，结党营私，权倾朝野。他公开向属员索要贿赂。四方进贡之物，“上者悉入和珅，次有始入宫也”。他还纵容爪牙搜刮民财，坐地分赃，使清廷从上到下形成一个贪污群体。当时民间流传着“三年清知府，十万雪花银”的民谣。嘉庆帝亲政后，和珅被王念孙等弹劾。嘉庆帝命王公大臣会审，公布其20条大罪，赐令自尽并抄没家产。根据《查抄和珅家产清单》记载，共折合白银约值8亿两，相当于清政府20年的财政总收入，数量之巨，中外罕见。嘉庆帝抄没和珅家产后，拿出一小部分赏赐给亲信和大臣，其余绝大部分都归己有，后来民间有“和珅跌倒，嘉庆吃饱”之说。

和 谐

对立事物之间在一定的条件下，具体、动态、相对、辩证的统一，是不同事物之间相同相成、相辅相成、相反相成、互助合作、互利互惠、互促互补、共同发展的关系。这是辩证唯物主义和谐观的基本观点。儒家文化对中国传统文化产生深刻影响，“礼之用，和为贵”，和是儒家所特别倡导的伦理、政治和社会原则。和谐文化中的全部思想理念，如：真理、价值、发展、审美、道德、理想等，都以和谐为前提，建立在和谐内涵的基础之上。社会主义和谐社会应该是民主法治、公平正义、诚信友爱、充满活力、安定有序、人与自然和谐相处的社会。构建社会主义和谐社会是社会主义建设的题中应有之义，是中国特色社会主义的本质属性，是国家富强、民族振兴、人民幸福的重要保证。

黑幕揭发运动

20世纪初，主要由美国新闻杂志发起的一场揭露社会转型期中大量出现的社会弊病的社会运动。在这场运动中，由一批立志改革的社会精英撰写和创作出来的新闻和文学作品广泛揭露了社会转型的副产品——官商勾结、贫富悬殊、假货泛滥这类社会丑恶现象，使20世纪的第一个十年成了大声疾呼改革的时代，从反面帮助一个民族重新发现了它的良知。关于黑幕揭发运动的起始和终止时间，学界说法不一。有的认为是从1902年至1912年，有的认为终止于1914年。但是多数人认为它肇始于1903年1月《麦克卢尔》杂志同时发表林肯·斯蒂芬斯、艾达·塔贝尔和雷·斯坦纳德·贝克的3篇文章之时。这场运动迅速席卷社会各个角落。在政治领域中，它从市、州波及国家立法机关。由于美国是一个要求更完善的法律、理性以及实际观念的法治社会，因此衡量社会运动成效的最重要的标准是看它对立法进程的影响。在这方面，黑幕揭发运动可谓居功至伟。受它的影响，市、州和国家的社会立法汹涌而至，几乎席卷公众所感兴趣的一切生活方式和一切活动方式。

红 包

包着钱的红纸包。最初，传统意义上的红包也叫“压岁钱”，是过农历春节时长辈给小孩儿用红纸包裹的钱。现在泛指行贿人以各种方式给受贿人现金、有价证券、支付凭证、信用卡、购物卡（券）等，是一种社会腐败形式。

红色廉政文化

中国共产党人在民族独立、人民解放的革命斗争中孕育、产生、发展的具有廉政内涵的先进文化，是红色文化的重要组成部分，也是中国特色社会主义文化的重要组成部分，具有先进性、群众性、传承性的特征。作为一种先进的无产阶级政党文化的表现形态，红色廉政文化对加强党的先进性建设和纯洁性建设、对加强反腐倡廉建设具有重大的现实意义，也是中国特色廉政文化建设的根基。

红色资源

中国共产党领导革命，从事社会主义建设和改革时期留下的革命遗址、革命文物，以及革命人物的精神和优良传统等珍贵资源。红色资源是中国共产党宝贵的精神财富和政治优势，具有独特的教化育人功能。在新的历史条件下，红色资源在廉政文化建设方面起着巨大的作用。

后 门

原指房间背后的可以自由出入的门。在日常社会生活中，人们把用不正当的手段来谋求达到某种个人目的，叫“走后门”。而“开后门”比喻当权者以权谋私，为行贿者提供的方便之门。“开后门”“走后门”等社会现象的存在，说明了社会制度建设和遵守方面的不规范、不健全，需要通过加强法制、道德建设以及廉政文化建设等多种途径来加以解决。

厚德载物

道德高尚者能承担重大任务。出自《周易》：“地势坤，君子以厚德载物。”在中国传统文化中，君子等理想人格“仰观于天，俯察于地”，宽广的大地赋予君子纯朴厚重的美好品德，以承担社会责任。这一说法体现了中国传统文化注重道德修养的特点。

黄 霸

（？～前51年）西汉淮阳郡阳夏（今河南太康）人，字次公。早年曾任县丞，处理事情颁布决议都合乎法律，顺乎民心，太守非常信任他，官吏百姓都很爱戴他。历任扬州刺史、颍川太守，为政外宽内明，力劝耕桑，推行教化，治为当时第一。后升任御史大夫、丞相，封建成侯。后世将他与龚遂作为“循吏”的代表，并称为“龚黄”。

灰色收入

职工获得的工资、津贴以外的经济收入，即介于合法收入和非法收入之间的各种收入。有时也指一些透明度不高，不完全符合法规的收入。目前的“灰色收入”现象除具有隐蔽性、多样性、普遍性等一般性特征外，还有以下三大倾向：一是谋取对象“公款化”，“灰色收入”主要源头是公款，主要渠道则是各种直接或变相的“化公为私”；二是谋取方式“集团化”，单位巧立名目滥发奖金、补贴，一般经领导班子集体研究，人人有份；三是存在氛围“正当化”，一些公务人员以各种理由和借口，使自己心安理得地接受“灰色收入”。特别是部分公务人员利用职权谋取“灰色收入”聚敛不义之财，已成为当前困扰党风廉政建设的突出问题，危害甚烈。另外，对于灰色收入增长的趋势，政府应加大有效治理的力度，建设廉洁、廉价、高效的服务政府。

回避制度

防止国家公务人员利用职权徇私而对其任职和执行公务有所限制的人事行政制度。为促进国家行政机关的廉政建设，健全干部人事管理制度，国家明文规定，行政机关公务人员应回避的亲属关系为：夫妻关系；直系血亲（包括拟制血亲）关系；三代以内旁系血亲及其配偶关系；近姻亲关系（即配偶的父母、兄弟姐妹、儿女的配偶及儿女配偶的父母）。国家行政机关公务人员之间凡有上述亲属关系的，不得担任双方直接隶属于同一行政首长的职务或有上下级领导关系的职务；不得在其中一方从事人事、监察、审计、财务工作的单位中任职。规定指出国家行政机关公务人员在职务回避时，职务级别不同的，一般由职务较低的一方回避。职务级别相同的，根据工作需要和当事人的情况决定其中一方回避。

回　扣

原指资本主义制度下，经手采购或代卖主推销产品者向卖主索取的佣金。

因为这部分钱实际上是从买方支付的价款中扣出来的，故称“回扣”。中国目前主要指企业为了推销商品，将商品按照定价或双方议定的价格开具发票，另按一定的比例少收取货款作为采购人员的酬劳。提取和接受回扣，都会损害国家和集体的利益、败坏社会风气。因此，中国有关经济法规规定，在社会主义经济单位之间禁止回扣。违者要依法予以制裁。

会 风

会议的风气。当前会风存在的问题主要表现在两个方面：一是过于注重会议形式，把应该简单的会议复杂化；二是把应该复杂的会议简单化。另外，现在许多参会者的发言也变得格式化，会风不正容易滋长官僚主义习气。近年来，中央提出要进一步改进会风，减少会议和文件。基层政府和单位也纷纷探索转变会风，并取得了一些成果。

贿 赂

人为谋取不正当利益，给予国家工作人员财物的行为。具体包括行贿、受贿和介绍贿赂三种行为。介绍贿赂是指在行贿和受贿之间起引线搭桥、协助、撮合作用的行为。贿赂可构成犯罪。按照中国刑法规定，在处罚行贿罪和受贿罪的同时，也要处罚介绍贿赂罪。

J

机制设计理论

研究在利益多元、动机多样、自主决策的情况下，如何设计某种机制引导人们在自利的情况下实现设计者需要达到的目标的一种理论。源于20世纪30年代前后关于社会主义的哈耶克·米塞斯与兰格·勒纳之间的著名论战。近几十年来，机制设计理论一直是现代经济学研究的核心主题之一，有众多经济学家在这个领域作出了重要贡献，代表性人物是赫维茨。机制设计理论需要解决两个关键问题：首先是信息成本的传递问题。设计者的愿望目标这样的信息需要通过一定的方式传递出去，而这需要时间和人力物力的配合。其次是激励问题。要通过特定的途径刺激参与者在谋利的情况下主动参与到总体目标的完成过程中来。

集权主义

一种主张由中央国家机关集中行使国家权力的原则和理论。代表人物有美国的科温、麦克马洪，英国的梅叶等。在国家结构问题上，他们认为任何中央与地方的关系中，中央权力机构担负着维护法律统一，监管公共工程，调节经济建设，负责国防安全等职能，这是地方权力无法替代的；地方权力即使很大，也不得不求助于中央；而且，分权化只能造成混乱和利益倾轧，难免在地方范围内形成权力专横。与其如此，不如有一个强有力的中央权力机构进行牵制和调节，以克服意志多元化和利益多元化的差异和矛盾。在行政组织问题上，他们认为权力分散和相互制衡会导致机构重叠、政令不一、效率下降；主张在缩小立法和司法作用的同时，增加主要行政机构的权力，下级只宜秉承上级指令行事；这样才能统筹兼顾，令出即行。他们认为美英是分权化的典型，而法国是集权化模式。西方集权主义思想是一种现代政治理论，与专制主义思想不同。但它往往离开国家性质来谈论政治权力的组织形式，难免陷入形式的表面分析。在中国古代政治思想中，集权主义与专制主义是融合在一起的，如韩非的思想等。

集体利益

社会集团全体成员的共同利益。与所在社会的生产资料所有制有密切联系，不同的所有制关系决定了集体利益不同的性质。在社会主义国家，集体利益从一定意义上讲，是指国家和全体人民的利益，同时也指人们所在集体的全体成员的共同利益。集体利益具体包括社会集团公有的自然资源或集体所有的生产资料和资金、教育和文化娱乐设施等。集体利益与个人利益的关系是辩证统一的关系。集体利益并不是个人利益的简单相加，而是每个集体成员利益的有机结合。集体利益代表了每个集体成员的长远的、根本的和全局的利益，是实现个人利益的前提和保障，这就决定了集体利益必然高于个人利益。

给事中

中国古代负责言谏和监察的官职。秦时，给事中是附加的衔称，任何官职如将军、列侯、九卿，加上给事中之头衔，可出入宫廷，常侍皇帝左右。汉魏以后历朝设此官职，主要负责规谏、补阙、拾遗以及稽察六部等事务。明清时六部都设有给事中，与各道监察御史合称科道，负责对官员的监察事宜。

纪检监察信访举报制度

党的纪检机关和行政监察机关开展职能工作的具体制度。是纪检监察机关贯彻执行党的群众路线，依靠群众对各种违法违纪行为实行民主监督，维护党纪、政纪，加强党内廉政建设，开展反腐败斗争的一项重要制度。具体内容是受理对党员、党组织和政府机关及其工作人员的检举控告以及这些人员对党纪政纪处分不服的申诉，按照纪检、监察机关规定的程序处理群众来信，接待群众来访和举报电话等各种形式的群众举报。纪检监察信访举报工作密切了党群关系，加强了党和政府与人民群众的联系，为查处各类违法违纪案件提供了大量线索，为推进领导干部廉洁自律、纠正部门和行业不正之风提供了各种信息，是纪检监察机关获取信息和案件来源的主要渠道，是纪检监察业务工作的第一道工序和基础工作。

纪　律

社会的各种组织（如政党、政府机关、军队、团体、企业事业单位、学校等）规定其所属人员共同遵守的规章制度等。包括履行自己职责、执行命令和决议、遵守制度、保守国家秘密等。纪律有强制性和约束力，对违反者可实行制裁。同自由相辅相成。纪律性是社会主义道德规范之一，是建设社会主义精神文明的内容之一。

纪律保障机制

用纪律为促进社会和谐稳定、推动经济社会发展提供有力保障的机制。当前，中国正处在改革开放和社会主义现代化建设的关键时期，“十二五”规划刚刚开局，我们党要团结和带领全国各族人民不断把中国特色社会主义伟大事业推向前进，实现中华民族的伟大复兴，必须有严明的政治纪律做保障。党的各级组织和全体党员，要充分认识严格执行党的政治纪律的极端重要性和必要性，始终保持高度的政治警觉，增强执行的自觉性和坚定性，坚决维护中央的权威和党的集中统一，确保政令畅通，为顺利实现党的奋斗目标提供坚强的纪律保障。

纪律观念

社会大众对纪律的认识和看法。对于中国共产党党员而言，纪律观念是对党的纪律的认识及其认识活动的结果。中国共产党党员作为中国工人阶级的有共产主义觉悟的先锋战士，把党的纪律当作执行路线、夺取胜利的保证。高度重视和严格遵守党的纪律，是中国共产党章程规定的党员必须履行的义务的一个方面。增强纪律观念，是党员党性修养的重要内容。

纪律检查

具有严密组织纪律的政党加强自身建设的重要举措。对于马克思主义政党，纪律检查是贯彻执行无产阶级路线、方针、政策的重要保证，是维护其根本宗旨和优良传统作风、保持队伍的纯洁性、先进性和坚强战斗力的有力武器。中国共产党是严格按照马克思列宁主义建党学说建立的，一开始就具有严密的组织和严格的纪律。党的纪律检查是维护党的纪律的重要活动。根据党章的规定，党的纪律检查活动主要是督促和加强党的政治纪律、组织人事纪律、经济工作纪律、群众工作纪律、党的宣传工作纪律、党的保密纪律和党的外事纪律的落实和执行。纪律检查对于从严治党、推进党的建设新的伟大工程有重要意义。

绩效评估机制

政府自身或社会其他组织通过多种方式对政府的决策和管理行为所产生的政治、经济、文化、环境等短期和长远的影响和效果进行分析、比较、评价和测量的机制。对政府绩效进行评估，是规范行政行为、提高行政效能的一项重要制度和有效方法。中国地方政府绩效评估大致分为普适性的政府绩效评估、具体行业的组织绩效评估和专项绩效评估三种类型。

家长制

家长拥有统治权力的家庭制度。起源于原始社会末期确立的父系家长制家庭。在家长制家庭里，家长占有最高的地位，拥有无上的权力，包括家庭财产的支配权，家务管理权，对子女的主婚权，对家属的惩戒权，以及对外作为家长的代表等。中国从奴隶社会起，曾长期存在家长制家庭。在社会主义的新中国，家长制的社会基础已被摧毁，但家长制的残余和家长式的思想作风仍然存在，在家庭生活和政治生活中有所表现。

甲申三百年祭

1944年3月19日，郭沫若的《甲申三百年祭》在重庆《新华日报》上发表，全文近16000字，连载4天。当时，抗日战争已由战略相持转入战略反攻。中国人民正全力以赴夺取战争的最后胜利，为迎接胜利，推动斗争，郭沫若在纪念李自成领导农民起义300周年的时候，撰写了《甲申三百年祭》，第一个以马克思列宁主义的科学态度对李自成领导的农民起义的原因、经验教训作了总结。书中指出，起义军首领入北京后，“似乎都沉沦进了过分的陶醉里去了”“纷纷然，昏昏然，大家都像以为天下就已经太平了的一样”，最后在通山县九宫山遭地主武装杀害。目的在以借由李自成的失败，要求中国共产党高级领导记取历史教训，不能重蹈李自成覆辙。文章发表后，立即受到了毛泽东和中共中央的重视，毛泽东多次指出要从李自成起义的历史中吸取经验教训，并批示将《甲申三百年祭》作为中共整风的文件之一。该文在延安和各解放区多次印成单行本，产生了很大的影响。

贾似道

贾似道（1213～1275年），南宋台州天台（今属浙江）人，字师宪。中国历史上著名的奸臣。因姊为理宗宠妃，遂得进用。由一个专事吃喝嫖赌的浪荡子，迅速爬到了右丞相兼枢密使的高位。贾似道残酷压榨人民，过着极其荒淫奢侈的生活。他爱好收藏，聚敛奇珍异宝，法书名画，生活腐败。精于斗蟋蟀，著有《促织经》，人称“贾虫”。在元军大举攻宋的时候，他向敌人称臣请降，成了出卖国家和民族利益的罪人，最后落得个人人唾弃的可耻下场。

价　值

原指凝结在商品中的一般的、无差别的人类劳动。后泛指在特定历史条件下，外界事物的客观属性对人所发生的效应和作用以及人对之的评价。所以，任何一种事物的价值，从广义上说应包含着两个互相联系的方面：一是事物的存在对人的作用或意义；二是人对事物有用性的评价。

价值观

人们对客观事物价值的看法和评价。是一种特殊的观念，以事物的价值特性为主观反映的对象，人类主体通过价值观来认识世界各种事物之间的价值联系与价值作用，并掌握各种事物价值特性的运动与变化的客观规律，目的在于指导人类主体的实践活动，使之按照自己的客观需要而对不同的事物采取不同的选择倾向、原则立场和行为取向，以实现价值资源的最佳分配，进而达到最大的价值效应。

艰苦奋斗

在艰难困苦的条件下奋发努力，保持昂扬斗志。它是中国共产党在长期的革命、建设和改革过程中形成的优良传统，是党团结和带领人民实现国家富强、民族振兴的强大精神力量。党的中央领导集体历来都十分重视继承和发扬艰苦奋斗精神，并将其作为一贯的治党、治国、治军的重要原则贯穿始终。保持艰苦奋斗的工作作风，是对共产党员素质的基本要求，有助于密切党群关系、干群关系。

监 察

对国家行政机关及其工作人员以及国家行政机关任命的所属企事业单位的领导干部是否履行职责进行监督、纠举和惩戒的工作。监察机关属于政府部门，和检察机关的职责范围不同。前者是对国家行政机关及其工作人员是否违反国家行政纪律进行监督、纠举和惩戒；后者是对国家机关和国家工作人员以及公民的犯罪行为进行法律监督。

监察机关举报工作办法

为保障公民依法行使检举、控告的权利，健全举报制度，加强行政监察工作，监察部根据《中华人民共和国行政监察条例》的有关规定，制定的举报工作办法，共5章，31条。该办法于1991年12月24日颁布实施。该办法确立了举报工作依靠群众、方便群众，接受社会监督，分级负责、归口办理的原则，并对举报方式、举报人的保护与奖励、举报处理等方面作出明确规定。

监察制度

国家政权结构中专司监察职能的组织和人员依法对国家行政机关及其工作人员实施监视、督察和查究的制度，是国家制度的重要组成部分。在不同国家、同一国家不同的历史时期，监察制度亦不相同。中国行政监察制度历史起源很早，自先秦时代已逐步建立起行政监察制度。秦汉时期，为发展阶段，三国魏晋南北朝，为完善强化阶段，隋唐至明清为行政监察制度最严密时期。

监 督

监察、督促。在党内政治生活中，通常是指对党的领导干部和党员的监督。它来自党内和党外两个方面。党内监督，主要指党的组织、纪律检查机关的监督，党的领导干部相互之间的监督，党员的监督和党内上下级组织相互之间的监督等；党外监督，主要是指人民代表大会，监察机关、检查机关、人民群众、各民主党派、社会团体、新闻媒体的监督等。

监督权

公民对国家机关及其工作人员的工作进行监察、评定并督促其改进工作的权利。是公民的政治权利之一。社会主义国家的一切权力属于人民，人民除依照法律规定，通过各种途径和形式管理国家事务，管理经济和文化事业以及社会事务外，并有权监督国家机关及其工作人员的工作。中国《宪法》规定："全国人民代表大会和地方各级人民代表大会都由民主选举产生，对人民负责，受人民监督""一切国家机关和国家工作人员必须依靠人民的支持，经常保持同人民群众的密切联系，倾听人民的意见和建议，接受人民的监督，努力为人民服务"。专门机关的监督权：是指国家权力机关、代议机关行使的除财政权以外的监督政府的权力。通常表现为对政府工作存在问题的质询；对国家元首、政府高级官员或法官的不法行为提出控告，并提出免职或定罪；为了立法的需要和监督政府工作而组织专门机构对政府进行调查了解；对政府提出不信任或信任的议案等。在中国，宪法规定了全国人民代表大会和地方各级人民代表大会是人民行使国家权力的机关，由它产生的同级人民政府、人民法院和人民检察院对它负责，并受它监督。宪法还规定，全国人民代表大会常务委员会有权监督国务院、中央军事委员会、最高人民法院和最高人民检察院的工作，县级以上的地方各级人民代表大会常务委员会有权监督本级人民政府、人民法院和人民检察院的工作。另外，在国家机关上下级之间，上级国家机关有权监督下级国家机关的工作，改变或者撤销下级国家机关不适当的决议和命令。

监督制约规范

对权力的限制和约束、监察和督促。权力所有者运用民主与法治的手段，通过各种有效途径对权力行使者形成限制和约束，进行监察和督促。作为现实政治生活的一种抽象，制约监督蕴含着丰富的内涵。其中"权力所有者"是人民，因而人民以及代表人民的政治组织和由人民授权的专门机构是制约监督的主体；"权力行使者"是受托于人民的掌权者，因而掌权者是制约监督的客体；"民主与法治"是制约监督的手段，也是制约监督机制赖以建立的条件；"有效途径"是权力所有者制约监督权力行使者的纽带，它通过立法、选举、监督、罢免等途径保证权力的运行，反映人民的意志，维护人民的利益。由此可见，制约监督是有条件的，不是无条件的。任何权力都要受到制约监督并不意味着任何权力都能受到制约监督。离开了民主与法治，无论人们怎样期盼制约监督、诉求制约监督，制约监督都不会有效发挥作用。

监御史九条

西汉惠帝三年（前192）制订颁行的专门性监察法规。《西汉年纪》卷一转引了该法令的主要内容："惠帝三年相国奏御史监三辅郡，察以九条：察有讼者，盗贼者，伪铸钱者，恣为奸诈论狱不直者，擅兴徭役不平者，吏不廉者，吏以苛刻故劾无罪者，敢为逾侈及弩十石以上者，非所当服者，凡九条。"这是中国历史上第一部地方性成文监察法规。但这九条规定涉及的监察对象几乎是所有地方官，总体上显得过于空泛，因此在后来的实践中效果也并不明显。

俭，德之共也；侈，恶之大也

所有的德都来源于俭，奢侈是很大的罪恶。语出《左传·庄公二十四年》，北宋史学家司马光在给其儿子《训俭示廉》的家训中，对此话作了精辟的论述，他说："侈则多欲。君子多欲，则贪慕富贵，枉道速祸；小人多欲，则多求妄用，败家丧身。是故，居官必贿，居民必盗。"勤俭是中华民族的优良传统，也是现代文明的内在诉求。古人对于勤俭的推崇，是现代廉政文化建设的宝贵思想资源。

俭节则昌，淫佚则亡

节俭就能昌盛，淫逸就会灭亡。语出《墨子·辞过》。它言简意赅地道出了一个永恒不变的真理：得国与失国在于"俭""奢"两字。从而指明了俭节和奢侈对整个国家命运的重要影响：节俭则国力盛，政权稳定；淫佚则国力日衰，民心动摇，江山不保。

俭以养廉

节俭可以培养廉洁的作风。中国的官德修养古训。孟子讲："俭者不夺人”，已有俭以养廉的含义。明代的海瑞明确表述了二者的关系：“俭以养其廉”，认为节俭之德是为官清廉的一种必要的道德基础。

检举揭发

多指向司法机关、安全部门或其他有关上级机关和组织揭露违法、犯罪行为。公民对违法失职的国家机关和国家工作人员，向有关国家机关检举揭发，是宪法确认的公民基本权利之一。同时，公民不得捏造或歪曲事实进行诬告陷害。对公民的检举揭发，有关国家机关必须查清事实，负责处理，任何人不得压制和打击报复。

谏大夫

中国古代帝王身边的言谏类官员。汉武帝元狩五年（前118）始置，掌谏争、顾问应对，议论朝政。王珪《齐职仪》以为秦已有，汉初不置，武帝因秦而置之。无定员，多至数十人。东汉光武帝时改为谏议大夫。《汉官》曰员额三十人。

谏 官

亦称“谏臣”。中国古代负责对君主的过失直言规劝并使其改正的官吏。春秋初年齐桓公设大谏，为谏官设置之始。晋国的中大夫、赵国的左右司过、楚国的左徒，都属于谏官性质。秦汉时有谏官之设，但是没有专门的谏官机构。汉代置光禄大夫、太中大夫、谏大夫、中散大夫、议郎等官职，都属光禄勋，掌议论，侍从皇帝，顾问应对。东汉侍中、中常侍成为正式官称，属少府。隋朝改侍中为纳言，武则天时增置左、右拾遗与左右补阙。宋改补阙为司谏，改拾遗为正言，并置谏院，作左右谏议大夫为长官，司谏、正言为其所属。辽以后，谏官名存实亡。

谏太宗十思疏

唐贞观十一年（637），魏徵劝谏唐太宗的上疏。贞观中期，生产有了较大发展，人民生活逐渐富裕起来，加上对外战争年年胜利，边防日益巩固，国威远扬，唐太宗渐渐骄奢起来，大兴土木，四处巡游。魏徵在贞观十一年的三月到七月这五个月中，连给唐太宗上了四疏，《十思疏》就是其中著名的一篇。全文围绕“思国之安者，必积其德义”的主旨，规劝唐太宗在政治上要慎始敬终，虚心纳下，赏罚公正；用人时要知人善任，简能择善；生活上要崇尚节俭，不轻用民力。这些主张客观上使人民得以休养生息，有利于初唐的强盛。

间接监督

不直接具有法律效力的监督。公安执法监督一种，与直接监督相对，如社会组织、公民和新闻媒体的监督都属于间接监督。虽然监督主体的监督行为不具有法律效力，但他们可以按照法律条件向相关机关提出，如通过相关机关对公安机关及其人民警察的违法违纪行为予以纠正。

焦裕禄

焦裕禄（1922～1964年）山东省淄博市博山区崮山乡北崮山村人。1946年加入中国共产党，1962年被调到河南省兰考县担任县委书记。时值该县遭受严重的内涝、风沙、盐碱三害，他坚持实事求是、群众路线的领导方法，同全县干部和群众一起，与深重的自然灾害进行顽强斗争，努力改变兰考面貌。他身患肝癌，依旧忍着剧痛，坚持工作，被誉为“党的好干部”“人民的好公仆”。他用自己的实际行动，铸就了亲民爱民、艰苦奋斗、科学求实、迎难而上、无私奉献的焦裕禄精神。

角色越位

政府在行政过程中超越了其本来的职位与权限的现象。表现为政府职能与市场功能不分，政府与企业不分，政府与社会中介组织不分，政府与事业组织不分。政府在中间既多做了事情，加重了自身的责任和负担，影响了社会正常的运行次序。

教育灌输

马克思主义理论教育的重要方法论，思想政治教育的基本理论。在新的历史时期，要在中国共产党的领导下，有组织、有计划地对广大党员、干部和群众进行马列主义、毛泽东思想和中国特色社会主义理论体系的教育灌输，不断提高他们的思想政治觉悟。实践证明，教育灌输是把真理转化为巨大物质力量的有效途径。因此，准确把握灌输论的历史发展进程，科学认识灌输论的当代价值，对进一步提高思想政治教育的实效性具有十分重要的现实意义。

节 俭

在廉政文化建设中，应当提倡节俭，在各项工作中贯彻勤俭节约的原则，让艰苦奋斗的精神见诸实际行动，成为时代的新风尚。既要注重物质层面的意义，坚决反对奢侈浪费、大手大脚，又要注重精神层面的意义，秉承艰苦奋斗的政治本色，始终保持昂扬向上、奋发进取的精神状态。

诫勉谈话

为达到提前打招呼、及时提醒、教育挽救的目的，对有轻微违纪行为或有苗头性、倾向性问题的党员、干部进行的谈话与诫勉教育。这是一种人性化的处罚方法，对于预防腐败的进一步发展有警示意义。

金钱拜物教

“货币拜物教”的俗称。信仰“金钱万能”“钱能通神”“有钱能使鬼推磨”的派别。是以生产资料私有制为基础的商品经济的产物。在资本主义社会，金钱货币成了衡量一切的标准，连人与人之间的关系甚至家庭、亲属关系也都变成了冷冰冰的金钱关系。正如恩格斯指出：“在资产阶级看来，世界上没有一样东西不是为了金钱而存在的，连他们本身也不例外，因为他们活着就是为了赚钱，除了快快发财，他们不知道还有别的幸福，除了金钱的损失，也不知道还有别的痛苦。”因此，拜倒在金钱面前，拼命地追求金钱、掠夺金钱，就成为资本主义社会的普遍行为准则。现实生活中“一切向钱看”的思想实质上是金钱拜物教的反映。

进步主义运动

19世纪末20世纪初美国发生的政治、经济和社会改革运动。它因腐败的盛行而引发。在这场进步主义运动中，总统西奥多·罗斯福扮演了重要角色，他通过反托拉斯法有力地打击了垄断集团，并通过制定法律保护环境、保障劳工利益、保护食品安全，使美国得以重新焕发活力，进而跻身世界强国之林。

禁止馈送檄

清康熙年间，被誉为“天下第一清官”的张伯行在担任江苏巡抚时发布的檄文。其文为：“一丝一粒，我之名节；一厘一毫，民之脂膏。宽一分，民受赐不止一分；取一文，我为人不值一文。谁云交际之常，廉耻实伤；倘非不义之财，此物何来。”该檄文虽然只有56个字，但提倡为官清廉，关注民生，对改进官员廉洁形象、提高廉政公信力有重要的借鉴价值。

禁止性条款

法律或规章明文规定，禁止一些行为的条文。党的规章制度也有禁止性条款。如：《中国共产党党员领导干部廉洁从政若干准则》就规定了“八个禁止”“五十二个不准”。

经济正义

社会正义在经济领域生活中的要求和体现。正义在经济分配领域的一个要求就是强调分配体现效率的原则，基于人们对生产结果的贡献大小来进行成果的分配，这其中技术、专利、管理、财产等纳入其中。但另一方面，它要求经济活动超越单纯的经济利益的追求，考虑自身、他人、社会整体的发展与公平正义，所以美国哲学家罗尔斯提出应当把照顾社会中的弱势群体列为正义的首要要求。经济正义的实现与经济的具体运行环境密切相关，所以应通过产权制度、私有财产保护制度、合理价格制定制度、合同履约保障制度等的构建来为其实现创造条件。

井冈山精神

“坚定信念、艰苦奋斗、实事求是、勇闯新路，依靠群众、勇于胜利”的精神。诞生于土地革命时期的井冈山根据地。1927～1928年，毛泽东、朱德、陈毅、彭德怀、滕代远等老一辈无产阶级革命家率领中国工农红军来到宁冈井冈山，创建以宁冈县为中心的中国第一个农村革命根据地，开辟了“以农村包围城市、武装夺取政权”的具有中国特色的革命道路。井冈山的斗争，从1927年10月至1930年2月为止，共计两年零四个月，时间虽不长，但为中国开辟了一条成功之路，尤其为后人留下宝贵的精神财富——井冈山精神。其精髓是：一是坚定不移的理想信念；二是实事求是的思想路线；三是党管武装的基本原则；四是血肉相连的干群关系；五是艰苦奋斗的创业精神。井冈山精神是革命传统教育和爱国主义教育的宝贵精神财富，也是党风廉政建设的重要内容。

警　告

一种警戒性的纪律制裁方式，也是最轻微的一种制裁方式。如行政机关公务员或党员干部的行为违反了党纪国法，应当予以及时纠正和警告。在廉政建设中应该加强对干部的教育和检查，适时利用警告方式对已经构成了违纪的党员干部进行纪律制裁。

警示训诫

把问题指出来，对人以教导和告诫，使人注意，促人纠错，防止问题升级。各级党委（党组）和纪检监察机关，对可能出现和正在演化中的腐败问题，以及具有轻微违规违纪行为的党员干部，运用警示训诫的方式，可以及时发现问题，有效纠正错误，对形成反腐倡廉的廉政预警机制、动态监督机制和保护挽救机制具有重大意义。

敬德保民

增进美德，保护人民。周公制礼作乐的基本指导思想，也是周王朝政治路线的理论概括。周公对殷周之际的历史大变革作了总结，他认为，小邦周能够取代大邦殷，主要原因在于周的历代统治者都非常注重内在德性，而要进一步维护周的统治，则必须关注和改善民众的生存处境。“敬德”和“保民”是周王朝政治路线不可分割的两个方面，前者是理论基础，后者是实践表征。周公提出“敬德保民”，是夏商以来中国思想从敬鬼神到重人事的一大转变。

纠风办

“纠正行业不正之风办公室”的简称。政府所属的行政执法监督机关，一般设于县处级以上政府机构内部，协同纪委、监察部门共同执行监督职能。职能有：监督检查部门和行业执行政策、办事效率、服务质量、廉政建设等情况，规范其执法、服务行为，监督其兑现承诺；针对监督检查中发现或群众反映强烈、影响经济发展的部门和行业不正之风，组织开展行业作风整顿或专项治理；设立公开举报投诉电话，受理并组织查处投资者在本市投资项目建设、生产经营和生活、人身等合法权益受到侵害的各类举报投诉；对部门落实纠风工作责任制和改善外商投资环境责任制情况进行定期和不定期检查考核，并及时督促纠正存在的问题；组织有关部门定期向企业和外来投资者征求意见建议，定期组织开展对部门和行业的民主评议活动等。

纠建并举原则

纠风和建设同时进行的工作思路和方法。在实际工作中要注意加强领导，认真落实纠风目标管理责任制；建立完善纠风工作长效机制；强化纠风监督机制，不断拓展群众监督网络；坚持标准自查自纠，扎实开展民主评议等。同时注意建立健全各项制度，加强反腐倡廉建设。深入开展纠风和建设工作，充分发挥舆论监督作用，切实解决群众反映强烈的问题。

九公开

政府部门为规范和优化服务行为而对相关服务进行公开的一种通俗说法。包括以下九个方面：公开办事程序，公开办事条件，公开政策依据，公开办事时限，公开办事结果，公开收费标准，公开服务承诺，公开办事纪律，公开监督电话。

酒池肉林

形容穷奢极欲。《史记》中记载，商纣王“以酒为池，县肉为林，使男女裸相逐其间，为长夜之饮”。而后世亦用“酒池肉林”来比喻某些人的生活极度奢侈。

鞠躬尽瘁，死而后已

勤勤恳恳，竭尽心力，到死为止。语出诸葛亮《后出师表》：“臣鞠躬尽力，死而后已。”后人常把“鞠躬尽力”写作“鞠躬尽瘁”。三国时期，蜀主刘备死后，昏庸无能的刘禅继位，他只知享乐，不知如何管理国家，就把国内的军政大权交给诸葛亮处理。诸葛亮联吴伐魏，南征孟获，积极准备第二次北伐，在第二次北伐前给后主写《后出师表》表示自己为国竭尽所能。后来，“鞠躬尽瘁，死而后已”就用来指为国事竭尽心力，到死为止。

巨额财产来源不明罪

国家工作人员的财产或者支出明显超过合法收入，差额巨大，本人不能说明其来源是合法的行为。本罪的主体是特殊主体，即是国家工作人员。侵犯的客体是复杂客体，即国家工作人员职务行为的廉洁制度和公私财物的所有权。本罪在主观上是故意，即行为人明知财产不合法而故意占有，案发后又故意拒不说明财产的真正来源，或有意编造财产来源的合法途径。在实务操作中，巨额财产来源不明罪常常与贪污贿赂罪相伴，很少出现单独定案的情况。它甚至以兜底性条款的面目出现，通常是在以贪污罪、受贿罪等为立案侦查后，基于证据不足而对无法认定的部分降格以本罪论处。

距离交友

党员、领导干部正确处理工作与生活、原则与友情的关系的原则。党员、领导干部在结交朋友过程中要牢记党性，保持清醒的头脑和廉洁的作风，警惕恶友，远离诱惑，珍惜人民赋予的权力，深入基层，深入群众，密切党群关系、干群关系，倾听群众呼声，关心群众疾苦，维护好、发展好群众的利益，为人民办好事、做实事。近年来，对党员、领导干部来说，距离交友，不只是个人的私事，更是廉洁从政的一项政治准则。

决　策

是为了达到一定目标，采用一定的科学方法和手段，从两个以上的方案中选择一个满意方案的分析判断过程。决策的程序包括：发现问题；确定目标：量化目标；价值准则：有形与无形价值；拟订方案；分析评价；方案选优；方案实施；追踪决策等。在中国现行决策机制中，决策及相关信息的垄断，使社会公众对决策的过程、内容知之甚少，导致监督缺失。同时因决策者对决策失误不需负任何法律责任，因此有学者认为决策失误是“不落腰包的腐败”。

君舟民水

古代的君主就像船，老百姓就像水，水可以载舟，也可以覆舟。荀子民本思想的一个重要内容，此说两见于《荀子》。一是《荀子·王制》：“君者舟也，庶人者水也。水则载舟，水则覆舟，此之谓也。”另一见于《荀子·哀公》：“丘闻之：君者，舟也；庶人者，水也。水则载舟，水则覆舟。君以此思危，则危将焉而不至矣！”荀子以水与舟的关系来比喻君民关系，说明爱护人民的重要性。

君子以俭德辟难

君子用俭朴的德行来避免危难。语出《周易·否》：“君子以俭德辟难，不可荣以禄。”阐释了小人势长、君子势消的黑暗时期到来时的应对原则。在非常时期，君子应当提高警觉，巩固团结，坚定立场，更应当特别防范小人穷凶极恶的反击，否极必然泰来，黑暗不会长久，应当坚定信心，不能动摇。这样才能在“否”的不利状况下，以积极的方式达到“休否”“倾否”的目的。这句话反映了古代先贤的忧患意识，对于廉政文化建设具有重要启示。

K

卡宁汉姆案

美国国会历史上少见的大案。在国会任职15年之久的美国前共和党众议员兰迪·卡宁汉姆于2005年11月承认犯有收取贿赂和逃税两项罪行，并引咎辞职。这位曾在越战中表现出众的老兵承认，在2001至2004年担任众议院拨款委员会成员期间，多次利用职务之便暗箱操作高达数千万美元的国防采购项目，并藉此从采购商处索取现金、支票以及礼物，折合金额共计240万美元。此外，他还数次谎报纳税申报表，其中涉及至少100万美元的不明收入。2006年3月，美国加州地方法院判处卡宁汉姆八年零四个月监禁，同时裁决没收其价值185万美元的受贿物品，并要求其支付180万美元的逃税款。卡宁汉姆成为40年来被判入狱时间最长的前国会议员。

开除党籍

最严重的一种党内的纪律处分。党章在第38条中规定“严重触犯刑律的党员必须开除党籍”，在第39条在规定“留党察看……坚持错误不改的，应当开除党籍”。党员受到开除党籍处分，按党内相关纪律规定，按党内相关纪律规定，五年内不得重新入党。

开除公职

对干部除去国家机关或公共企业、事业单位中的正式职务的处分。一般是针对干部而言。

开除留用察看

亦称“留用察看”，一种较重的行政处分。对于严重违法失职，屡教不改，或者蜕化变质，不适合在国家机关继续工作的人，本应该给予开除处分的某些人员，但为了使其有最后的悔改机会，可以根据具体情况，从宽处理，给予开除留用察看的处分。对受此种处分的人员，应该分配不定职务的工作，降低原有待遇，不定工资级别。留用察看的期限为一年。悔改表现不好的，可以延长一年。经过考察证明，悔改表现好的，可由原批准其处分机关或相关机关批准，正式分配工作，重定工资级别，但不办理撤销处分的手续；留用察看期间又犯错误的和留用察看期满尚无悔改表现的，可以决定予以开除。

开门接访

一般指政府部门为更好地发挥本部门的职能而展开的开门接访活动。一般在开门接访活动展开期间，开门接访的部门要通过一定渠道公开开门接访的部门、接待领导、接待地点及接待电话等有关事项，以便广大群众能够方便地反映问题，提高办事效率，更好地服务社会。

开门评议

面向社会各阶层广泛征求意见建议和进行民主测评，并及时向社会公布测评结果的制度。对政府及其部门进行开门评议，不仅是人大常委会有效的监督形式，也是有益的政治活动，理应组织人民有序参与。把开门评议的裁判权最大限度地交给群众，坚持让群众知情、让群众谏言、让群众监督、让群众评判。

科技 + 制度防腐模式

在反腐倡廉建设中通过融合科技和制度的优势，建立预防腐败的政策和办法的模式。如：通过银企直联，实现与银行系统的对接，及时掌握所属二级、三级企业资金的流动情况，有效预防企业领导人员违规使用资金问题；通过权限管理，对操作人员分组授权，实现在资金使用上的科学确权、合理用权、防止越权，保证资金运作程序规范有序；通过资金监控，做到对所属企业资金流向、流量、存量的全面掌握，使资金使用透明细化，最大限度地防范资金风险等。这种将科技手段巧妙融入反腐倡廉制度建设和工作流程之中的超前做法，被称为创新型科技防腐。

孔繁森

孔繁森（1944～1994年），山东聊城人。1966年加入中国共产党。曾任中共聊城地委宣传部副部长、聊城地区行署副专员。1979年和1988年两次赴西藏工作，历时十年，先后任中共岗巴县委副书记兼岗巴县检察院检察长、拉萨市副市长、中共阿里地委书记兼阿里军分区党委第一书记、阿里地区政协主席。勤政为民，政绩卓著，被国务院授予“全国民族团结进步模范”称号。1994年11月在赴新疆考察途中因车祸殉职。1995年4月被国务院追认为“全国先进工作者”。

孔颜乐处

儒家关于人格理想和道德境界的典故。孔指孔子，颜指颜回。语出《宋史·道学传》：“孔寻颜回处，所乐何事。”《论语·述而》载：“子曰：‘饭疏食，饮水，曲肱而枕之，乐亦在其中矣。不义而富且贵，于我如浮云。’”《论语·雍也》载：“孔子曰：‘贤哉，回也！一箪食，一瓢饮，在陋巷。人不堪其忧，回也不改其乐。贤哉，回也！’”对于孔子、颜回这样品德高尚的人来说，快乐不在于物质享受，而在于情操的追求。用来指称儒家知识分子那种安贫乐道、达观自信的处世态度与人生境界。

宽容行贿

对行贿者的宽容。在近年来的反腐败斗争中，受到法律严惩的往往是受贿者，行贿者却常常被轻刑甚至免刑。事实上，行贿者和受贿者是天然的犯罪共同体，行贿引发受贿，受贿又导致渎职犯罪。不斩断行贿链条，权力腐败就不可能得到遏制。反腐败斗争中对行贿者惩治不力，直接原因在于立法与执法环节：其一，现行法律对行贿罪的量刑明显较轻，尤其是对单位行贿等行为缺乏有效的处罚规定，导致司法机关在认定犯罪主体、确定犯罪性质与量刑方面遇到不少困难；其二，执法者为了获取受贿证据，往往过度体现“坦白从宽”的原则，这造成不少行贿者虽然没有“自首”或“检举揭发”，但只要最后交代出行贿事实，就能得到宽大处理。对行贿者“宽宏大量”的深层次原因，存在于我们的社会文化意识之中。人们往往对行贿与受贿有着不同的态度：对受贿者万分憎恶，对行贿者的痛恨程度却十分有限。在一个权力缺乏制度性约束的环节上，有人对行贿者的心理认同逐渐形成，甚至将行贿看成搞活经济的“润滑剂”、维护正当权益的“必要成本”。其实，宽容行贿就是纵容受贿，也就是纵容腐败。只有从根本上遏制行贿的源头，才能更有效地打击腐败。

宽严相济，区别对待

办案过程中坚持科学的和实事求是的态度，对不同性质的案件采取不同的处理方法，既有原则性又有灵活性。这一政策是党中央在构建社会主义和谐社会新形势下提出的，是中国的基本刑事政策。对于最大限度地预防和减少犯罪、化解社会矛盾、维护社会和谐稳定具有重要意义。

况　钟

况钟（1388～1442年），明朝江西靖安人，著名清官。永乐时历任礼部主事郎中。宣德五年（1430）任苏州府知府。当时苏州府赋役繁重，很难治理。况钟为人处世刚正廉洁，不慑于权势，不畏于强暴，开始大力整顿吏治，惩治贪官污吏。还与江西巡抚周忱合作，减苏州府税粮，建造义仓，均徭役，免军户，招复流民，兴修水利。后来苏州人民为其立生祠，誉之为“况青天”。

L

"拉链门"事件

美国前总统比尔·克林顿与白宫实习生莱温斯基发生的一件性丑闻。1998年1月由新闻记者马特·德拉吉披露，但是克林顿否认了这一指控。随着调查的深入，证据越来越充分和确凿，克林顿终于承认事实。根据法官斯塔尔的报告，鉴于克林顿作伪证以及妨碍司法公正，众议院投票决定对他进行弹劾。在经济主导的大环境下，克林顿依靠突出的政绩获得了美国公民的高支持率最终得到参议院的豁免。新闻媒体则形象地用"拉链门"来描述这桩发生在美国高层领导人身上生活作风腐化的丑闻。

"烂苹果"定律

管理学的一个原理。每个组织里都存在几个难管理的人物，他们像苹果箱里的烂苹果，如果不及时处理，它会迅速传染，把果箱里其他苹果也弄烂的定理。"烂苹果"的可怕之处在于它那惊人的破坏力。因此，对于坏的组员或东西，要在其开始破坏之前及时处理掉。这一定律亦适用于廉政文化建设。

滥用职权

国家机关工作人员违反法律规定的权限和程序，过分地或非法地行使自己掌握的权力，致使公共财产、国家和人民利益遭受损失的行为。可构成滥用职权罪，滥用职权罪的主体是国家机关工作人员；其主观方面表现为故意；其客观方面表现为滥用职权，具有致使公共财产、国家和人民利益遭受重大损失的后果。包括超越职权、玩弄职权、故意不履行应当履行的职责以及以权谋私、假公济私，不正确地履行职责。

雷　锋

雷锋（1940～1962年），湖南长沙简家塘（今属望城）人。1957年加入中国共产主义青年团。参加根治沩水工程、团山湖农场和鞍钢等建设，多次被评为劳动模范和先进生产者。1960年参加中国人民解放军，在沈阳部队工程兵某部运输连四班当汽车兵，多次立功受奖，同年加入中国共产党。1962年8月15日因公殉职。他公而忘私，爱憎分明，全心全意为人民服务。1963年1月7日国防部命名他生前所在班为“雷锋班”，同年3月2日《中国青年》发表毛泽东亲笔题词“向雷锋同志学习”。此后，全国广泛开展学习雷锋的群众运动，雷锋成为共产主义道德的人格典范。

离职从业限制

对公务员在离职以后所从事职业和从业活动的一种限制。《公务员法》对公务员离职后的从业活动做出了明确的规范，并且规定了相应的法律责任。正确认识公务员离职从业限制的意义、准确把握公务员离职从业限制的范围，不断完善公务员离职从业限制的配套措施，对于构建反腐倡廉的长效机制具有十分重要的意义。

历览前贤国与家，成由勤俭败由奢

回顾以往的朝代，勤俭能使国家昌盛而奢侈腐败会使国家灭亡。语出唐代诗人李商隐的《咏史》。李商隐提出了一切政权成败的关键在于勤俭或奢侈，说明了古代进步的知识分子对于廉洁政治的向往和追求，对现代国家的治理也具有重要的借鉴意义。

立党为公，执政为民

中国共产党以最广大人民群众的利益为中心，坚持为人民掌好权、用好权的宗旨。是中国共产党的本质特征和执政理念。是否坚持立党为公、执政为民，从根本上决定着党的前途和命运。对于马克思主义执政党来说，坚持立党为公、执政为民，实现好、维护好、发展好最广大人民群众的根本利益，以充分发挥全体人民的积极性来发展先进生产力和先进文化，始终是最紧要的时代使命。只有始终坚持唯物史观，坚持全心全意为人民服务，坚持立党为公、执政为民，坚持顺民意、谋民利、得民心，党才能不断得到人民群众的支持和拥护，才能永远立于不败之地。

立体性监督

为加强反腐倡廉工作而设立的多层次、立体式、全方位监督体系。通过立体性监督手段，可以对各项工作实现严格的动态监督、流程管理、质量控制，把反腐倡廉工作科学化水平提高到新的层次。中国共产党历来强调，党的领导干部必须接受群众的监督，把干部置于群众监督之下，充分发挥群众监督的作用，让人民真正行使监督权力，从而促使机关干部改进工作作风，促使机关干部努力做到恪尽职守、遵纪守法、秉公办事。为了更好地将反腐倡廉精神落到实处，必须进一步强化各种监督力量，充分发挥党内监督、纪检监察部门监督、群众监督、舆论监督等监督力量的优势，形成立体性的监督体系。

吏不廉平，则治道衰

官吏不廉洁公平，国家就会衰败。语出《汉书·宣帝纪》。汉宣帝被称为西汉中兴之主，在位时，常巡视各地，发现一批官吏虽然勤于政事，但因为俸禄低，出现侵吞老百姓财产和土地的现象，于是严肃惩处了一批贪官污吏，同时也增加了小官吏的俸禄。汉宣帝为此下诏全国，要求百官廉洁公平，勤于政事。吏治决定国运。国运的衰败与兴旺，与为官者是否“廉”与“平”息息相关。这一思想，对今天的廉政文化建设仍有重要意义。

利己主义

“利他主义”的对称。个人主义的表现形式之一。以自我为中心，以个人利益为思想、行为原则和道德评价标准的一种思想和学说。源于拉丁语ego，意为“我”。古希腊柏拉图的《国家篇》中为塞拉叙马库斯所明确主张。有些学者认为中国先秦时期（前21世纪～前221年）的杨朱“拔一毛而利天下不为也”的主张，是古代利己主义思想的典型。近代西方资产阶级革命时期，利己主义被发展成为一种系统完整的道德学说。它曾经被资产阶级作为反对封建道德和宗教禁欲主义的思想武器，在资本主义上升时期起过积极的作用。在廉政文化建设中，必须坚决杜绝决策施政中的各种利己主义，坚持立党为公、执政为民的原则，提高思想道德素质。

利他主义

“利己主义”的对称。一种倡导舍己为人、把对他人的善行作为道德目标的伦理学说。源于拉丁语alter，意为他人的。泛指把社会利益放在第一位，为了社会利益而牺牲个人利益的生活态度和行为的原则。19世纪法国哲学家和伦理学家孔德首先把这个概念引进道德理论，并作为自己伦理学体系的基础。孔德认为，人类既有利己的冲动，又有利他的冲动。所谓道德，就是使前者从属于后者。同时，利他又必然以利己为基础。利他主义，只局限于超阶级的个人之间的关系，而回避了道德的社会基础和阶级基础，没有也不可能规定个人对社会所承担的道德责任。因此，利他主义实质上仍然是从利己主义出发的资产阶级道德理论。在社会主义社会，由于集体主义的道德原则已经包含并远远超过了利他主义的道德内涵，因此，马克思主义伦理学不再使用利他主义的概念。

利益冲突

此处是政治学概念。公职人员因其职责、义务所代表的公共利益和个人因其自身信仰、理念、情感、爱好、职业等引发的个人利益之间所产生的冲突。如官员涉足经商，其公共监管者的身份和独立利益追求最大化的身份两者就可能出现冲突。通常有交易型利益冲突、影响型利益冲突、“旋转”型利益冲突等三种类型。

利益共同体

不同的个人或组织基于一定的原则而建构的利益相互关联相互渗透的集团，其中一方利益的变动会对其他方造成影响，维护和攫取共同的利益是共同体存在的动力和平衡的基础，任何一方为了谋取个体的利益不得不顾及和维护其他方的利益，不能不维护彼此之间的共同利益。在现实社会中，一些人员和官员相互勾结，进行违法犯罪的勾当，彼此利益深刻交织，关系缜密复杂，形成你中有我、我中有你，一荣俱荣、一损俱损的利益共同体，必须对之进行打击。现实中许多的窝案，就与同一利益共同体的犯罪分子相互勾结有关。

利益观

人们看待利益和获取利益的观点和看法。利益观是价值观的基本组成部分，它展示着人们的价值取向，决定着人们思想和行为方式。人们对于物质利益和精神利益的态度和抉择，对于个人利益和集体利益、公共利益的关系的态度，不仅是利益观的内容，也决定着价值观念的性质。利益是一种历史现象，与此相适应，人的利益观也是动态发展的，具有社会历史性和阶级性的特征。由于人们生存的社会物质生活条件不同，社会地位不同，各自的需要和对象的获得、占有、享用方式不同，个人、集团、阶层、阶级、民族、国家之间就会存在利益上的差别、矛盾甚至对立，因而会形成各种各样的利益观。如封建社会的君权、家族利益观，资本主义社会的利己主义和个人主义利益观，社会主义社会的集体主义利益观等。

利益输送

原指企业大股东通过内幕消息或经营手段将企业利益以合法或非法手段转移到个人名下公司的行为，现在也用来指暗中进行利益交换的行为。一些个人或单位为获取特定利益，将个人或单位的利益以特定的名义划转给他人，比如贪腐官员在得到他人贿赂以后，在土地审批时压低售价或以正常售价出售以后再给以补贴，通过输送相关利益回馈他人。

联合国反腐败公约

国际社会在防控腐败方面的第一个全球性和全面性的国际公约，也是联合国历史上第一部全面指导国际反腐败斗争的法律文件。联合国大会于2000年12月通过决议，要求为谈判制订一项有效的反腐败国际法律文书设立一个特设委员会。联合国随后成立了《联合国反腐败公约》特委会和相关的政府间专家工作组，负责公约起草工作。特委会先后举行了7届会议，于2003年10月1日在维也纳举行的第7届会议确定并核准了《联合国反腐败公约》草案。2003年10月31日，第58届联合国大会全体会议审议通过了《联合国反腐败公约》，12月9日至11日在墨西哥南部城市梅里达举行的联合国国际反腐败高级别政治会议上开放供各国签署，并在第30个签署国批准后第90天生效。同年12月10日，中国外交部副部长张业遂代表中国政府在《联合国反腐败公约》上签字。2005年10月27日，十届全国人大常委会第十八次会议以全票通过决定，批准加入《联合国反腐败公约》。该公约于2005年12月14日正式生效。这一国际法律文件，对预防腐败、界定腐败犯罪、反腐败国际合作、非法资产追缴等问题进行了法律上的规范，对各国加强国内的反腐行动、提高反腐成效、促进反腐国际合作具有重要意义。

廉耻事大，死生事小

守廉知耻是大事，个人生死是小事。语出《宋史·叶梦鼎传》。南宋东仓人叶梦鼎，曾经担任右丞相，本是可以有大作为的政治家，可惜南宋昏君当朝，他同大奸臣贾似道同朝而不合污，坚守为官之道，后面对贾似道要其回朝共事的威胁，他说“廉耻事大，死生事小，万无可回之理。”叶梦鼎把廉洁品质置于生死之上，是廉政文化建设的重要精神财富。

廉 洁

清廉，清白。指不损公肥私、不贪污。历史证明：清正廉洁盛行之日，则国家昌盛；贪污腐败猖獗之时，则国势衰微。历来清官受人颂扬；污吏遭人唾骂。要大力弘扬中华民族固有的清正廉洁的传统美德，提倡廉洁自律，秉公办事，不徇私情，不谋私利，清白做人的精神。

廉洁从政行为规范

由党和国家制定的党政机关工作人员必须遵守的有关清正廉洁，不贪污受贿的各种法律、法规、政策、制度、命令、纪律的总和。中共中央2010年2月23日印发了《中国共产党党员领导干部廉洁从政若干准则》，并发出通知，要求各地区各部门认真贯彻执行。通知要求，各级党员领导干部要认真贯彻执行《廉政准则》，严于律已，洁身自好，严格要求配偶、子女及其配偶、其他亲属以及身边工作人员，坚决杜绝违反《廉政准则》行为的发生。《准则》包括总则、廉洁从政行为规范、实施与监督、附则，共18条。其中“廉洁从政行为规范”一章，详细规定了领导干部从政行为八大方面的“禁止”，并详细列出52种“不准”的行为。

廉洁发展模式

廉洁发展的一种形式、方式。它和国家的政治制度、经济发展模式相关，有什么样的国家性质，就有什么样的廉洁发展模式。通过30年的摸索，我们党基本走出了一条与中国国情相适应的、具有中国特色的反腐败之路。中国的经济体制改革和廉政体制改革，这两项制度是相匹配的、互补的，符合制度经济学所说的制度变迁的相关性、互补性。从1978年以来经济转轨的过程中，可以看出中国廉政制度建设的主要线索和发展模式。从过去的以阶级斗争为主反腐败到以经济建设为中心反腐败；从过去的权力反腐到现在的走民主的道路反腐败；从过去的走群众运动反腐败到以依靠制度健全制度反腐败，我们党已经初步找到了一条符合中国特色的反腐败的新路。

廉洁奉公

品行端正，为人清廉，忠诚履行公职，一心为公。是对公务员的基本道德要求，只有保证廉洁行政，才能做到奉公守法。

廉洁自律教育

为营造廉洁奉公、诚信守法的社会氛围，达到规范和约束个体行为的目的，而对党员干部进行廉洁方面的教育。廉洁自律是我们党一贯倡导的优良传统和作风，是党员干部必须具备的优良品格，也是我们党强化自身建设、克服消极因素的重要举措。廉政就是不贪污钱财，不接受贿赂，保持清白，自律是指自律主体按照一定的标准，自己约束自己，自己控制自己的言行和思想过程。其基本要求是：正确人生观和价值观；公私分明，不贪不占；遵纪守法，尽职尽责。从党风廉政建设和反腐败斗争的实践看，廉洁自律与制度建设是相互依存、相互影响的，在制度尚未建立或完善时，自律就显得尤为重要。

廉内助

能够对公职人员在廉洁从政、遵纪守法、预防腐败等方面给予劝说及支持的配偶。每个人做出一个决定都会受到多方面的影响，个人的思维方式、社会的法律法规、民间的习惯风俗、周围的亲情关系、现实的切身利益以及长远的发展瓶颈等都会影响到公职人员的决策执法，因而有必要通过廉内助的不断提醒，促请他们行为做事时刻以大局为重，以国家的法律、部门的规章等来约束自己，切实充当人民的公仆。在提倡廉内助劝说的同时，也应把握好必要的尺度，必须反对不相干的人员插手、干预公职人员的正常决策。

廉泉让水

本是两条河流的名字，后比喻为官清廉。语出《南宋·胡谐之传》。南北朝宋明帝时，梁州州将派范柏年觐见皇帝，偶然谈到在广州有一“贪泉”，明帝便问范柏年，梁州有没有叫这个名字的泉水呢？范柏年答说，梁州只有文川、武乡、廉泉、让水。意在强调家乡人民操守廉洁，懂得尊重礼让。

廉荣贪耻

以廉洁奉公为荣耀，以贪污腐败为耻辱。营造出正气昂扬、清廉文明、和谐发展的舆论氛围，对于培养人们正确的价值观念和高尚的道德情操，提升整个社会的廉政文化，具有重要意义。

廉者，民之表也；贪者，民之贼也

廉洁的官吏是民众的表率，贪官是侵害民众的盗贼。语出北宋包拯的《孝肃奏议集·乞不用赃吏》。这句话，是对北宋政坛廉者的热切呼唤，也是对贪官的强烈斥责。

廉者常乐无求，贪者常忧不足

清廉的人因无求而恒常安乐，贪婪的人因为常感到不满足而忧恼。语出隋朝大儒王通的《中说·王道篇》。从廉洁的角度来看，要做到廉洁自律，必须加强自身的修养，抵御不正当欲望的诱惑。

廉　政

党和政府工作人员在履行其职能时不以权谋私，办事公正廉洁。社会主义国家的廉政，从广义来说，就是党和国家机关及其工作人员在执行各项公务活动中，正确运用人民赋予的权力，遵纪守法，廉洁奉公，秉公尽职，艰苦奋斗，不以权谋私，不贪污受贿，不贪赃枉法，不奢侈浪费，全心全意为人民服务，以及为了达到这一目标而制定的法规、制度的总和。廉政的主体是党和国家各级机关及其工作人员。廉政的核心是全心全意为人民服务。廉政与如何运用人民赋予的权力是直接相关的，如果党和国家机关及其工作人员能正确运用手中的权力，全心全意为人民服务，不谋私利，就是廉政的表现；反之，如果以权谋私，贪污受贿，就是为政不廉、腐败堕落的表现。

廉政法律法规体系

法律法规中关于廉政建设和反腐败的规范的体系。因其规范性、国家意志性、国家强制性及普遍适用性，在中国廉政制度体系中居于极其重要的地位。廉政建设和反腐败的国家法律法规规范包括：（一）全国人大及其常委会制定的相关基本法律、全国人大常委会制定的相关单行法规；（二）国务院制定的相关行政法规；（三）国务院各部门制定的政府规章；（四）最高人民法院与最高人民检察院联合出台的《关于办理受贿刑事案件适用法律问题的具体意见》等。

廉政风险点

在工作和生活中从廉政建设的角度，各个环节、部位可能存在的隐患和问题，可能存在的向坏的方向发展的可能性或危险。通过查找廉洁风险点，制定风险防范措施，使广大党员提高自我查找风险、自我防范风险的积极性和主动性，可以极大地增强党员干部的风险意识和廉政意识。

廉政公署

香港政府设立的专职打击贪污的独立执法机构。成立于1974年2月，直隶于香港最高行政长官，具有高度的独立性与权威性。廉政公署自成立之初就确定了惩防并举、标本兼治的反腐倡廉理念，采取惩处、预防、教育“三管齐下”的肃贪策略，并将之贯穿到机构设置和全部工作之中。廉政公署设置了执行处、防止贪污处和社区关系处三个专职部门，全方位系统治理腐败。这种“打、防、教”三位一体的策略被国际社会誉为经典的反贪模式。在廉政公署的不懈努力下，香港由20世纪70年代贪污贿赂横行的腐败社会迅速实现了由乱而治的根本性改变，成为举世闻名的廉洁城市，创造了世界廉政建设史的奇迹。

廉政公署常规

香港廉政公署专员可做出的命令。包括的事项有：廉政公署的管辖、指导及行政；廉署人员的纪律、培训、等级分类及晋升；廉署人员的职责；廉政公署的财政管理；廉政专员就为防止滥用职权或疏忽职守，以及为保持廉政公署行事持正而认为有需要或适宜的其他事宜。

廉政公署事宜投诉委员会

香港监察机构。所有成员均由最高行政长官委任，地位超然独立于廉政公署之外。其职责是：监察廉政公署对任何人士就廉政公署及其人员所提出的投诉的处理办法；审察廉政工作程序是否有漏洞而引致投诉；在适当时候向廉政专员或在必要时向最高行政长官提出意见和建议。当市民对廉署或该署人员感到不满时，可向廉政公署事宜投诉委员会投诉，该委员会将负责审查和处理投诉。廉署人员违法乱纪，由廉政公署事宜投诉委员会负责监督并进行调查。

廉政体系

相互联系的廉政规章之间环环紧扣形成的廉洁从政的制度体系。“国家廉政体系”是20世纪90年代中期以来引起世界各国广泛关注的一个重要概念。建立国家廉政体系的思路，使人们意识到综合性治理和长远规划在廉政建设中具有的重要意义，为各国腐败问题的诊断和反腐政策的制定提供了崭新的分析视角。

廉政文化

人们关于廉洁从政的思想、信仰、知识、行为规范和与之相适应的生活方式、工作方式和社会评价所形成的文化现象。从根本上反映着一个阶级、一个政党的执政理念、执政目的和执政方式有四个基本范畴：一是指廉洁从政的思想道德要求，作用于执政者的内心世界，形成廉洁从政的文化动力；二是指在全社会营造良好的廉洁从政的文化氛围，形成以廉为荣、以贪为耻的社会风尚，用健康向上、追求清廉的文化充实人们的精神世界；三是指各职业阶层的从业人员恪守职业道德、爱岗敬业、廉洁自律、奉公守法的职业文化；四是广大人民群众追求公平正义、安定有序、诚信友爱的社会境界在心理上的一种文化反映。

廉政文化建设

对廉政文化进行不断加强和发展的活动。开展廉政文化建设，是党中央在总结反腐倡廉工作实践经验的基础上，做出的重大决策，是廉政建设与文化建设相结合的产物。

廉政信箱

党政机关专门为沟通、检举揭发违反党和政府有关政策、法令的人和事而设立的信箱。对党员、党组织违反党章和其他法规，违反党的路线、方针、政策和决议，利用职权谋取私利和其他败坏党风行为的检举、控告，对国家行政机关、国家公务员和国家行政机关任命的其他人员违反国家法律、法规、政策和决定、命令以及行政行为的检举、控告，党员、党组织对所受党纪处分或纪检机关所作的其他处理不服，国家公务员、国家行政机关任命的其他人员对所受政纪处分或监察机关所作的其他处理不服的申诉，以及其他涉及党纪党风、政纪政风的问题，都可以通过廉政信箱来反映问题。廉政信箱起到了新时期党和政府沟通人民群众的桥梁和纽带作用，对端正党风、加强反腐倡廉建设发挥了重要作用。

廉政准则

《中国共产党党员领导干部廉洁从政若干准则》的简称。2009年12月29日由中共中央政治局会议讨论通过。《廉政准则》分总则、廉洁从政行为规范、实施与监督、附则四个部分，共18条，对党员领导干部廉洁从政行为做出8个方面的“禁止”，并列出52种“不准”行为，新增禁止干预和插手房地产开发、大办婚丧喜庆事宜等要求。它是在1997年3月中共中央印发的《中国共产党党员领导干部廉洁从政若干准则（试行）》基础上，针对新的社会发展形势需要而出台的防止利益冲突的规范性、制度性廉政文件。

良　心

最基本的道德范畴之一。人们在履行道德义务时，对所负道德责任的内心感知和行为的自我评价能力，即人对其道德责任的自觉意识。良心是隐藏在人们内心深处的一种意识活动。通俗地说就是善良之心。它是对善恶的自觉，既体现为一种稳定的道德意识，又体现为一种强烈的道德情感。它使人经常意识到并遵从自己的道德责任，选择行为，待人处世。作为一种理性认识和自我评价能力，它是一定的道德原则和规范在个人内心形成的稳定的道德信念；作为一种道德情感，它是个人对他人和社会怀有的道德义务感。良心是道德认识和道德情感的统一，是在人们内心遵从道德义务的精神原则。它在人们的行为和相互关系中，是强有力的心理机制和主动调解力量。

两个务必

即务必使同志们继续地保持谦虚、谨慎、不骄、不躁的作风，务必使同志们继续地保持艰苦奋斗的作风。1949年3月，由毛泽东在河北省西柏坡召开的七届二中全会上的讲话中提出。这是在全国革命胜利前夕毛泽东对全党提出的忠告，它为即将执掌全国政权“建设一个新世界”的中国共产党人拒腐防变敲响警钟。其后，党的主要领导人在不同的历史阶段，都提出坚持“两个务必”这个共同课题，说明“两个务必”具有鲜明的与时俱进的理论品格和时代价值。

两手抓，两手都要硬

“两手抓，两手都要硬”，指一手抓改革开放，一手抓打击各种犯罪活动，包括严重的消极腐败行为，两手都要硬。1992年初由邓小平在南方谈话中指出。他同时还指出一系列关于开展反腐倡廉建设的重要论断：事实证明，共产党能够消灭丑恶的东西；在整个改革开放过程中都要反对腐败；对干部和共产党员来说，廉政建设要作为大事来抓；还是要靠法制，搞法制靠得住些；总之，只要社会主义的生产力发展，保持一定的经济增长速度，坚持两手抓，社会主义精神文明建设就可以搞上去。

两条主线、五大建设

中国共产党建设的总体布局。把党的执政能力建设、先进性建设和纯洁性作为主线，加强思想建设、组织建设、作风建设、制度建设、反腐倡廉建设。十七大报告用言简意赅的语言，强调了“五大建设”的各自重点：思想建设以坚定理想信念为重点，组织建设以造就高素质党员、干部队伍为重点，作风建设以保持党同人民群众的血肉联系为重点，制度建设以健全民主集中制为重点，反腐倡廉建设以完善惩治和预防腐败体系为重点。为新形势下大力提高党的建设科学化水平指明了明确方向。

林则徐

林则徐（1785～1850年），清代福建省侯官（今福州）人，曾任湖广总督、陕甘总督和云贵总督，两次受命为钦差大臣；因其主张严禁鸦片、抵抗西方列强的侵略，被中国人民视为民族英雄。林则徐任云贵总督时因年老多病，自己要求从官位上告退。此时他的夫人已病逝，他原本希望回京与儿子一起生活，以便有亲人照料，但因没有足够的银两，在北京买不起房子，只好返回家乡。林则徐的府衙内悬挂着自己手书的楹联，内容是："海纳百川有容乃大，壁立千仞无欲则刚。"这是林则徐身居高位之后的自励之语。这两句话，与他"苟利国家生死以，岂因祸福避趋之"的名句，一直流传至今，成为激励后人为官清廉的重要思想资源。

临大利而不易其义，可谓廉矣

现常指面对巨大的利益诱惑能坚持自己的原则，可以说是品德高尚。语出《吕氏春秋·忠廉》。

零容忍

零度容忍，不能容忍。最初是在美国20世纪80年代控制毒品犯罪的活动中提出来的，理论依据是1982年美国政治学家詹姆斯·威尔逊和犯罪学家乔治·凯琳提出的"破窗理论"。该理论指出，如果社区中有一栋建筑的一扇窗户遭到破坏而未得到及时修补，那么，肇事者就会误认为整体建筑都无人管理，从而得到了自己可以任意进行破坏的心理暗示，久而久之，这些破窗户就会给人一种社会无序的感觉，各种违反秩序的行为和犯罪行为就会在公众麻木不仁的氛围中潜滋暗长，整个社会治安状况随之逐步恶化。"破窗理论"的重要贡献在于，它非常有力地使人们相信，在轻微的违法行与严重的犯罪之间有着重要的联系。而"零容忍"打击犯罪政策，正是一种有效合理的修补"破窗"的策略。"零容忍"运动涉及社会生活的方方面面，诸如反腐倡廉、学术造假、教育失公、假冒伪劣、虚假广告、社会秩序、公共安全等。

领导干部诫勉谈话制度

中国共产党加强领导干部教育和监督的一项制度。指对有轻微违纪行为或有苗头、倾向性问题的党员、干部进行谈话、诫勉教育，达到提前打招呼、及时提醒、教育挽救的目的。2006年2月26日，中共中央办公厅印发中央纪委、中央组织部《关于对党员领导干部进行诫勉谈话的函询的暂行办法》。暂行办法规定：根据党委（党组）要求，纪律检查机关的组织（人事）部门按照干部管理权限，对党员领导干部进行诫勉谈话和函询。对下一级领导班子成员，根据具体情况，也可以委托其所在党委（党组）的主要负责人进行诫勉谈话：（一）不能严格遵守党的政治纪律，贯彻落实党的路线方针政策和上级党组织决议、决定以及工作部署不力；（二）不认真执行民主集中制，作风专断，或者在领导班子中闹无原则纠纷；（三）不认真履行职责，给工作造成一定损失；（四）搞华而不实和脱离实际的“形象工程”“政绩工程”，铺张浪费，造成不良影响；（五）不严格执行《党政领导干部选拔任用工作条例》，用人失察失误；（六）不严格执行廉洁自律规定，造成不良影响；（七）其他需要进行诫勉谈话的情况。这一制度体现了预防为主、监督关口前移的反腐败思路。

领导干部廉洁自律“五条规定”

关于防止利益冲突的重要规定。1993年10月5日，中共中央、国务院在《关于反腐败斗争近期抓好几项工作的决定》中明确提出，关于党政机关县（处）级以上领导干部的“五条规定”。8日，中央纪委、中组部、监察部下发《关于党政机关县（处）级以上领导干部廉洁自律“五条规定”的实施意见》。《实施意见》要求党政机关县（处）级以上领导干部，即党的机关、人大机关、行政机关、政协机关、审判机关、检察机关副县（处）级以上（含副县、处级）领导干部，包括已到退（离）休年龄，尚未办理退（离）休手续的干部要严格遵守“五条规定”：（一）不准经商办企业；不准从事有偿的中介活动；不准利用职权为配偶、子女和亲友经商办企业提供任何优惠条件。（二）不准在各类经济实体中兼职（包括名誉职务），个别经过批准兼职的，不得领取任何报酬；不准到下属单位和其他企事业单位报销应当由个人支付的各种费用。（三）不准买卖股票。（四）不准在公务活动中接受礼金和各种有价证券；不准接受下属和其他企事业单位赠送的信用卡，也不准把本单位用公款办理的信用卡归个人使用。（五）不准用公款获取各种形式的俱乐部会员资格，也不准用公款参与高消费的娱乐活动。1994年4月7日，中央纪委第三次全体会议重申党政机关县（处）级以上领导干部廉洁自律“五条规定”（简称“新五条规定”）。

“新五条规定”是：（一）不准违反规定购买和更换豪华小汽车；不准利用职权向企业、下属单位换车、借车和摊派款项买车；不准用贷款、集资款和专项资金购买供领导干部使用的小汽车；县（市）党政领导机关和单位，凡拖欠职工工资的不准购买小汽车。（二）不准违反国务院关于住房制度改革的规定压价购买住房；不准利用职权为自己和子女、亲友购买住房提供优惠条件；不准用公款超标准为个人装修住房。（三）领导干部在国内公务活动中要轻车简从，食宿不准超过当地接待标准；不准为领导干部举办专场舞会。（四）不准利用本人及家庭成员婚丧嫁娶以及工作调动、过生日、迁新居等机会大操大办，挥霍浪费，更不准动用公款公物操办和借机敛财；（五）不准利用职权拖欠公款不还；不准借用公款为个人及其亲友买房、建私房和从事营利活动。

与旧“五条规定”不同的是，“新五条规定”在适用范围上，扩大到具有行政管理职能的企业（公司）和具有行政管理职能的事业单位（总会）以及工会、共青团、妇联、文联、科协等群众团体机关中副县（处）级以上领导干部，各级党政机关所属的报社、杂志社、出版社、广播电台、电视台等单位和各级党校、行政学院（校），工会、共青团、妇联所属干部院校中的副县（处）级以上领导干部等。

领导干部民主评议制度

中国共产党加强党内民主监督的一项制度。它是领导干部考察或工作考核的有机组成部分，是群众对领导干部在某一个阶段中的工作进行基本的综合评价制度，体现把坚持党管干部的原则同坚持干部工作走群众路线结合起来的原则。1988年6月，根据中央组织部下发的《县（市、区）党政领导干部年度工作考核方案》和中组部通知精神，各级党委及其组织部门建立了民主评议领导干部的制度。基本做法是，领导干部面向参评群众进行述职，并回答参评人员的提问，由参评群众对领导干部工作的德、能、勤、绩等方面内容进行打分，也可采取个别谈话和座谈会形式对现场测评进行补充。群众民主评议的意见是干部任免的重要依据。这一制度有利于民主监督，使领导干部加强群众观念；有利于引入竞争机制，实行干部能上能下。在加强对权力运行的制约和监督、推动高素质干部队伍的建设方面具有重要的积极意义。

领导干部五不准

2004年11月22日吴官正在全国落实党风廉政责任制工作电视电话会议上对领导干部廉洁自律提出严格的要求。包括：第一，不准违反规定收送现金、有价证券和支付凭证；第二，不准“跑官要官”；第三，不准放任、纵容配偶、子女和身边工作人员利用领导干部职权和职务影响经商办企业或从事中介活动谋取非法利益；第四，不许参与赌博；第五，不准借婚丧嫁娶之机收钱敛财，违反规定严肃查处。“领导干部五不准”后进入《中国共产党党员领导干部廉洁从政若干准则》，成为防止利益冲突的重要规定。

领导干部重大事项报告制

根据《关于领导干部报告个人重大事项的规定》所形成的制度。该规定由中共中央办公厅、国务院办公厅于1997年1月31日印发。按照规定的要求，报告人应报告的重大事项包括：本人、配偶、共同生活的子女营建、买卖、出租私房和参加集资建房的情况；本人参加与操办的本人及近亲属婚丧喜庆事宜的办理情况（不含仅在近亲属范围之内办理上述事宜）；本人子女与外国人通婚以及配偶、子女出国（境）定居的情况；本人因私出国（境）和在国（境）外活动的情况；配偶、子女受到执法执纪机关查处或涉嫌犯罪的情况；配偶、子女经营个体、私营工商业或承包、租赁国有、集体工商企业的情况，受聘于三资企业担任企业主管人员或受聘于外国企业驻华、港澳台企业驻境内代办机构担任主管人员的情况及本人认为应当向组织报告的其他重大事项。领导干部个人重大事项报告制，是新时期加强对领导干部的管理和监督，促进党风廉政建设和领导干部思想作风建设的重要举措。

领导体制

独立的或相对独立的组织系统进行决策、指挥、监督等领导活动的具体制度或体系。它是领导者与被领导者之间建立关系、发生作用的桥梁与纽带，对于一个集体的发展具有重要意义。领导体制的核心内容是用制度化的形式规定组织系统内的领导权限、领导机构、领导关系及领导活动方式，任何组织系统内的领导活动都不是个人随意进行、杂乱无章的活动，而是一种遵循明确的管理层次、等级序列、指挥链条、沟通渠道等进行的规范化、制度化或非人格化的活动。同时，任何组织系统内的领导活动也不是一种千变万化、朝令夕改的活动，它有一套固定的规则、规定或组织章程，各种领导关系、权限和职责具有一定的稳定性和长期性。组织系统内领导活动的这些特点是由组织系统的领导体制所决定的，没有一定的领导体制，组织系统内的领导活动就不能正常进行。

领导责任

有关领导人员在职权职责范围内所承担的与领导工作要求相关的责任。一般分为主要领导责任和次要领导责任。主要领导责任者是指在其职责范围内，对直接主管的工作不履行或者不正确履行职责，对造成的损失或者后果负直接领导责任的党员领导干部。重要领导责任者是指在其职责范围内，对应管的工作或者参与决定的工作不履行或者不正确履行职责，对造成的损失或者后果负次要领导责任的党员领导干部。领导责任，实际上是党组织和政府机关对领导干部在自己职权职责范围内所承担的责任提出的事先警示，也是常规组织管理过程中的一种内控机制。它鲜明体现了现代社会“权为民所赋、权为民所用、权为民所控”的精神，也是马克思主义执政党宗旨和性质的重要表现。

领导责任追究

对担负一定职责的党员领导干部和党员失职、渎职行为进行的调查和处理。各级党的领导干部和党员承担着党内和工作岗位的相应职责，必须遵守国家法律和党内法规认真工作，各负其责，如果因为责任心不强造成一定损失和后果，或者滥用工作职权，亵渎职责，造成损失和后果，必须追究其过失，给以相应的党纪政纪法纪处分。责任追究原则是：坚持谁主管、谁负责的原则，属于领导班子集体研究做出错误决定的，根据错误性质及责任轻重程度，追究领导班子的责任；属于一把手责任的，追究一把手的责任；属于副职在其分管职责范围内发生严重问题的，追究副职的责任。责任追究方式有：一是做书面检查；二是谈话诫勉；三是通报批评；四是赔偿损失，调离岗位；五是党政处分，包括党内警告、严重警告、撤销党内职务、留党察看、开除党籍；六是行政处分，包括警告、记过、记大过、降级、撤职、开除；七是涉嫌犯罪转送司法机关处理。

刘 瑾

刘瑾（1451～1510年），明陕西兴平人。明武宗时期的重要宦官。中国历史上的大贪官，曾经长期把持朝政，贪污和积聚了大量财富。2001年《亚洲华尔街日报》据此将刘瑾列入过去1000年来，全球最富有的50人名单。另据清赵翼《二十二史札记》所载，刘瑾有黄金250万两，白银5000余万两。刘瑾被判凌迟处死。之后，刘瑾的肉还被一文钱一两被贱卖，而坊间亦大肆抢购，足以证明当时黎民百姓对刘瑾的憎恨。

刘青山、张子善腐败案

指新中国成立初期反腐败斗争中查出的一起党内高级领导干部严重贪污盗窃国家资财的案件。刘青山，1914年生，河北安国人，1931年6月加入中国共产党，曾任中共天津地委书记，被捕前任中共石家庄市委副书记。张子善，1914年生，河北深县人，1933年10月加入中国共产党，曾任中共天津地委副书记、天津专区专员，被捕前任中共天津地委书记。1950～1951年他们在担任天津地区领导期间，盗窃地方粮款289151万元（旧币1万元合新币1元）、防汛水利专款30亿元（合10亿元）、救灾粮款4亿元、干部家属救济粮款14000万元，克扣修理机场民工供应补助粮款54330万元，赚取治河民工供应粮款37473万元，倒卖治河民工食粮渔利22亿元；以修建为名骗取银行贷款60亿元，从事非法经营，共计1554954万元。他们还借给机关生产名义，进行非法经营，送49亿巨款给奸商倒卖钢材，使人民资产损失14亿元。此外，两人曾派人员冒充解放军，用救灾款从东北套购木材4000立方米，严重影响了灾民的生产和生活，在获非法暴利、大量贪污之后，任意挥霍，过着极度腐化的生活。经调查，刘青山贪污达1.84亿元（旧币），张子善贪污达1.94亿元（旧币）。1951年11月，中共河北省第三次代表会议揭露了刘和张的罪行。同年12月4日，中共河北省委做出决议，经中央华北局批准，将刘青山、张子善开除出党。1952年2月10日，河北省人民政府举行公审刘张大会，河北省人民法院报请最高人民法院批准，判处刘青山、张子善死刑。

留党察看

党的纪律处分中仅低于开除党籍的一种重处分。分为留党察看一年、留党察看二年。对于受到留党察看处分一年的党员，期满后仍不符合恢复党员权利条件的，再延长一年留党察看期限。留党察看期限最长不得超过二年。受到留党察看处分的党员，在留党察看期间，没有表决权、选举权和被选举权。留党察看期间，确已改正错误的，期满后按期恢复其党员的权利；坚持错误不改或又发现其他应受党纪处分的违纪行为的，应当开除党籍。受到留党察看处分的党员，党内职务自然撤销。对于在党外组织担任领导职务的，应当建议党外组织撤销其党外职务。受到留党察看处分的党员，恢复党员权利后二年内，不得在党内担任和向党外组织推荐担任与其原任职务相当或者高于原任的职务。

六条禁令

2013年12月4日，中共中央政治局通过的关于改进工作作风、密切联系群众的规定。禁令规定：（一）严禁用公款搞相互走访、送礼、宴请等拜年活动；（二）严禁向上级部门赠送土特产；（三）严禁违反规定收送礼品、礼金、有价证券、支付凭证和商业预付卡；（四）严禁滥发钱物，讲排场、比阔气，搞铺张浪费；（五）严禁超标准接待；（六）严禁组织和参与赌博活动。

六条诏书

汉朝汉武帝颁发给十三州刺史的诏书，规定了刺史的权力和职务范围。具体内容是："一条，强宗豪右，田宅逾制，以强凌弱，以众暴寡；二条，二千石不奉诏书遵承典制，倍公向私，旁诏守利，侵渔百姓，聚敛为奸；三条，二千石不恤疑狱，风厉杀人，怒则任刑，喜则淫赏，烦扰刻暴，剥截黎元，为百姓所疾，山崩石裂，訞祥讹言；四条，二千石选署不平，苟阿所爱，蔽贤宠顽；五条，二千石子弟恃怙荣势，请托所监；六条，二千石连公下比，阿附豪强，通行货赂，割损正令也。"从诏书的内容可以看出，刺史的职责主要在于监察郡太守以及各级地方官员的施政。

轮 岗

亦称“职位轮换”，指在同一政府工作部门内对担任领导职务和某些工作性质特殊的非领导职务的国家公务员有计划地调换职位任职。轮岗是深化干部人事制度改革、加强干部队伍素质建设的好举措，也是提高工作效率、激发干部队伍活力的有效途径。同时，干部轮岗也是监督干部、防治腐败的重要手段，有利于打破由于长时间在同一岗位、同一工作领域而可能形成的保护关系网和利益纽带，具有防止不正之风乃至腐败问题发生的重要作用。轮岗能使领导干部和人事部门通过同一干部在不同岗位的任职情况，客观、公正地进行合理评价，对干部任职做到心中有数，从源头上防止用人上的不正之风。从党风廉政的角度看，有的干部出现问题，就是因为长期把持“关键岗位”，而干部轮岗则打破了这种人才流动的僵局。

裸 官

指配偶和子女非因工作需要均在国（境）外定居或加入外国国籍，或取得国（境）外永久居留权的公职人员。2010年4月23日，中共中央政治局审议了关于领导干部报告个人有关事项的规定，提出将对“裸官”进行登记管理。

M

麦道夫案

美国历史上数额最大的诈骗案，因作案者为“被人称道的慈善家、社会的支柱、备受尊敬的华尔街明星经纪商”的纳斯达克前董事会主席麦道夫而得名。其行骗时间长达20年、数额高达500亿美元。其手法就是利用传统的“庞氏骗局”，以高资金回报率为许诺，骗取投资者投资，用新投资者的投资偿付前期投资者。麦道夫案受害机构达30多家，汇丰银行也成为最大的受害者之一，导致各国股市出现恐慌性下跌。麦道夫于2008年12月11日被警方逮捕，后因同意放弃约800万美元家产，仅留下250万美元现金，而与联邦检察官达成和解协议，现已被保释。

卖官买官

干部选拔任用中的严重不正之风。一部分人违反组织原则受贿“卖官”，一些人为谋求提拔行贿“买官”的腐败现象。要杜绝此类现象，必须进一步完善干部选拔任用制度，增加选拔任用干部的透明度，充分体现民主，广泛听取各方面意见，做到凭实绩提拔和任用干部。同时要严肃组织人事纪律，防止和查处买官卖官等现象。

卖官鬻爵

封建社会中，统治阶级靠出卖官职、爵位来搜刮财富的现象。语出《宋书·邓琬传》：“父子并卖官鬻爵。”在现实生活中，有些官员凭借手中的权力，以权谋私，通过非正常程序提拔官员，从中谋取私利，也是卖官鬻爵的表现，应该给予严肃处理。

毛泽东思想

马克思列宁主义普遍原理同中国革命和建设具体实践相结合的产物。它是以毛泽东为主要代表的中国共产党人，运用马克思主义的立场、观点和方法，把中国长期革命和建设实践中的一系列独创性经验作了理论概括而形成的适合中国情况的科学的指导思想。同时，毛泽东思想是马克思列宁主义在中国的运用和发展，是被实践证明了的适合中国革命和建设的正确的理论原则和经验总结，是中国共产党集体智慧的结晶，为中国特色社会主义理论体系形成提供了理论准备。毛泽东思想的主要内容是：关于新民主主义革命；关于统一战线；关于社会主义革命和社会主义建设；关于革命军队的建设和军事战略；关于政策和策略；关于思想政治工作和文化工作；关于党的建设。毛泽东思想是马克思主义中国化第一次历史性飞跃的理论成果，也是中国共产党和中国人民历尽艰辛获得的宝贵的精神财富，是中国革命和建设的科学指南，是中华民族的精神支柱。

美国政府道德办公室

美国负责协调与管理各机构廉政事务的独立机构。成立于1989年10月1日，编制不足80人，与联邦调查局同级别，在庞大的美国联邦政府中是最小的部门之一，但在美国政府的廉政建设中发挥着重要作用。其一年一度的联邦行政官员财产审核，更是被视为对官员的廉政测试。职权限于联邦行政部门，主要使命是制定政策，提供咨询与培训，预防联邦行政部门官员和职员在工作中陷入利益冲突从而损害政府公信力，是联邦行政部门廉政道德体系的中枢。联邦各行政部门也都设有各自的道德办公室及指定的道德官员，一般由部门高级官员担任，多数情况下为监察长或人事部门负责人。

民贵君轻

从天下国家的立场来看，民是基础，是根本，民比国家和君更加重要。语出《孟子·尽心下》：“民为贵，社稷次之，君为轻。”这一思想是孟子仁政学说的核心，具有民本主义色彩，对中国后世的思想家有极大的影响，是中国古代最具价值的政治思想命题之一。

民情专线

政府部门为解决广大群众的切实问题而开设的方便群众反映民意、解决问题的便捷途径，也可指政府部门开设的专门反映渠道，如市民热线电话等。不但方便广大群众反映问题，也有利于政府部门倾听百姓呼声，从而更好地为民服务，为人民办实事办好事。

民为邦本，勤恤为先

老百姓是国家的根本，统治者要勤于政事，关心民疾，与民休息，不可滥用民力。语出《清代通史》第一卷，是清康熙皇帝的民本思想。

民心工程

政府为解决老百姓的困难，改善老百姓的生活而采取的措施和实施的项目。这类措施或项目一般侧重于与老百姓生活密切相关的出行、衣食、家居、治安、教育、收入、住房等基础设施建设和各种社会活动。这些工程为民着想，为民解忧，从群众最现实、最关心、最直接的问题入手，深得百姓拥护和欢迎，因此被称作“民心工程”。民心工程是得民心的一项重要措施，做好民心工程就保证了大局稳定发展。

民众监督

亦称“大众监督”“群众监督”。充分发挥人民群众在监督活动中的作用，积极有效展开的以人民大众为主体的监督形式。民主监督是社会主义国家的一种主要的监督方式。人民群众是国家的主人，对国家机关特别是对行政机关进行监督，是宪法赋予公民的基本权力之一，是社会主义民主的重要体现。

民主管理

管理者在“民主、公平、公开”的原则下，科学地传播管理思想，协调各组织各种行为达到管理目的的一种管理方法。是相对于绝对服从的管理而言的。较符合人们的心理要求或“以人为本”管理思想，有助于提高人们接受管理的积极性，唤醒人的主体意识，弘扬人的主体精神，发挥人的主体能力。

民主监督

人民政协三大主要职能之一。对国家宪法、法律和法规的实施，重大方针政策的贯彻执行、国家机关及其工作人员的工作，通过建议和批评进行监督。2006年2月8日，中共中央颁发了《关于加强人民政协工作的意见》（中发〔2006〕5号），明确了人民政协的民主监督是政治监督，要求各级党委和政府自觉接受民主监督，要完善机制，在知情环节、沟通环节、反馈环节上建立健全制度，畅通渠道，提高民主监督的质量和成效。它是参加人民政协的各党派团体和各族各界人士通过政协组织对国家机关及其工作人员的工作进行的监督，也是中国共产党在政协中与各民主党派和无党派人士之间进行的互相监督。

民主生活会

党员领导干部召开的旨在开展批评与自我批评的组织活动制度。是中国共产党在长期的革命和建设实践中形成的优良作风，是增强党的生机与活力的一大法宝。召开民主生活会的目的主要是为交流思想，在党支部或党小组内形成批评与自我批评的民主风气，改进领导班子的思想作风建设，有效地增强党内团结，保证党的路线、方针、政策和决议的正确贯彻执行的重要措施。在党支部或党小组举行民主生活会，利于提高贯彻执行党的路线、方针、政策的自觉性；有利于端正党风，增强团结，密切党群关系，加强集体领导，不断改进领导工作；有利于加强党支部的思想、作风建设，形成坚强领导核心。

明白账

公开、透明的账目。各级政府财政总预算和总决算、部门预算和决算，以及政府性基金、国有资本经营等预算和决算，都要向社会公开。只有“大账”清楚、“细账”明白，百姓才能做到心中有数，国家的每一分钱才能花在明处、用在实处，从而进一步提高财政资金使用的公平和效率。

明德慎罚

崇尚德政，慎用刑罚。西周的立法指导思想之一。明德与慎罚作为为政手段一起使用，但明德是核心关键，慎罚是辅助手段。以德化人，教而后刑。在中国思想史上，这一思想第一次明确地把德与刑结合起来，对后世儒家“德主刑辅”思想的形成产生了极大的影响。

摩西十诫

《圣经》中，公元前1500年上帝耶和华借由以色列的先知和首领摩西向以色列民族颁布的律法中的首要的十条规定。《摩西十诫》被称为人类历史上第二部成文法律，体现了平等的“人神契约”精神，即谁要毁约，谁就会受到上帝的惩罚。同时，人民也有“神不佑我，我即弃之”的权利。以十诫为代表的摩西律法是犹太人生活和信仰的准则，在基督教中有很重要的地位。第十条为：“不可贪恋他人的房屋；也不可贪恋人的妻子、仆婢、牛驴，并他一切所有的。”这是西方文化中较早的关于清廉的规定。

没收财产

司法机关依据刑法的有关规定，将犯罪分子个人财产的一部分或者全部强制无偿地收归国有的刑罚方法。是一种财产刑，适用于罪行严重的犯罪，如危害国家安全罪，生产、销售伪劣商品罪，破坏金融秩序罪，金融诈骗罪，危害税收罪，贪污罪，受贿罪，绑架罪等。根据刑法第59条的规定，没收财产是没收犯罪分子个人所有财产的一部或者全部；没收全部财产的，应当对犯罪分子个人及其扶养的家属保留必需的生活费用，以维持犯罪分子个人和扶养的家属的生活；在判处没收财产的时候，不得没收属于犯罪分子家属所有或者应有的财产。

没收非法所得

国家行政机关依法没收单位或个人以非法手段获取的收入（包括货币和实物）。是一种行政处罚。由行政执法机关执行。非法所得的性质必须由特定的机关通过一定的程序加以认定，以行为人非法手段的成立为前提。

暮夜却金

东汉太守杨震拒收重金的故事，出自《后汉书·杨震传》。东汉时期，太守杨震为人正直，清正廉洁。受他举荐的昌邑县令王密趁着夜色，给他送去大量钱财。杨震拒而不受。王密说夜深人静没人知晓。杨震说：“天知，神知，我知，子知。何谓无知者？”此故事后成为中国古代廉政史话中的佳话，反映了古代清官在义与利、取与舍之间的坚定原则和立场。

N

内　省

提高个人道德修养的一种方法。在内心反思自己的思想、言行有无过失。儒家的创始人孔子很注重这种内心的道德修炼。他要求人们“内省”“自讼”。孟子把“内省”这种修养方法称为“存心”，也叫“求放心”。宋明理学家继承了孔孟的“内省”的修养方法，程颐的“诚敬”“致和”“集义”，王守仁的“致良知”，都是原始儒家内省传统的延续和发展。儒家强调内省的重要性，是对于在道德领域的主观能动作用的强调，对于培养社会正气、提高个人的心灵境界具有积极作用。

内圣外王

儒家治国理政思想中的重要观点。通过提高执政者的道德水平来推行政治主张。内圣外王，即“内有圣人之德，外施王者之政”，是人格理想与政治理想的结合。其中，内圣是基础，外王是目的。内圣外王思想，是中国传统社会以德治国思想的重要哲学基础。它强调领导者的道德对于社会秩序建构的重要性，提倡领导者在治国平天下中的典型示范作用，不足之处是过于重人治而忽视法律制度方面的建设，虽有美好政治理想却缺乏行之有效的实施途径。

匿名检举

亦称“匿名举报”。指举报人在举报时，不具名或不署真实姓名的举报。如有举报人在举报信中不写自己真实的姓名、单位、联系电话和地址，而只是写上“部分党员”“部分职工”“部分群众”或“正义”等化名；有举报人在拨打举报电话时，也使用一些无法与其联系的化名或假名，这些都属于匿名举报。匿名举报是一种复杂的社会现象，它的存在具有一定的社会原因。主要是一些地方民主政治生活不健全，举报者对执法环境信不过，担心署名举报遭到打击报复，所以以假名或匿名举报。还有极少数人是为达到攻击、恐吓、欺骗等不可告人的目的，采用写匿名信的手段，无中生有，诬陷他人。匿名举报给取证查处工作带来很大的困难，而且容易被一些不怀好意的人利用，因此，为了体现对国家、对人民负责的态度，提倡和鼓励群众署名举报，检察机关向社会公开承诺，署名举报的要答复。同时，检察机关加大了对打击报复举报人案件的查处，以切实保护举报人的合法权利。

挪用公款

法定的行为主体利用职务上的便利，将公款挪作个人或他人使用的行为。其主要特征是：（一）主观上具有直接故意；（二）客观上实施了以借用的公款进行营利或非法活动的行为；（三）侵犯的客体是国家财经管理秩序。《中共中央纪律检查委员会关于共产党员在经济方面违法违纪党纪处分的若干规定（试行）》中规定：党员借用公款进行营利活动或者非法活动的，要给予党纪处分；对于借用公款进行非法活动，构成违法违纪行为的，要与违犯党纪的其他处分规定合并处理。

挪用资金罪

公司、企业或者其他单位的人员，利用职务上的便利，挪用本单位资金归个人使用或者借贷给他人，数额较大、超过三个月未还，或者虽未超过三个月，但数额较大、进行营利活动的，或者进行非法活动的行为。本罪的主体为特殊主体，即公司、企业或者其他单位的工作人员。本罪所侵害的客体是公司、企业或者其他单位资金的使用收益权，对象则是本单位的资金，即由单位所有或实际控制使用的一切以货币形式表现出来的财产。具体地说，它包含以下两种行为：挪用本单位资金归个人使用或者借贷给他人，数额较大、超过三个月未还的；挪用本单位资金归个人使用或者借贷给他人，虽未超过三个月，但数额较大，进行营利活动的，或者进行非法活动的。本罪在主观方面只能出于故意，即行为人明知自己在挪用或借贷本单位资金，并且利用了职务上的便利，而故意为之。

P

跑官要官

干部选拔任用工作中的一种不正之风，指一些人通过拉关系、走后门，谋取官职和权力的行为。在“跑官要官”的背后，实质就是“买官卖官”，不仅会腐蚀大批党员干部，而且会污染社会风气，败坏党的形象，激化社会矛盾，危及党的执政基础和执政地位。

彭公案

中国清朝末年的公案小说。作者署名贪梦道人。彭公指的是清朝康熙年间的循吏彭鹏。全书共341回。书中大部分情节实属虚构，描述了彭公在江湖豪侠的帮助下，如何惩治贪官恶霸、绿林草寇的故事，塑造了李七侯、黄三太、杨香武、欧阳德一批侠义之士的形象。

品德考核制度

干部管理部门依照管理权限，依据干部品德考核的内容、标准、程序和方法，对干部进行品德考察和评价，以此作为对干部进行奖惩、培训、辞退以及调整职务、级别和工资依据的制度。是干部管理中一项十分重要的制度，它有利于发现和选拔优秀人才，合理使用人才，调动干部的工作积极性。

平 等

人们在政治、经济、文化、社会等各领域方面享有同等的权利和义务。社会在保障人们基于法律之上的平等的同时，也应保护社会公正，保障人们根据对社会实际贡献的大小获得相应的回报、尊重和权益。资产阶级提出、宣称和确认的“人生而自由平等”的观点，马克思主义认为这是用法律规定的形式平等掩盖事实上的不平等。在当前社会主义社会，由于实行生产资料公有制，消灭了剥削阶级，人们在政治上享有了平等的政治权利，在经济上享有各尽所能，按劳取酬的平等权利，文化上享有同等的权利，但由于各人的劳动能力、家庭负担等存在着实际的差异，因而在经济获益上也还存在着事实上不平等，只有到了财产极为丰富的共产主义社会，实行了各尽所能，按需分配的分配制度，才能实现真正的事实上的平等。恩格斯指出："无产阶级平等要求的实际内容都是消灭阶级的要求。任何超出这个范围的平等要求，都必然要流于荒谬。"列宁也认为："无产阶级革命将彻底消灭社会的阶级划分，因而也将彻底消灭由这种划分所产生的任何社会不平等和政治不平等。"

平等待人

公平地对待他人，不因身份、地位、财富、名誉、学问、兴趣、嗜好等的不同而对人有区别对待。不能平等的对待所有人的重要原因在于：部分官员的权力过大，并不能受到有效监督和制约；一些官员自恃清高，在思想和行为上将人区别开来；下级官员逢迎拍和，投其所好等。当前，宪法已经明确宣布，所有人一律平等，又制定了各种规则来确保它的实施，因而必须在具体实践中消除一些人的特权思想，坚持法律面前人人平等的原则。

Q

期权腐败

在反腐败斗争力度不断加大的形势下出现的一种新的腐败形式。即领导干部在位时，利用手中权力，以各种手段为他人谋取利益，待其退休或离职后，才根据私下“协议”索取各种形式的回报。“期权腐败”最主要的特点是隐蔽。（一）形式隐蔽。本质上是一种权与利的交易，不直接涉及金钱；（二）内容隐蔽。其兑现往往是间接而不是直接的；（三）过程隐蔽。腐败分子以各种借口进行权力操作。

其身正，不令而行；其身不正，虽令不从

领导人本身的行为正当，不发命令，事情也能行得通；如果他本身的行为不正当，即使三令五申，老百姓也不会信从。语出《论语·子路》：“子曰：‘其身正，不令而行；其身不正，虽令不从。’”这就是说领导自身的行为，是比言辞指示更有力量的行为典范。

企业国有资产监督管理暂行条例

2003年5月27日，国务院公布施行的条例。共8章47条，包括总则、国有资产监督管理机构、企业负责人管理、企业重大事项管理、企业国有资产管理、企业国有资产监督、法律责任和附则等八个方面的内容。对企业国有资产监督管理的原则、框架和基本制度等进行了设计，对企业负责人管理、企业重大事项管理、企业国有资产管理、企业国有资产监督等作了比较系统的规定，表明中国国有资产监督管理方面的立法迈出了实质性步伐，标志着国有资产管理体制改革进入新的阶段，有利于促进国有经济布局和结构的战略性调整，进一步发展和壮大国有经济。

潜规则

没有正式规定，而在某些人群中又为行为主体各方普遍遵守的隐含规则。在某些特定的时空中，甚至能具体地替代正式规则。在中国历史上，往往是潜规则在支配着现实生活的运行。潜规则在不同时间、不同领域往往有不同称呼，如在明清官场被称为“官场陋规”，在现在一些行业中被称为“行规”“规矩”，在某些场合又被称为“不成文规定”。中国作家吴思在其《潜规则：中国历史中的真实游戏》《血酬定律：中国历史中的生存游戏》等著作中对“潜规则”一词定义。此后，“潜规则”逐渐被广泛使用。

侵吞财产

非法占有公有财产或他人财产。依据侵吞财产的性质又可分为侵吞国有财产、侵吞集体财产和侵吞他人财产等。侵吞财产是严重的腐败行为，为党纪国法所不容。

侵　占

侵夺占据，使用非法手段来获取一些不属于自己的东西的行为。在法律意义上，广义的侵占，指的是侵犯财产，包括盗窃、诈骗、贪污、抢夺各种财产的行为，还包括侵犯财产的各种民事侵权行为、各种利用职务的行政渎职行为；而狭义侵占是指除盗窃、诈骗、贪污、抢夺之外侵犯财产的一种特定违法犯罪行为方式。侵占行为均具违法性，严重的侵占行为构成侵占罪。侵占罪是以非法占有为目的，将代为保管的他人财物或者将他人的遗忘物或者埋藏物非法占为己有，数额较大，拒不退还或者交出的行为。侵占罪的构成特点表现为：侵害的客体是他人财物的所有权，其犯罪对象为他人交给自己保管的财物、遗忘物和埋藏物；客观方面表现为将他人交由自己代为保管的财物、遗忘物或者埋藏物非法占为己有，数额较大，拒不交还的行为；犯罪主体是一般主体；主观方面表现为直接故意，并且具有非法占有他人财物的目的。与侵占罪相关的职务侵占罪是指非国有的公司、企业或者其他单位的人员，利用职务上的便利，将本单位财物非法占为己有，数额较大的行为。侵占罪与职务侵占罪都表现为“变持有为所有”，但两者有着严格的区分：侵占罪的主体为一般主体，职务侵占罪的主体限定为非国有的公司、企业或其他单位的工作人员（在非国有的公司、企业或其他单位从事公务的国家工作人员除外，这些人员按贪污罪论处）；职务侵占罪在客观方面表现为行为人利用职务上的便利，侵占罪无此要求，因此对侵占罪的构成更为严格，有拒不归还或拒不交出的要求；职务侵占罪的犯罪对象是非国有公司、企业或其他单位的财物，侵占罪的犯罪对象是代为保管的他人财物或他人的遗忘物或埋藏物；职务侵占罪为公诉案件，侵占罪属于自诉案件。无论是广义的侵占，还是狭义的侵占，是侵占罪，还是职务侵占罪，都违背廉洁、廉政要求，都是腐败行为，都要受到党纪国法的惩罚。

清　官

中国封建时期讲究操守、公正清廉、勇于任事的官吏。史书多以“循吏”“良吏”“廉吏”称之。与之相对的是贪官。清官的标准在不同的时期有不同的侧重点。从三国末年开始，根据司马懿的思想，清、慎、勤成为正式的为官标准，清官也就逐渐成为好官的代名词，他们廉洁奉公、公正执法的精神，对今天的法制建设与廉政建设，具有一定的学习与借鉴意义。

清官文化

流传在中国民间的以清官为主体的一种文化现象。是中国优秀传统文化分支之一，为中国社会所特有。就其基本内涵而言，主要是以儒家的民本思想和忠君尽职克己的封建政治文化传统为核心。清官文化强调的是廉吏个人在廉政建设中的作用，把廉政的希望寄托在包公、海瑞等少数的优秀官吏身上，落脚点在个人，清官文化体现的是人治和人治社会的价值追求，具有很大的时代局限性。然而传统清官文化中的廉政思想、廉政事迹等内容，为廉政文化建设提供了内容丰富的廉政素材。

清廉指数

由非政府、非盈利、国际性的民间组织透明国际发布的衡量一个国家或地区廉洁程度的指数。从1995年开始，透明国际每年针对全球180个国家和地区的腐败状况，以企业家、风险分析家、一般民众为调查对象，就其对当地腐败状况的主观感知程度予以评估并进行排名。清廉指数采用10分制，10分为最高分，表示最廉洁；0分为最低分，表示最腐败。北欧国家、新西兰、加拿大、新加坡等国家排名靠前，为较廉洁的国家；美国、日本及多数欧洲国家居中；拉美、非洲以及亚洲国家居后。从效果上看，清廉指数的排名在一定程度上反映了一个国家的腐败状况，但由于它是根据各国民众的主观印象分排名，且仅限于对国际商务活动中各国政府官员的腐败行为进行调查，因此，并不能完全反映一个国家及政府的真实廉洁程度。

情报公开制度

为保护国民知情权、增加政府工作的透明性而制定的相关制度。建立情报公开制度既是公众的要求，又是社会发展的必然。一方面用法律规定公众的“知情权”，扩大了公众的基本权利范围；另一方面公众通过行使该权利，参与国政并监督国政，有助于消除国家机关的腐败，保证民主政治的实现和发展。许多国家制定了法律实施情报公开制度。世界上最早采取情报公开制度的是瑞典。中国虽没有制定情报公开法，但党和国家已开始重视该制度。党的“十五大报告”明确提出“公开原则”“公开办事制度”，政府及有关部门、法院、检察院等国家机关开始公示有关扩大公众监督的制度，表现出良好的趋势。

请赇律

三国魏时，把《盗律》和《杂律》中相类似的条文集中在一起创辟的法律。这是中国最早的惩治贪污的系统化法律。

穷则独善其身，达则兼善天下

穷困不得志时，修养好自身，显达时使天下人都得到好处。语出《孟子·尽心上》：“穷则独善其身，达则兼善天下。”后人改“兼善”为“兼济”。个人道德的完善和天下人功利之间的统一体现了中国古代知识分子立身处世的终极关怀，对于廉政文化建设具有重要启示作用。

去利怀义

摒弃利益，心存仁义。语出《孟子·告子下》。孟子把“仁义”作为处理各种利益关系的最高准则，认为“利”与“义”是互相对立的。这种积极的义利观对廉政文化建设具有重要意义。

权力观

人们对权力的总的看法，包括对权力的来源、掌握权力的目的、行使权力的方式、为谁掌权、为谁服务等问题的认识和态度。树立正确的权力观，是提高党的执政能力，保证权力廉洁、预防腐败的迫切需要。

权力寻租

握有公权者利用手中的权力，谋求获取自身经济利益的一种非生产性活动。这种行为的实质是把权力商品化，去参与商品交换和市场竞争，谋取金钱和物质利益。权物交易、权钱交易、权权交易、权色交易等，都是典型的权力寻租形式。权力寻租所带来的利益，成为权力腐败的原动力。预防和治理方式包括，一方面，要实行“小政府”模式，政府要尽量减少或取缔不必要的对市场经济活动的政策干预和行政管制；另一方面，对于必不可少的政策干预和行政管制，要透明化或市场化。

权力运行机制

权力周而复始地、规范地运转的机制。权力运行机制是一个庞大的系统，包括权力的取得（权力的授予）机制、权力的实施机制和权力制衡（制约）机制等。权力的取得（权力的授予）机制是指权力的取得或权力的赋予的机制系统，通常分为非法的机制与法制的机制；权力的实施机制就是权力在社会政治生活中实际运行的机制，通常分为专制的机制与民主的机制；而权力制衡（制约）机制是指对权力的制约或制衡的机制总称。科学、有效的权力运行机制，特别是权力制衡（制约）机制，是廉政建设的有力保障，也是预防腐败的根本之策。

权力制衡机制

依据权力制衡理论形成的对权力施以监督制约的机制，即运用各种手段制约、平衡权力以使社会正常发展的方式及其内在联系的机制。权力制衡机制是一个系统机制，一般包括权力对权力的制衡机制，其典型是西方国家的三权分立机制；法律对权力的制衡机制，这是当代世界各国制衡权力所普遍采用的权力制衡机制；社会对权力的制衡机制，这里的社会特指各种独立的利益集团、独立的舆论等；权利对权力的制衡机制。完善的权力制衡机制应该是权力制衡机制、法律制衡机制、社会制衡机制和权力制衡机制四者的有机统一。在权力主体运用权力的过程中，对权力施以监督和制约，可以确保权力在运行中的正常、廉洁、有序、高效，并且使国家各部分权力在运行中保持总体平衡。权力制衡机制有利于预防腐败，促进廉政建设，保证社会公正合理的发展方向，以及社会整体的目标的实现。

权力制约

权力的制衡与约束。制衡的本质，就是分权，包括纵向分权（中央和地方分权）和横向分权（政府部门内部分权，如立法、行政和司法的分权），以及以权力制约权力；约束的本质就是以权利制约权力，权力必须为权利服务，而不能反过来侵犯权利。

权 利

法律赋予人实现其利益的一种力量。与义务相对应，与权力、职责相关联。权利的内涵包括三个方面：（一）权利就是价值的回报，即人在相应的社会关系中应该得到的价值回报，而对应地，义务则是人在相应的社会关系中应该进行的价值付出，职责就是一个人在其最重要的社会关系中应该进行的价值付出。（二）权利作为义务的对称就是法律对公民或法人能够作或不作一定行为，并要求他人相应作或不作一定行为的许可。在法理上，权利与义务是一致的，不可分离的，一方有权利，他方必有相应的义务，或者互为权利义务；任何公民不能只享有权利而不承担义务，也不会只承担义务而享受不到权利。（三）权利就是正当的自主性。权利本位观念是现代社会的基本价值所在，也是中国反腐倡廉建设所倡导的基本理念。

权利和义务的统一

公民的权利与义务，是一个不可分割的统一整体。马克思指出：“没有无义务的权利，也没有无权利的义务。”中国宪法和法律规定，保护公民的人身权利、民主权利和合法的经济权益，免受任何人、任何机关的非法侵犯。同时，宪法和法律又严格规定公民必须履行遵守宪法和法律、保守国家秘密、爱护公共财产、遵守劳动纪律、遵守公共秩序、尊重社会公德，以及服兵役、纳税等义务。这些都充分体现了权利与义务的统一。

权钱交易

公职人员把手中的权力作为筹码，在处理具体事务时以获取不当财物为目的的行为。其通常表现为：被动接受别人礼金、有价证券、贵重物品等，而为对方谋取不正当利益；主动暗示或索要特定物质利益，否则不予办理对方请求的事项；提供方将有关酬劳以原始股、资助旅游、慰问金等形式延后或变相交付权力方。

权权交易

权力与权力的互相交换，如一个部门领导以在本部门中提拔另一部门领导的亲属为筹码，来换取另一部门领导在其部门中提拔自己亲属的权力交易行为，具有极大的隐蔽性。干部选拔任用中的权权交易会直接导致社会风气的败坏、堕落。中央推行的重要干部任用选拔的票决制，是治理干部选拔任用中权权交易的有效措施。

权色交易

国家公职人员利用权力和权力带来的利益与另一方发生关系以满足生理欲望和情感需要；而另一方则以直接出卖色相或间接雇佣美色为交换，谋取不正当利益。权色交易本质上是权力的腐化堕落，侵害了公职的廉洁性，败坏了社会风气，其危害并不亚于权钱交易。公权力犯罪，最终会危害整个社会的正义。因此，要严格防范和惩治权色交易。

权为民所用、情为民所系、利为民所谋

对党的宗旨所具有的时代内涵的新概括，也是对领导干部的具体要求。权为民所用，就是正确认识和对待权力，摆正与人民群众的“公仆”与“主人”的关系，为人民掌好权、用好权，用人民赋予的权力为人民服务。情为民所系，是权为民所用的感情基础。只有在感情深处和人民群众融为一体，才能真

正解决“人生为什么、入党做什么、掌权干什么”的问题，要求领导干部要深怀爱民之心，恪守为民之责，时刻把群众的安危冷暖放在心上，真心实意为群众排忧解难。利为民所谋，是权为民所用的目的和归宿，只有全心全意为人民谋利益，党才能得到人民群众的拥护和支持，才能经受住执政考验，巩固和保持党的执政地位。它是共产党权力观、地位观、利益观的集中体现。

权责相统一

行政机关职权，与行政机关义务和责任是紧密相连，不可分割的原则。行政机关在行使职权的同时，必须采取积极的措施和行动依法履行其义务和责任，如擅自放弃、不履行其法定义务和责任或违法、不当行使其职权，要受到法律制裁。中华人民共和国立法法及相关法规、规章将权责统一确定为一条立法原则，率先在制度建设上注重保证行政权力与责任的统一。国务院将权责统一作为依法行政六项基本要求之一，载入《全面推进依法行政实施纲要》。权责统一基本要求的最终形成，是依法行政理论与实践发展的必然结果，也是行政法治走向科学化和现代化的标志。

裙带关系

相互勾结攀援的妇女姻亲关系。语出宋代赵升《朝野类要》卷三：“亲王南班之婿，号曰西宫，即所谓郡马也，俗谓裙带头官。”现在常用于指那些给和自己有关系的人图私利的官员的腐败行为。

群体腐败

多人参与，违纪违法地利用公共权力，通过计划、合谋和合作等手段，为谋取群体和个人利益最大化而进行的集体行为。具有主体聚众性、利益巨大性、形式多样性、领域广泛性、成员合作性、行为隐蔽性、风险累积性、组织稳定性等特征。其典型案例有广东湛江特大走私案、厦门远华走私案等，涉案人数多、破坏力强、影响面广。

群体性事件

经济转轨和社会转型期间，由各种社会矛盾引发的集体上访、围堵党政机关、堵塞交通，局部范围的罢工、罢市、罢课，甚至集体械斗等非法集体活动。中国现阶段的群体性事件多属于人民内部矛盾，部分群众抱着“不闹不解决，小闹小解决，大闹大解决”的心理，以聚众闹事的方式试图促使问题得到解决与落实。造成群体性事件多发的主要原因有：一些基层政权和公共管理部门对群众的合理化要求搪塞推诿，能解决、该解决的问题不及时解决；一些部门和干部的腐败行为侵犯群众的利益；一些基层干部工作方法简单粗暴，不依法办事或执法不文明，导致一些小问题逐步升级；少数群众法律意识淡薄，以为有理该闹，出现过激行为。处置群体性事件，必须把握政策，以政治稳定和社会安定为目标，按照“可散不可聚，可顺不可激，可解不可结”的总体原则和“区分性质，讲究策略，把握时机，严格执法，冷静稳妥”的基本原理，有理、有节地开展工作。要着眼于预防，建立快捷灵敏的预警机制，及时化解不安定因素。基层组织是预防群体性事件的第一道防线，要提高基层领导班子依法办事的能力。坚持以人为本、为民办事的宗旨，改进工作作风，进一步完善改革配套措施，保障广大群众的切身利益。大力开展法制宣传教育活动，提高群众的法制观念，克服法不责众的错误观念，引导群众用法律来维护自身的合法权益，做知法、懂法、守法的公民。

群言堂

在领导班子内部形成民主氛围，讨论和决定有关事项时，能畅所欲言，发表自己的意见和观点的工作局面。长期以来，在一些领导机关和党组织中，党内民主发扬不够，民主集中制贯彻得不好，开会研究决定事项时由一把手做主，形成“一言堂”，这种行为严重违背党的民主集中制原则。反之，一把手能带头贯彻民主集中制，切实贯彻党的群众路线，发扬党内民主作风，虚心听取和善于集中领导班子成员的意见，不搞“一言堂”和家长制，就能形成和谐团结的气氛。提倡“群言堂”，能造成既有集中又有民主，既有纪律又有自由，既有统一意志又有个人心情舒畅、生动活泼的政治局面。

群众路线

“一切为了群众、一切依靠群众和从群众中来、到群众中去。”1929年9月28日，周恩来在《中共中央给红军第四军前委的指示信》中第一次提出这个概念。“一切为了群众”，是中国共产党一切工作的根本出发点和目的。党的一切工作与努力，都是为了人民的利益。人民的利益高于一切，是每个共产党员思想与行为的最高准则。“一切依靠群众”，是党一切工作的力量源泉。它要求党在一切工作中，必须相信群众，依靠群众并组织群众用自己的力量去解决自己的问题。“从群众中来，到群众中去”是党的根本领导方法和工作方法。即在集中群众意见的基础上制定方针政策，交给群众讨论、执行，并在讨论、执行过程中不断根据群众的意见进行修改，使之逐步完善。

R

人浮于事

原意是指人的才德很高，超过了履行个人自身职责所得的报酬，现在通常用来表示用人过多超过实际的需要，导致机构臃肿、相互掣肘、效率不高。当前中国许多地方由于官本位思想严重、政府部门职能划分不清，具有决策权的不干事，干事的又没有决策权等因素影响，导致机构庞杂、人员过多、事项分割太细，一个人的工作由多个人来做，具体经办事情的人不能决策只能反复请示汇报等。

人民抽象化

将“人民”只作为一个词语，而隐藏起实质的行为。在政治活动中，抽象化后的人民概念往往成为政客用来支持自己观点、行为的工具，把自身的任何行为甚至是违背多数人意愿的行为，都说成是人民的需要和意愿，由于人民被虚化，到底具体的人民有什么样的想法要求就不再被考虑。当前现实中一些官员出于政绩、升迁等的考虑，往往以非正常的甚至是违法乱纪的方式手段进行各种建设，而打着维护人民利益的旗号，这时，人民就成了不被咨询、不被维护，而只被代替、只被利用的抽象物。

人民检察院反贪污贿赂局

人民检察院下属的主要负责侦查国家工作人员贪污贿赂犯罪案件的一个重要职能部门。设立于20世纪80年代末，最早可追溯到1989年广东省人民检察院成立反贪污贿赂局。1995年11月10日，最高人民检察院设立了反贪污贿赂总局，主要负责对中国刑法分则第八章规定的12种国家工作人员职务犯罪进行侦查。即：贪污罪、挪用公款罪、受贿罪、单位受贿罪、行贿罪、对单位行贿罪、介绍贿赂罪、单位行贿罪、巨额财产来源不明罪、隐瞒境外存款罪、私分国有资产罪、私分罚没财物罪。在查办上述犯罪案件过程中，反贪污贿赂局行使的职权主要有：收集和调取查明案件事实所需的书证、物证材料；询问证人和讯问犯罪嫌疑人；查询、冻结有关银行存款和账号；对犯罪嫌疑人以及可能隐藏犯罪或者犯罪证据的人员的身体、物品、住所和其他有关的地方进行搜查，扣押有关物品和文件、邮件、电报等；对与犯罪有关的场所、物品、人身等进行勘验和检查；依照法律规定的程序对犯罪嫌疑人采取拘传、监视居住、取保候审、拘留、逮捕等强制措施。

人　情

在社会关系中，人对社会性刺激表现出的反应性情感。人情是人性的一种重要表现。在人的社会关系实践中发挥着很大的凝聚和整合作用。社会学认为，人情就是一种个人权力影响他人的过程，基本上也是一种社会交易的过程。有正面意义与负面意义。正面意义是促进以情感为本位的健康和谐的人际关系，负面意义是变质变异的人情会形成一道关卡，在很大程度上阻碍着合理的社会生活秩序的形成。

人人为我，我为人人

西方文化中个人文化的名言。它所体现出来的是个人对于社会的责任感以及社会对于用于担负社会责任的个人的返惠，是人类群居文明进步的一种表现。它高度凝练地道出了国家与民族发展的关键和要义。其内涵就是若欲人人为我，须先有我为人人之心。对中国的廉政文化建设具有借鉴意义。

人肉搜索

区别于单纯地利用网络搜索引擎进行机器搜索之外的另一种信息搜索方式，实际上就是通过其他人来搜寻自己搜不到的信息，是一种人找人、人问人的网络社区活动，强调互动性。该词最早出现于2007年6月中国华讯互联旗下的网趣网上。人肉搜索引擎的概念由此而生。这种机制对促进网络反腐具有一定的作用，集合广大网民的力量，可以短时间内追查出某个事件或人物的真相与隐私，并将这些细节曝光，从而引起新闻媒体和相关部门重视，使事件迅速得到处理。人肉搜索在具有一定积极影响的同时，如果使用不当，也容易产生网络暴力等消极影响，需要有关部门研究出台相关的互联网规范，加强法律监管，使其得到合理的运用。

人生观

人们对人生的根本态度和看法。主要内容是对于人类生存的目的、价值和意义的认识，具体包括生死观、公私观、义利观、荣辱观、幸福观等内容。人生观是世界观的组成部分，是世界观在人生问题上的主要表现，对人生起着指导作用。

任期经济责任

党政领导干部或企业领导人员在任职期间，对其所在部门、单位财政收支、财务收支或所在企业资产、负债、损益的真实性、合法性和效益性，以及有关经济活动应当负有的责任，包括主管责任和直接责任。

任前廉政谈话制度

对新任职领导干部在任职宣布之前进行党风廉政教育的制度。该制度在切实加强对领导干部的监督管理、增强领导干部的廉洁自律和党风廉政建设责任意识方面发挥了积极作用。有利于促进新任领导干部廉洁从政，增强廉洁自律、拒腐防变的自觉性；有利于促进新任领导干部认真履行“一岗双责”职责，增强反腐倡廉工作的责任感。主要内容有：（一）谈话对象汇报对廉洁自律的认识、个人及家庭重大事项、任职后履行党风廉政建设职责的打算；（二）对谈话对象提出廉洁自律和履行党风廉政建设领导职责等方面的要求。

任人唯亲

在选拔干部时不考虑品德和才能，而是以感情的好坏、关系的亲疏为标准，选拔跟自己关系亲密的人。以任人唯亲的原则选拔干部，仅把着眼点放在老同事、老部下和至亲好友身上，搞狭隘的小圈子；或者从个人好恶出发，只选用那些放弃党的原则，对自己唯唯诺诺的人；更有甚者从小集团的私利出发，培植自己的势力，违背了优胜劣汰的发展规律，更违背了党的干部选拔的原则和程序。《党章》在“党的干部”一章中明确规定选拔干部要“坚持任人唯贤，反对任人唯亲”。

任人唯贤

选拔任用有德有才的贤能之人。是党的干部路线的主要内容。《党章》“党的干部”一章中规定：党按照德才兼备的原则选拔干部，坚持任人唯贤，反对任人唯亲，努力实现干部队伍的革命化、年轻化、知识化、专业化。根据这一原则要求，选拔任用干部，必须坚持以德和才为标准，把德才兼备的干部选拔到工作岗位。

荣辱观

人们对什么是光荣、什么是耻辱的根本看法和态度。是人的世界观、人生观和价值观的重要组成部分，荣辱观的内容、形式受社会的风俗习惯、道德观念、政治环境、个体的利益选择、情感欲望等多种因素的影响。不同的社会阶级有其不同的荣辱标准，恩格斯指出“每个社会集团都有它自己的荣辱观”。

荣誉感

人们对待荣誉的积极意识和心理反应模式。包括荣誉的内涵、意义、获取途径以及如果失去所引发的情感变化等，关系着人们以什么为荣，以什么为耻，以及面对、抉择和进行荣或耻的行为时的心理状态。对世俗社会中的人来说，生活还是有一些维持社会、集体、个人正常运转所必须遵循的规则，个人遵守它，就尽了义务做了本分应做的事情，就会感到光荣自豪，个人得到安慰。反之，如果违背了基本的规则，就会感到愧疚失望自责。

润　笔

原指古人用毛笔写字前通常先用水把笔毛泡开、泡软的动作。后来泛指为请人作诗文书画所给的报酬。近年来，一些官员到处题字、作画，收受润笔，成为官员腐败的一种重要方式。

S

三笔账

指政治账、经济账和家庭账。在对党员干部及人民群众加强廉政和廉洁教育中进行“算账教育”的最主要的内容。所谓“算账教育”，是通过定量地计算或定性地分析腐败的成本与收益，从而达到教育人们保持廉洁、抵制腐败的效果。“算账教育”不仅计算腐败的成本、不良后果或危害，也包括腐败分子在受到惩处之后的个人及家庭损失账。对于三笔账中政治账，需要清楚地认识到工作岗位不仅是生计的来源，更是实现自我价值、为人民服务的场所。如果出了问题，事业前途将毁于一旦。在经济账问题上，随着经济社会的发展，国家逐步提高干部职工的收入水平。对领导干部组织上还给予一定的职务待遇，而一旦腐败犯罪，这一切都会化为乌有。至于算好家庭账，就是要做到在外当好干部，在家当好丈夫、好妻子。亲情友情不徇私情，洁身自好。算好三笔账，在增强对腐败的警惕性、反思反腐败的执行力、评估反腐败制度的有效性等方面都具有积极作用。

三不朽

立德、立功、立言。立德，即树立高尚的道德；立功，即为国为民建立功绩；立言，即提出具有真知灼见的言论。因能做到上述一个方面或几个方面，皆可使人青史留名，是以得名。三不朽是中国伦理思想史上的一个价值命题，对于中国人的思想和人生追求有着重要影响。

三大纪律八项注意

中国共产党和人民军队在长期革命和建设过程中形成的优良传统作风。在井冈山革命时期，毛泽东曾为工农革命军制定出“三大纪律、六项注意”。“三大纪律”指的是“一切行动听指挥、不拿群众一个红薯（后改为一针一线）、打土豪要归公”；“六项注意”指的是“上门板、捆铺草、说话和气、买卖公平、借东西要还、损坏东西要赔”。后来，在解放战争时期，“三大纪律、六项注意”根据革命发展的需要，调整为“三大纪律、八项注意”，成为中国人民解放军的行动准则，体现了人民军队的本质和宗旨。1947年10月10日，毛泽东起草了《中国人民解放军总部关于重行颁布三大纪律八项注意的训令》。三大纪律是“一切行动听指挥、不拿群众一针一线、一切缴获要归公”；八项注意是“说话和气、买卖公平、借东西要还、损坏东西要赔、不打人骂人、不损坏庄稼、不调戏妇女、不虐待俘虏”。“大跃进”和人民公社化运动之后，毛泽东指示胡乔木借鉴革命时期红军纪律教育的经验，起草对党政干部进行廉政纪律教育的制度。1961年1月，中共中央颁布《党政干部三大纪律八项注意（草案第二次修正稿）》“三大纪律”是：一切从实际出发；正确执行党的政策；实行民主集中制。“八项注意”是：同劳动同食堂；待人和气；办事公道；买卖公平；如实反映情况；提高政策水平；工作要同群众商量；没有调查没有发言权。

三大作风

即理论联系实际、密切联系群众、批评与自我批评。1945年由毛泽东同志在党的七大政治报告《论联合政府》中第一次明确概括提出。毛泽东指出，“以马克思列宁主义的理论思想武装起来的中国共产党，在中国人民中产生了新的工作作风，这主要的就是理论和实践相结合的作风，和人民群众紧密地联系在一起的作风以及自我批评的作风。”党的三大作风是无产阶级世界观即辩证唯物主义和历史唯物主义在党内生活和党的工作实践中的具体体现，是中国共产党区别于世界上任何其他政党的显著标志。

“三反”“五反”运动

中华人民共和国建立初期，中国共产党领导的在各级政府机关、学校、团体、军队、党派中和在私营工商业者中开展的群众性政治运动。首先是“三反运动”。1951年底开展的增产节约运动中，各级党政机关内部暴露出惊人的贪污、浪费、官僚主义问题。鉴于腐败形势的严峻性，同年11月20日，毛泽东在起草转发东北局关于开展增产节约运动报告的批语中首次提出“三反”问题，号召全党，“进行坚决的反贪污、反浪费、反官僚主义的斗争”。12月1日，中共中央发出的《关于实行精兵简政、增产节约、反对贪污、反对浪费和反对官僚主义的决定》揭开了“三反”运动的大幕，至1952年10月结束。通过群众运动的形式，不仅教育了大多数干部，挽救了犯错误的同志，而且清除了党和国家干部队伍中的腐败分子，有力抵制了旧社会遗留的恶习和资产阶级腐蚀，树立了国家工作人员艰苦朴素、廉洁为民的形象。其次是“五反”运动。1951年11月，东北局在给中央的报告中说，目前许多被揭发的腐败案件的共同特点是，私商与干部中的蜕化分子相勾结，盗窃国家财产。1952年1月5日，中共中央颁布《关于在“三反”斗争中惩办犯法的私人工商业者和坚决打退资产阶级猖狂进攻的指示》，要求给资产阶级对党的猖狂进攻以一个坚决的反攻。26日，中共中央发出《关于首先在大中城市开展“五反”斗争的指示》，要求在私营工商业者中开展“反行贿、反偷税漏税、反盗骗国家财产、反偷工减料、反盗窃国家经济情报”的群众运动，至10月结束。这场运动是新中国成立初期党结合自身情况在社会领域系统开展反腐倡廉建设实践的新探索。

“三个代表”重要思想

中国共产党始终代表着中国先进生产力的发展要求，代表着中国先进文化的前进方向，代表着中国最广大人民的根本利益的思想体系。2000年2月25日江泽民同志在广东省考察工作时，从全面总结党的历史经验和如何适应新形势新任务的要求出发，而提出的重要思想。它是十三届四中全会以来在科学判断党的历史方位的基础上提出来的。“三个代表”重要思想，是中国共产党的重大指导思想，是中国特色社会主义理论体系的重要组成部分，是对马克思列宁主义、毛泽东思想、邓小平理论的继承和发展。“三个代表”的重要论述具有鲜明的时代特征，是党的建设的重大课题。它事关改革开放和两个文明建设的成败，事关全党全国工作大局，事关党和国家的前途命运，是党的立党之本、执政之基、力量之源，符合人类社会发展和社会主义建设规律。

“三公”消费

原意指国家党政部门公务人员在因公出国（境）经费、公务车购置及运行费、公务招待费方面所产生的正当合理的消费。但由于多种原因的影响，“三公”消费逐渐扭曲，演变为公共部门“公款吃喝、公车私用、公费出国”的腐败代名词，是当前公共行政领域亟待解决的问题之一。“三公”消费从表面上似乎不如贪污受贿、贪赃枉法那样危害深重，但却更普遍，无论对干部，还是对社会、对人民都造成极坏影响，败坏了党风政风民风。2012年4月18日，国务院要求省级政府两年内全面公开“三公经费”，从2012年10月1日起，县级以上政府需将“三公”经费纳入预算管理并定期公布。超预算开支“三公”，情节严重的相关负责人将面临撤职处分。这是中国首部专门规范机关事务管理活动的行政法规。

三　观

事业观、工作观、政绩观。由胡锦涛同志在2009年中央纪委十七届三次全会上提出的。共产党人要把全面推进中国特色社会主义伟大事业作为最崇高的事业；要把按客观规律办事、不断满足人民群众日益增长的物质文化需要作为作重要的工作；要把人民群众满意不满意、答应不答应作为检验政绩的最高标准。这就是党员领导干部要树立和坚持的正确的事业观、工作观、政绩观。“三观”本质上就是立党为公、执政为民的执政宗旨。

三　讲

讲学习、讲政治、讲正气。1995年11月8日江泽民同志在北京视察工作时提出的。“讲学习”，主要是学理论，学知识，学科技，具体学习内容是，学习邓小平关于建设有中国特色社会主义的理论，学习社会主义市场经济理论，学习社会主义市场经济的知识、现代科技知识、法律知识、历史知识等，以充实自己，开阔眼界，提高领导水平。“讲政治”，包括政治方向、政治立场、政治观点、政治纪律、政治鉴别力、政治敏锐性，要求学会从政治上观察问题、分析问题和处理问题，确保改革开放和社会主义现代化建设健康、顺利发展。“讲正气”，就是要继承和发扬中国共产党在长期革命和建设事业中形成的好传统、好作风，坚持真理，坚持原则，坚持同一切歪风邪气和各种消极腐败现象作坚决斗争，保证党永不变色，国家长治久安，兴旺发达。

三节两寿

旧时对于塾师，逢端午节、中秋节、年节及孔子诞辰，塾师生日，均各加送束脩一月的风俗。亦用以泛指节日和生辰。后演变为官场通行的送礼名目，两寿演变为官员本人和夫人的生日。

“三连环”廉洁教育工作法

指一种反腐倡廉教育工作方法。在其中，“教”，即建立党员干部廉政教育制度，分层定期开展廉政教育培训。“考”，即推行领导干部任前廉政考试制度，形成了领导干部任前“考廉”、任时“话廉”、任后“述廉”的制度链。“谈”，即严格执行新任干部的必谈、有信访反映的必谈、有事实问题的必谈的“三必谈”制度，切实发挥廉政谈话的教育、诫勉和警示作用。

三权分立

立法权、行政权和司法权。分别由不同的国家机关掌握，各自独立行使，互相制约和平衡。17、18世纪时由启蒙思想家洛克、孟德斯鸠等人提出，目的是为了反对封建专制，所以具有一定的进步性。资产阶级取得政权以后，把它订入宪法之中，作为政治制度的一项重要原则而确立下来。在资本主义国家，一般来说，立法权由议会行使，行政权由内阁或总统行使，司法权由法院行使。马克思主义指出资产阶级的三权分立，只是用国家机关的分工形式，来掩盖资产阶级专政的实质。社会主义国家没有也根本不可能实行资产阶级的三权分立原则。

三 慎

即慎独、慎初、慎微。慎独是指人在独处时，也能自觉严于律己，谨慎地对待自己的所思所行，防止有违道德的欲念和行为发生。慎初即正确对待第一次。慎微即于细小处谨慎。对于领导干部来说，努力做到“三慎”，自觉以道德自律来抵御种种内在的欲望和外来的诱惑，是保持清廉作风的有效途径。

三谈一课

一种廉政预警长效机制。“三谈”指“任前谈话”“提醒谈话”“诫勉谈话”。对所有新提拔干部进行任前集体廉政谈话，要求干部认真履责，遵守廉洁自律有关规定。对属轻微违纪和反映有苗头性或倾向性问题的对象发出“信访通知书”，由分管领导和信访室主任与当事人进行提醒谈话。对信访案件中尚不构成党纪政纪处分或组织处理的对象进行诫勉谈话，开展批评教育，使其正确认识错误，及时改正。“一课”指对所有新提拔干部开展为期一个月的党校轮训，开设反腐倡廉教育课堂，集中学习党纪党规和有关廉政的规定。

三省吾身

每日从多个方面反省自己的言行。语出《论语·学而》：“曾子曰：‘吾日三省吾身，为人谋而不忠乎？与朋友交而不信乎？传不习乎？’”曾子，姓曾，名参，字子舆，生于公元前505年，鲁国人，是孔子的得意门生，以孝子出名。据说《孝经》就是他撰写的。三省吾身，说明儒家知识分子对于自身道德修养的重视。增强道德自律也正是廉政文化建设的重要途径之一。

商业贿赂

经营者为排斥竞争对手或争取交易机会，暗中给予对方有关人员和能够影响交易的其他相关人员以财物或其他好处的不正当竞争行为。行贿者的动机是谋取商业利益，因此与其他贿赂行为相区别。根据《联合国反腐败公约》，它又是一种腐败行为。关于商业贿赂，中国《反不正当竞争法》第8条规定，经营者在账外暗中给予对方单位或者个人回扣的，以行贿论处；对方单位或者个人在账外暗中收受回扣的，以受贿论处。此外，《关于禁止商业贿赂行为的暂行规定》也对相关行为进行了界定，并规定了处罚方式。

商业信誉

社会公众对某一经营者的经济能力、信用状况等所给予的社会综合评价。是商品经济运行的根本基石。主要表现在企业与供应商之间及时结算货款，经营者与消费者之间言而有信、货真价实、童叟无欺。特点为：（一）无形性，商业信誉是一种观念形态；（二）积累性，是在长期商业活动中逐渐积累起来的；（三）依附性，是依附于企业整体的，不能独立存在；（四）相对性，是就某一商业主体与其他同行相比较而言的。

上梁不正，下梁歪

原意是指上梁安放不正，就会影响整个房屋结构，下梁自然也不正了。后比喻起主要作用的领导或长辈做事违背法律和道德准则，其余的人就会跟着这样做。在廉政思想中，强调领导人应以身作则，做好表率，己身不正，势必不能正人。

上有政策，下有对策

一些地方政府对待上级政策采取实用主义的态度，与己有利的就执行，不利的就不执行或者变相执行的行为。也被称为“遇到红灯绕着走”。这是一种不正确的态度和做法，不利于党和国家各项工作的顺利开展。为了保证党中央的政令通畅，中央提出，必须认真贯彻民主集中制，反对“上有政策，下有对策”，以保证党的路线方针政策的贯彻执行。

烧车御史

清朝乾隆时的御史谢振定不畏权贵。而宰相和珅位高权重，气焰嚣张。当时他宠信的家奴经常坐他的车子外出，人们都纷纷躲避，不敢指责。有一次御史谢振定在巡城时遇到这种事情，大怒，命手下将家奴拉下车，施以鞭刑。和珅家奴喊：我坐我主人宰相的车，你怎敢打我？谢振定怒烧和珅之车，说：这车丞相如何再坐了？街道两边，人们聚集观看，欢呼：这真是好御史。和珅因此怀恨在心，事后找借口罢免了谢振定。

少私寡欲

减少私心，去除贪欲。语出《老子》第十九章：“故另有所属，见素抱朴，少私寡欲。”另见于《庄子・山木》：“南越有邑焉，名为建德之国，其民愚而朴，少私而寡欲。”“见素抱朴、绝学无忧、少私寡欲”是老子提出的治国的三项具体措施。在廉政思想中，少私寡欲要求领导干部坚持为人民服务的宗旨，以人民利益为出发点，不能为个人利益而损害公共利益。

舍生取义

为了正义而牺牲生命。语出《孟子・告子上》：“生，亦我所欲也，义，亦我所欲也。二者不可得兼，舍生而取义者也。”原意为，生命，是我所要的，正义，也是我所要的，二者不能同时都得到，就选择正义而舍去生命。体现了儒家为实现崇高的道德价值理想，而不惜舍弃生命的精神。这种价值观是廉政文化建设中的重要内容。

社会服务承诺制

承担社会服务职能的行业、部门和单位，公开服务内容、标准、程序、时限和责任，并设立监督机构和举报电话，明确赔偿责任的制度。一个国家构建服务型政府的途径之一，中国社会服务承诺制在借鉴英国社会服务承诺制之后，经过实践检验形成中国社会服务承诺制，并在一定程度上取得了广泛的社会效应。但此制度还有需进一步完善之处，以提升政府公信力，提高社会公众的满意度。

社会公德

简称“公德”。在人类长期社会实践中逐渐积累形成的、社会生活中最简单、最起码、最普通的道德准则。社会公德内容非常丰富，涉及社会生活的方方面面，需要社会的每个成员共同遵守，是人们共同生活及行为的准则和规范，对维系社会公共生活和调整人与人之间的关系具有重要作用。

社会监督

由公民、法人或其他组织对行政机关及其工作人员的行政行为进行的一种没有法律效力的监督，如社会舆论监督、新闻媒体监督、信访、申诉等。是一种非国家性质的监督，主要方式是对公共权力运行及其结果提出批评建议和控告检举等。一般不产生法律后果，也不具有法律上的强制性。社会监督是国家监督的重要来源和重要补充，体现了人民直接参加国家管理、行使当家作主的权利，可以使公共权力的运行建立在广泛的群众基础之上。完善的社会监督对预防腐败、揭露腐败、加强廉政建设意义重大。完善的社会监督应建立健全社会监督网络，形成完善的社会监督工作机制。具体包括公众监督，即公民通过批评、建议、检举、揭发、申诉、控告等基本方式对公共权力行使行为的合法性与合理性进行监督；社会团体监督，即各种社会组织和利益集团对国家机关和公职人员的监督；法律监督，实质是社会主体以贯彻法律为目的对其他主体行为所进行的干预；舆论监督，即社会利用各种传播媒介，采取多种形式，表达和传导有一定倾向的议论、意见及看法，以实现对公共权力运行中偏差行为的矫正和制约。

社会利益

与"个人利益"相对。一定时空范围内的社会全体成员，在一定社会物质生活条件下，基于一定的社会目标而对诸种社会要素和社会状态的共同需要所体现的利益形态。社会利益是广泛个体利益的集中体现，是具体的、独立的利益形态。

社会契约

亦称"社会契约论"。西方政治思想史中用契约关系解释社会和国家起源的政治哲学理论。是16世纪以来在西方乃至全世界都极具影响的一种国家学说，它的兴起与西方的契约文化传统、社会变革，特别是与资本主义上升时期日益发展的契约经济有着密切联系。大量增加的契约现象不仅是可供构建新型社会关系和社会组织借用的理论资源，而且为人们普遍认同以契约来解说各种关系（其中包括国家）创造了一个社会接受条件。社会契约论以把社会和国家看作人们之间订立契约的结果，来说明政治权威、政治权利和政治义务的来源、范围和条件等问题。一般认为，契约分两种：社会据以成立的契约称为社会契约，政治机构或政治权威据以确立的契约称为政府契约。

社会舆论

社会意识形态的特殊表现形式。相当数量的公民对某一问题的共同倾向性看法或意见。是多数人整体知觉和共同意志的外化，也是社会监督的重要形式和途径。社会舆论具有静态特征和动态特征，静态特征包括公众性、公开性、指向性、评价性、集合性和表层性等，动态特征包括自发性、灵敏性、流动性、惯性和实践意向性等。随着传播工具现代化，社会舆论的影响和作用越来越大，既可促进社会的稳定和发展，又可影响政治的稳定和政权的巩固。

社会主义和谐社会

民主法治、公平正义、诚信友爱、充满活力、安定有序、人与自然和谐相处的社会。是人类孜孜以求的一种美好社会，是马克思主义政党不懈追求的一种社会理想。中共十六大报告第一次将“社会更加和谐”作为重要目标提出。中共十六届四中全会，进一步提出构建社会主义和谐社会的任务。构建和谐社会的总体目标是，扩大社会中间层，减少低收入和贫困群体，理顺收入分配秩序，严厉打击腐败和非法致富，加大政府转移支付的力度，把扩大就业作为发展的重要目标，努力改善社会关系和劳动关系，正确处理新形势下的各种社会矛盾，建立一个更加幸福、公正、和谐、节约和充满活力的全面小康社会。

社会主义核心价值观

指社会主义社会人们的价值共识和价值追求，是兴国之魂和立国之本。它是社会主义核心价值体系的内核，体现社会主义核心价值体系的根本性质和基本特征，反映社会主义核心价值体系的丰富内涵和实践要求，是社会主义核心价值体系的高度凝练和集中表达。党的十八大提出，倡导富强、民主、文明、和谐，倡导自由、平等、公正、法治，倡导爱国、敬定、诚信、友善，积极培育和践行社会主义核心价值观。富强、民主、文明、和谐是国家层面的价值目标，自由、平等、公正、法治是社会层面的价值取向，爱国、敬业、诚信、友善是公民个人层面的价值准则，这24个字是社会主义核心价值观的基本内容。

社会主义精神文明

社会主义条件下人们在改造客观世界和主观世界过程中，精神生产和精神生活发展的成果。这一概念最早是1979年10月1日叶剑英在庆祝中华人民共和国成立30周年大会上的讲话中提出的。叶剑英在讲话中说，“我们要在建设高度物质文明的同时，提高全民的教育科学文化水平和健康水平，树立崇高的革命理想和革命道德风尚，发展高尚的丰富多彩的文化生活，建设高度社会主义精神文明。这些都是我们社会主义现代化的重要目标，也是实现四个现代化的必要条件。”1980年12月20日召开的中央工作会议，把精神文明建设列为重要议题进行了研究、讨论。社会主义精神文明以马克思主义为指导，它的发展需要物质文明提供物质条件和实践经验，同时又为物质文明的发展提供精神动力、智力支持和思想保证。社会主义精神文明是社会主义社会的重要特征，是具有中国特色的社会主义社会不可缺少的重要方面。在全党把工作重点转移到现代化建设上来后，中共中央曾郑重指出：在建设高度物质文明同时，一定要努力建设高度的社会主义精神文明。这是建设社会主义的一个战略方针。

社会主义荣辱观

2006年3月4日，胡锦涛同志在参加全国政协十届四次会议民盟、民进界委员联组讨论时提出，要正确地引导广大干部群众特别是青少年树立“以热爱祖国为荣、以危害祖国为耻，以服务人民为荣、以背离人民为耻，以崇尚科学为荣、以愚昧无知为耻，以辛勤劳动为荣、以好逸恶劳为耻，以团结互助为荣、以损人利己为耻，以诚实守信为荣、以见利忘义为耻，以遵纪守法为荣、以违法乱纪为耻，以艰苦奋斗为荣、以骄奢淫逸为耻”的社会主义荣辱观。社会主义荣辱观，要求积极探索把民族精神和时代精神全面融入经济、政治、文化、社会建设各个方面的有效途径和办法，使党员、干部和广大群众始终保持昂扬向上、开拓进取的精神状态。胡锦涛同志的重要论述概括精辟，内涵深邃，具有很强的民族性、时代性和实践性，体现中华民族传统美德与时代精神的有机结合，体现社会主义基本道德规范和社会风尚的本质要求，体现了社会主义价值观的鲜明导向，对推动形成良好社会风气，构建社会主义和谐社会具有重要意义。

沈葆桢

沈葆桢（1820～1879年）清福建省侯官县（今福州）人，字幼丹，又字瀚宇。“同治中兴”时洋务运动的重要人物之一，曾任总理船政大臣及南洋大臣。著有《居官圭臬》。圭臬，即标准，法度。居官圭臬，即做官的标准、法度。这是沈葆桢针对当时官场上的弊政，收录历朝历代名臣的格言议论而整理编著的。它从古今治乱得失的高度，提出吏治的重要性和道德准则、法律原则。他认为：“官之法，惟有三事，曰清，曰慎，曰勤。”在实践中，他本人正是以此为准则，为官32年，始终勤政亲民，廉洁奉公，最终病逝在两江总督兼南洋大臣任上。沈葆桢死后除了几间旧房外，田无一亩，家无长物，是当时官场上少有的清官。

审计制度

对会计人员所做会计记录，应用科学方法进行系统审核，查明部门、单位或企业的经营和财务状况，在此基础上提出审计报告，作出客观公正评价的制度。1982年颁布的《中华人民共和国宪法》，对审计制度有明确规定：国务院设立中华人民共和国审计署；省、自治区、直辖市人民政府，自治州、市人民政府，县（市）、市辖区人民政府，设立审计局。中央审计署审计长根据国务院总理提名，由全国人民代表大会任免，在全国人大闭会期间，由全国人大常委会任免。地方各级审计局局长，由本级人民代表大会常务委员会任免。审计机关的主要任务是：对政府各部门、地方各级人民政府的财政收支，对国家财政金融机构和企业、事业组织的财政收支，进行审计监督。地方各级审计机关，依法独立行使审计监督权，对本级人民政府和上一级审计机关负责。

生死观

人们对生与死的根本看法和态度。不同的人生观，对生与死有不同的价值评价，从而形成不同的生死观。在中国历史上，思想家对生死问题提出了许多有借鉴意义的看法。孔子谓“杀身成仁”，孟子曰“舍生取义”，司马迁认为“人固有一死，死有重于泰山，或轻于鸿毛”。中国共产党人在争取民族解放和进行社会主义建设的实践中，形成了革命英雄主义的生死观。毛泽东在张思德同志的追悼会上明确指出：“人固有一死，或重于泰山，或轻于鸿毛。为人民利益而死，就比泰山还重；替法西斯卖力，替剥削人民和压迫人民的人去死，就比鸿毛还轻。”

省察克治

明代著名思想家王阳明提出的修身方法。通过自我的反省检查以发现和找出自己思想和行为中的不良倾向，坏的念头、毛病和习惯，并克服这些不符合道德要求的思想行为。省察克治作为中国传统知识分子的修身方法对于当前干部的道德修养和廉政文化教育具有重要借鉴作用。

失　察

原意为疏于督察。按清制，属吏有罪，上官未及时发觉者，例得失察处分。

今之失察指在所负的检查监督责任上有疏忽，而没有察觉错误。如用人失察是指将没有能力完成某项任务的人派到该岗位上，导致出现重大问题，给组织带来重大损失，或是没有尽责地对下属的工作进行监督培训，造成重大问题。

失 职

原意为怠忽职守，未尽职责，现指工作人员对本职工作不认真负责，未依照规定履行自己的职务，致使本单位或服务对象造成损失的行为。失职也可以构成犯罪，相关罪名有国家机关工作人员签订、履行合同失职罪、环境监管失职罪、传染病防治失职罪、商检失职罪、动植物检疫失职罪、失职造成珍贵文物损毁、流失罪等。如行为人是国家机关工作人员或国有企业工作人员时，失职造成严重损失的构成渎职犯罪。

实名举报

举报人使用自己的真实姓名，通过来信、来访、电话、传真、电子邮件等形式，向纪检监察机关检举、控告党员领导干部及行政监察对象违纪违法问题的行为。《行政监察法修正案（草案）》第六条规定，监察机关依法受理举报，对实名举报的予以回复；对举报事项、受理举报情况以及与举报人相关的信息予以保密，保护举报人的合法权益。

实事求是

原本指一种严谨的治学态度和方法。最初出现于东汉史学家班固撰写的《汉书·河间献王传》，讲西汉景帝第三子河间献王刘德“修学好古，实事求是”。延安时期，毛泽东在总结中国共产党的历史经验教训时，借用中国古典，提出了“实事求是”的口号，这一口号后来被作为党的思想路线的概括表述。“实事”就是客观存在着的一切事物，“是”就是客观事物的内部联系，即规律性，“求”就是我们去研究，即从实际对象出发，探求事物的内部联系及其发展的规律性，认识事物的本质，并按照事物的实际情况办事。

事前监督

在某种公共活动开展之前，监督部门围绕公共活动主体的公共行为进行的监督检查。事前监督对于预防腐败行为的发生、全面推进廉政建设有着十分重要的作用和意义。

事业观

对事业的根本看法和对工作的根本态度，是人生观的重要组成部分。树立正确的事业观，保持良好的精神状态，拥有积极进取的事业心和责任感，是我党对广大党员干部特别是对党员领导干部的起码要求，是我们做好各项工作的基本保障。

收支两条线

收入和支出不能互相抵扣，要完全在不同的两个账户上体现的资金管理模式。具体而言指具有收费和罚款没收职能的部门和单位，根据国家法律、法规和规章应收取的行政事业性收费（基金、附加）和罚没收入，按规定委托指定代收银行代收代缴或由执收执罚单位直接收取并全额上缴国库或预算外资金财政专户；部门和单位的人员经费、公用经费和办公所需的特殊经费等支出，由财政部门根据实际情况纳入本级综合财政预算统筹安排。

首问责任制

服务对象（单位或群众）来电话或来访时，由所问到的第一位工作人员负责接待，对询问事项负责办理或协助办理的责任制度。要求首问责任人对群众提出的问题或要求，无论是否是自己职责（权）范围内的事，都要给群众一个满意的答复。对职责（权）范围内的事，如果手续完备，首问责任人要在规定的时限内予以办结；若手续不完备，应一次性告之其办事机关的全部办理要求和所需的文书材料，不要让群众多跑或白跑。对非自己职责（权）范围内的事，首问责任人也要热情接待，并根据群众来访事由，负责引导该人到相应部门，让来访群众方便、快捷地找到经办人员并及时办事。对不遵守首问责任制，造成不良影响的，要给予相应处理。首问责任人没有做到首问责任要求尚未造成不良后果的，予以谈话告诫；首问责任人接待推诿或刁难群众产生不良后果的，一经查实，给予批评教育，情节严重、影响恶劣的，给予当年考核不称职或直至纪律处分。

受贿罪

国家工作人员利用职务上的便利，索取他人财物，或者非法收受他人财物，为他人谋取利益的行为。国家工作人员在经济往来中，违反国家规定，收受各种名义的回扣、手续费，归个人所有的；或利用本人职权或者地位形成的便利条件，通过其他国家工作人员职务上的行为，为请托人谋取不正当利益，索取请托人财物或者收受请托人财物的，以受贿论处。受贿罪的主体为特殊主体，即国家工作人员，受贿罪客体是指国家工作人员的职务廉洁性。索取或者收受他人财物的故意，利用职务上的便利为他人谋取利益的故意，是受贿罪在主观方面必须具备的双重故意，缺一不可。受贿罪客观方面就是利用本人职务范围内的权力。

述职述廉制度

领导干部结合本年度工作进行德、能、勤、绩的工作述职，总结并汇报领导干部开展党风廉政建设和廉洁自律情况的制度。2004年纳入《中国共产党党内监督条例》，是中国共产党党内监督的一项制度，是针对领导机关、领导干部进行民主监督的一项新措施，对于加强和改进党内监督具有十分重要的意义。通过述职述廉制度，领导干部向群众报告自己的工作，接受群众的监督、批评和建议，从思想深处认识到自己的权力来自于人民群众，为人民谋利益是工作职责所在，有利于增强自我约束力，把一些干部的违纪违法问题解决在萌芽状态，起到将反腐败关口向前推移的作用。

双 规

亦称“两规”。在查处党内案件时，要求有关人员在规定的时间、规定的地点就案件所涉及的问题作出说明。《中国共产党纪律检查机关案件检查工作条例》对此做出规定。“双规”的适用范围为：对已经掌握了涉嫌违纪党员的一些严重违纪事实及证据，具备了给予其纪律处分的条件，但仍有重要问题需要使用“双规”措施深入调查的；涉嫌违纪的党员有串通、逃匿的嫌疑，或者可能有隐匿、销毁证据以及其他妨碍案件调查的行为的；在查处大案要案中，重要涉案人中的党员不如实提供情况或者有其他严重妨碍案件调查的行为的，纪检机关有权要求有关人员在规定的时间、地点就案件所涉及的问题做出说明，但是不得对其实行拘禁和变相拘禁。实践证明，正确采用这项措施对突破案件具有十分重要的作用，应当继续依法依纪采用。

水门事件

发生在华盛顿水门大厦的美国历史上的政治丑闻之一。1972年的总统大选中，为了取得民主党内部竞选策略的情报，6月17日，以美国共和党尼克松竞选班子的首席安全顾问詹姆斯·麦科德为首的5名人员潜入位于华盛顿水门大厦的民主党全国委员会办公室，在安装窃听器并偷拍有关文件时，当场被捕。由于此事，尼克松于1974年8月8日宣布辞职，成为美国历史上首位辞职的总统。水门事件对美国历史以及整个国际新闻界都有着长远的影响，之后，每当国家领导人遭遇执政危机或执政丑闻时，便通常会被国际新闻界冠之以“门”（gate）的名称，如“伊朗门”“拉链门”“虐囚门”等。

司法独立

主张司法权必须同行政权和立法权分立，非经司法机关，非经正当司法程序，不得剥夺任何人的生命、自由和财产的原则。是西方国家司法制度的一大特点，包括两个层面：（一）观念层面，司法机关应当形成自己的职业化观念，保证法官在类似的案件中有可能作出类似的客观的而非纯个人的判断；（二）制度层面，要求司法人员能按自己的观念和规则办事。具体内容包括：司法权由司法机关（法院）统一行使，不受行政机关和立法机关干预；公民个人或非国家机关的社会团体更不能干预；司法系统内部相互独立，即一个司法机关的司法活动不受另一个司法机关的干预；上级法院除依上诉程序、调卷令等有关程序对下级法院的审判行为予以监督外，不得干预下级法院的审判；法官独立审判，只服从法律，一个法院内部不存在上下级服从关系。

司法公正

在司法活动的过程和结果中体现公平、平等、正当、正义的精神。其主体是以法官为主的司法人员，对象包括各类案件的本人及其他诉讼参与人。司法公正是司法权运作过程中各种因素达到的理想状态，是现代社会政治民主、进步的重要标志，也是现代国家经济发展和社会稳定的重要保证。包括实体公正和程序公正，前者是司法公正的根本目标，后者是司法公正的重要保障。

司法监督

包括广义和狭义两种含义。广义上的司法监督，是指监督主体依照宪法和法律的规定，对司法机关及其工作人员实施法律的情况进行的监督。狭义上的司法监督是指司法机关即人民法院和人民检察院依法对行政机关及其工作人员实施法律的情况进行的监督，在此意义上，中国的司法监督机关是人民法院和人民检察院。

司隶校尉

西汉、东汉、曹魏和西晋等朝代中的一种监察官职，其职责本在于监督朝内的大臣与皇亲国戚，以及京都附近的京兆尹、左冯翊、右扶风、河东、河南、河内和弘农七个郡的官员。司隶校尉的职权范围与刺史相似，不过刺史是监督地方上的官员，而司隶校尉是监督中央的官员，因此在地位上比刺史要高。

司　直

中国古代监察类官职，汉朝为丞相属官，汉武帝元狩五年（前118）开始设置。官秩比二千石，协助丞相纠举不法。北魏到唐朝的司直作为廷尉或大理寺的属官，从六品上，主管出使推按。唐代在太子属官中也有司直，正七品上，察纠弹劾东宫的官员，相当于朝廷中侍御史的地位。宋朝以后，废除司直。

私分国有资产罪

国家机关、国有公司、企业、事业单位、人民团体，违反国家规定，以单位名义将国有资产集体私分给个人，数额较大的行为。本罪主体是国家机关、国有公司、企业、事业单位、人民团体。本罪是单位犯罪，但根据法律规定只处罚对私分国有资产直接负责的主管人员和其他直接责任人员。本罪在主观方面是直接故意犯罪。行为须有明知是国有资产而故意违反国家规定，将其集体私分给个人的确定故意。本罪所侵犯的直接客体是国有资产的管理制度及其所有权。私分国有资产数额较大的，对其直接负责的主管人员和其他直接责任人员，处三年以下有期徒刑或者拘役，并处或者单处罚金；数额巨大的，处三年以上七年以下有期徒刑，并处罚金。

私有观念

认为生产资料归私人占有的意识。按照马克思主义的观点，私有观念不是一开始就有的，它是随着历史的发展而逐渐出现的。在私有观念的支配下，不同的利益集团形成不同的阶级，为了维护经济上的利益，居优势的集团往往成为政治上的统治阶级。不同政治力量的斗争和博弈，归根到底是为了获得或维护经济上的利益。马克思主义认为，私有制和私有观念是一切纷争的起源，因而建构新的社会，必须废除私有制，建立公有制，逐渐消除私有观念，培养大公无私、一心为集体的公有制观念和共产主义意识。

死刑存废之争

国际范围内对于犯罪活动是否适用最高刑罚死刑的争论。一种观点主张死刑应完全废除，一种观点提出只是特别的情况、特定的犯罪才适用死刑，还有的观点主张不论什么领域只要达到了法律规定的限度就应适用死刑。有学者认为对人进行惩罚的目的是为了让人悔罪，改过自新，而死刑则彻底从肉体上消灭了个体的存在，断绝了人悔改的机会，因而与刑罚的初衷是相违背的；还有学者提出社会公共权力的产生不过是人们为了维护自身利益而做出的一种让渡，因而人们不可能把自己最珍贵的生命权也交给别人来处置。对于什么情况下适用死刑，有学者主张只有对社会直接造成重大影响的暴力犯罪如抢劫、杀人等才可适用死刑，以避免这种行为直接剥夺其他人生命的权力。对于非暴力的犯罪如贪污受贿等不适用死刑。当前中国同样面临着类似的争论。有学者主张在特定领域如经济领域的职务犯罪因其没有直接的暴力威胁，不应适用死刑，但这种观点被指责是为官员犯罪提供免死金牌，维护官员的特权。在职务犯罪日益蔓延的情况下，没有死刑就不足以产生足够的震慑效果。死刑在当前还存在着理论界和现实生活之间的矛盾，众多的学者从趋势及情理上主张废除死刑，但民众则从当下境遇和情感上反对废除死刑。

“四清”运动

1963～1966年上半年在部分农村和少数城市基层开展的社会主义教育运动。最初发源于河北省保定地区，根据实际工作中存在的经济混乱问题，提出了以清经济为主的“清财务，清账目，清仓库，清工分”的四清，有人称之为“小四清”。1964年5月，在中央工作会议上，由于指导思想上“左”的错误发展，有人提出了应以清政治为主的“清政治、清经济、清组织、清思想”的四清，有人又称之为“大四清”。1965年1月，中共中央发出的《农村社会主义教育运动中目前提出的一些问题》，即二十三条中，明确统一提法，城市的“五反”运动和乡村的社会主义教育运动，今后一律简称“四清”，即“清政治、清经济、清组织、清思想”的四清运动。历时三年之久的“四清”运动，实际上是一次全国范围内的群众性整党运动，在解决干部作风和经济管理等方面的问题起了一定作用。

苏哈托家族式腐败

身居要位的官员家族全部或大部分成员依仗权势进行侵吞国家、社会财富的腐败现象。是一种重要官员亲属窝案、家族犯罪的现象。因印度尼西亚前总统苏哈托在任的1967～1998年，其本人及家族成员聚敛了巨额财富而得名。2004年度透明国际公布的年度全球腐败报告中，苏哈托以挪用公款150亿至350亿美元名列榜首，而当时印尼的人均国内生产总值只有695美元。

T

他 律

与“自律”相对。接受他人约束、检查和监督。是指个体的行为完全受自身以外的价值标准所支配，而不受制于意志的作用。最早为瑞士心理学家皮亚杰描述儿童道德判断发展时所用的术语。他认为儿童早期的道德判断是根据外在道德标准，只注意行为的客观后果而不关心主观的动机。在廉政文化建设中，应着重促进领导干部的廉洁自律与他律，创造一个良好的环境，最后达到廉洁自觉的境界。

泰国反腐委员会

泰国设立的法定反腐败独立机构。成立于1999年，由委员会主任及其他8名委员组成，成员由独立的临时遴选委员会提名、参议院确定、国王任命，对参议院负责，拥有广泛的调查权和独立的公诉权。2006年9月，泰国反腐委员会调查他信政府的腐败行为，并被授权没收腐败官员的非法所得，在泰国的反腐败建设中发挥了重要作用。

贪 污

国家工作人员利用职务上的便利，侵吞、窃取、骗取或者以其他手段非法占有公共财物的行为。所谓“侵吞”是指利用职务上的便利，将自己主管、经手的公共财物非法占为己有的行为。所谓“窃取”是指利用职务上的便利，用秘密获取的方法，将自己主管、经手的公共财物占为己有的行为。所谓“骗取”是指利用职务上的便利，使用欺骗的方法，非法占有公共财物的行为。而“其他手段”则是指侵吞、窃取、骗取以外的利用职务上的便利非法占有公共财物的手段。贪污可以构成犯罪。

贪污罪

国家工作人员和受国家机关、国有公司、企业、事业单位、人民团体委托管理、经营国有财产的人员，利用职务上的便利，侵吞、窃取、骗取或者以其他手段非法占有公共财物的罪行。构成贪污罪应具备以下条件：犯罪主体必须是国家工作人员；侵犯的客体是公共财物的所有权；其主观方面必须出自直接故意，并具有非法占有公共财物的目的；在客观方面表现为利用职务之便，侵吞、窃取、骗取或者以其他手段非法占有公共财物的行为，这是贪污罪区别于盗窃、诈骗、抢夺等侵犯财产罪的重要特征。

摊 派

按比例分配，由众人或使众人分担捐款、任务等。一般不是自愿的，有强制意味。在法律上，摊派是指在法律、法规的规定之外，以任何形式要求企事业单位和个人提供财务、物力和人力的行为。如《禁止向企业摊派暂行条例》确认，摊派是指在法律、法规的规定之外，以任何形式要求企业提供财务、物力和人力的行为。

炭 敬

明清时期的一种官场陋习。每到冬季，各地官员以为京官购置取暖木炭为名，给京官的“孝敬”。相对于冰敬，炭敬等级较低。晚清思想家冯桂芬说：“大小京官，莫不仰给于外官之别敬、炭敬、冰敬。”炭敬的金额不一，但最低额度是八两。炭敬的金额有其特别名目，例如四十两银子称“四十贤人”，三百两称“毛诗一部”，一千两银子称是“千佛名经”。“炭敬”后成为冬季行贿的别称。

汤 斌

汤斌（1627～1687年），清代河南睢州（今睢县）人，字孔伯，号潜庵。顺治进士。曾任江宁巡抚。任职期间鱼肉荤腥概不入衙署，每日只买三块豆腐做菜肴，平日常穿一件破羊裘。人称“豆腐汤”“羊裘公”。一生清正廉明，是程朱理学的实践者。汤斌为官一生，除了著书立说，发展理学学说外，几乎所有精力都集中在河务和漕运的治理上，并注意为百姓减轻负担，兴利除害，去世时，身上仅有俸银8两，连置办棺材的钱都是由朋友赞助，真正可谓是一代清官。

糖衣炮弹

用糖衣裹着的炮弹。糖衣是指包在药物外面的一层甜味的薄膜，比喻经过巧妙伪装使人乐于接受的进攻性手段或工具，进一步地是指敌人、不法的分子或用心不良者为达到某种不可告人的目的而采取的表面上易让人乐于接受而实际上却暗藏险恶的一种手段或事物。该比喻出自陈登科《风雷》第一部第49章："不要中了敌人的糖衣炮弹，被人家拉过去。"毛泽东在《中国共产党第七届中央委员会第二次会议上的报告》中指出："可能有着一些共产党人，他们是不曾被拿枪的敌人征服过的，他们在这些敌人面前不愧英雄的称号；但是经不起人们用糖衣裹着的炮弹的攻击，他们在糖衣炮弹面前要打败仗。我们必须预防这种情况。"意在警告党内某些思想松懈、意志薄弱的人要加强警惕、提高认识，以避免被敌人用隐藏的手法拉拢和侵害。当前在廉政建设中，更要提醒领导干部警惕不法分子的糖衣炮弹，自觉遵守廉洁自律各项规定。

特 权

主体在政治、经济等方面享有法律和制度之外的权利。出自孙中山《解决中国问题之方法》："袁世凯有意承认日本这些特权，作为日本帮袁世凯做中国皇帝的代价。"在社会主义社会，由于旧社会遗留下来的影响，仍然存在着某些领导干部搞特权的现象。特权在思想认知领域可以表现为一种思想、观念，以特权思想为基础可以形成一种特殊的社会关系，即特权关系。特权思想、特权关系渗入社会生活，即表象为特权的社会化。

体系化反腐

通过立法完善民众监督的途径，完善对官员的考核机制，完善反腐败的领导机制，全方位地进行反腐工作的方式。体系化反腐这一理念，见于《联合国反腐败公约》。它指在反腐倡廉建设中要解决两个方面的问题，即建构反对腐败的法律制度和从源头上进行反腐败。2005年1月中央提出制定《建立健全教育、制度、监督并重的惩治和预防腐败体系实施纲要》，在制度方面，根据制度的层次和作用范围，归纳为基本制度和从源头上治理腐败制度两大类型。基本制度部分包括“四个完善”。源头治理制度部分包括“六项改革”“三个公开”和“四个规范”。同时，强调提高制度建设的质量和水平，实现制度建设的与时俱进。在监督方面，从监督对象、重点环节和重点部位及监督主体等方面提出了许多重要措施。2012年11月的十八大提出，要通过系统化反腐做到干部清正、政府清廉、政治清明。

天网恢恢，疏而不漏

天道，像个宽广的大网，它看起来很稀疏，但决不会放过作恶的坏人。现常用以形容作恶者逃脱不了惩处，正义终将得以伸张。语出《老子》：“天网恢恢，疏而不失。”在教育中，要使领导干部明白，隐藏得再深的腐败分子终有一天会被发现，不能心存侥幸，以身试法。要建立健全责任明确、制度完善、制约有效的廉政风险防范体系，真正做到“天网恢恢，疏而不漏”。

天下为公

中国古代的一种社会理想和道德理想。原意是天下是公众的，天子之位，传贤而不传子，后成为一种美好社会的政治理想。语出《礼记·礼运》：“大道之行也，天下为公。”汉朝以后，君主世袭专制政体定型，天下为公很少再被提及。国人对“天下为公”这四个字，因孙中山的推崇而非常熟悉。天下为公，是中华民族传统美德的重要规范。既是个人修养之要，也是社会公德的最高原则。它所要求的是关心他人、扶危济困；追求平等、公正，视公共利益高于一切。

听 证

行政机关在立法或作出重大决策之前，为维护各方相关的利益，听取各相关方提出具有证据性质的意见的行为。行政机关在立法或作出重大决策之前，利害关系方要求举行听证会，应向有关机关提出书面申请，有关机关在法定期内决定是否举行听证会。各利害关系方可以派代表参加。建立听证制度有利于政府行为的法治化，防止行政机关利用垄断地位谋取不正当的部门利益，也有利于双向沟通、民主参与，消除因信息不对称造成的不信任。

同官避亲

有亲属关系的官员，京官不得在同一衙门、外官不得在同一地区任职。明太祖朱元璋为了有效惩治贪官污吏，防止新官腐败堕落而实行的一项改革。

透明国际

一个非政府、非盈利、国际性的民间组织，以推动全球反腐败运动为己任，现已成为对腐败问题研究得最权威、最全面和最准确的国际性非政府组织。1993年由德国人彼得·艾根创办，总部设在德国柏林，已在90多个国家成立了分会。透明国际成立以来所做的主要工作有：主持或参与国际性或地区性反腐败会议，推动各国支部的成立；出版大量有关反腐败的读物，定期出版《透明国际通讯》等刊物；建立维护自己的网站，及时发布有关反腐败的信息；最为著名的是，每年对各国腐败状况进行一次评价，并将各国按照腐败严重程度进行排名，公布评价结果，现已在全世界产生了较大影响。

W

网络反腐

互联网时代产生的群众监督新形式，通过网络技术及所引起的社会舆论效应对执政行为与权力进行监督，对反腐倡廉建设进行宣传，从而达到有效预防、遏制、惩戒腐败行为的效果。由于网络具有信息传递迅速、信息量大、受众面广等特点，并且集文字、声音和图像于一体，在廉洁教育的推广上有传统媒体无法比拟的特殊优势，越来越受到全社会的关注。2005年中共中央颁布的《建立健全教育、制度、监督并重的惩治和预防腐败体系实施纲要》中强调："加强反腐倡廉网络宣传教育，开设反腐倡廉网页、专栏，正确引导网上舆论。"随着网络的普及，网络反腐成为传统的五大监督体系（党内监督、人大监督、政协监督、群众监督和新闻监督）中群众监督的一种重要形式，成为反腐倡廉建设不可或缺的重要平台。然而，网络是把双刃剑，网络反腐也存在侵犯隐私、恶性攻击等漏洞，需要加强引导，规范管理。

网络监督

政府或公众通过互联网关注、了解某一事件，提供信息或介入支持，使该事件在公开、公正、公平的条件下得到圆满解决的方式。这已成为社会开放与文明进步的重要标志，是新时期信息化浪潮迅速推进以及公众主人翁意识高度觉醒综合作用的结果。网络监督的对象是权力人物以及权力运行。和传统媒体监督相比，网络监督具有全时性、及时性、平等性、便捷性、高效性等特点。群众的知情权、参与权、表达权和监督权在网络监督过程中得到很大程度的实现。

网络民意

借助或通过网络这一信息平台反映、表达出来的社会公众思想、舆论趋向和导向。网络民意并不是单纯地指网络上的各种话语，而是需以特定的事件或话题为目标，具备社会意义上的公共相关性，承担一定的公共责任。由于网络民意依赖于网络这一新的虚拟空间，其匿名性、平等性给予了人们表达公共意见的热情和便利，因而其参与主体较为多元化，表达的意见更为真实，议题也比较广泛。

网络群体性事件

在互联网上发生的有较多网民参与讨论的事件。由于网络的隐蔽性、快捷性，这种事件往往可以在很短时间内产生很大的影响。如2008年11月的“干部出国旅游清单”事件，仅“温州赴美考察团”一项，相关网页就高达八万多个。新浪网一条相关新闻的网页，网民评论就高达8098条。由此可见，这一事件的网上点击数至少在百万人次以上。在当前社会处于转型期背景下，人们对于公权力如何参与社会利益的调整非常敏感。如果出现与公职人员相关的负面新闻，很容易在互联网上引起热议，从而引发相关部门的关注，加快对事件的处理。除此之外，公众关心的话题还有很多，常会形成“一呼百万应”的局面，充分体现了公众的政治意识、参与意识正在不断提升。

为政者，不赏私劳，不罚私怨

执政者不应该给为自己做了私事的人好处，更不应该因为个人恩怨而公报私仇。也就是说处事要公平公正，不能因私废公。语出《左传·昭公五年》：“周任有言曰：‘为政者，不赏私劳，不罚私怨。’”周任，是周代的大夫，被认为是古之良吏，为官者之楷模。

违 法

违背法律、法令。构成要素包括：违法是一种危害社会的行为；违法必须有被侵犯的客体，即侵犯了法律所保护的社会关系与社会秩序，对社会造成了一定的危害；违法必须是行为者有故意或过失的行为，即行为人有主观方面的过错的行为；违法的主体必须是达到法定责任年龄和具有责任能力的自然人和依法设置的法人。违法按其性质和危害程度的不同，可分为刑事违法、民事违法和行政违法等。

违 纪

违反纪律。凡行为与纪律要求相抵触的，都属于“违纪”，或违反了行政法规，或违反了党纪党规，或违反了企事业单位的纪律，或违反了某种技术规则等。违纪行为要受到相应的纪律处分。

惟俭可以助廉，惟恕可以成德

只有俭朴才能铸成廉洁之风，只有宽恕可以成就好的德性。语出《宋史·范纯仁传》：“亲族有请教者，纯仁曰：‘惟俭可以助廉，惟恕可以成德。’”范纯仁，北宋大臣，范仲淹次子，人称“布衣宰相”。他处处以俭朴和忠恕教育子弟。

惟廉者能约己而爱人，贪者必瘦人以肥己

只有廉洁的人懂得如何约束自己而厚爱他人，贪污腐败之人必定是通过剥夺别人而获取私利。语出《明史·循吏传》：“惟廉者能约己而爱人，贪者必瘦人以肥己。”说出了廉洁之人和腐败者本质上的行为差异。

委托代理

通过特定契约，一个人或一批人（委托人）授权给另外一个人（代理人）为委托人的利益而从事某项活动。代理人按照委托人的委托行使代理权，代理人与相对人所为行为的后果由委托人承受。在中国，人民是国家的主人，是权力的所有者。公务员是人民权力的代理人，代表人民行使对国家进行管理的权力。人民的希望是整体和社会利益的最大化，而个别公务员所追求的是个人权益、福利、补贴等的最大化以及节假日、休闲时间的充裕等，而各种管理活动本身有其自身的复杂性、程序性、独特性和专业性，使人民也难以对其进行有效的监督，就可能导致公务员背离人民委托、愿望、要求的情况出现。

魏 徵

魏徵（580～643年），字玄成，唐代政治家。魏徵少年时贫困，隋末投奔瓦岗军，兵败后归唐。曾任谏议大夫、左光禄大夫，封郑国公，以直谏敢言

著称，是中国历史上最负盛名的谏臣，其言论多见《贞观政要》。贞观十七年（643）元月二十三日，魏徵病逝。太宗悲恸之极，谓侍臣："人以铜为镜，可以正衣冠，以古为镜，可以见兴替，以人为镜，可以知得失。魏徵没，朕亡一镜矣。"魏徵敢于直谏和唐太宗李世民善于纳谏是中国政治史上的佳话，也是贞观之治形成的重要原因。

文　风

文章所体现的思想作风，或文章写作中某种倾向性的社会风气及作者语言运用的综合反映。具有时代性、民族性的特征，是社会上带有普遍性和倾向性的现象。1942年2月，毛泽东在中共中央党校开学典礼上所作的《整顿党的作风》的演说中提出要整顿党的文风。在今天，我们仍然要注意摒弃教条主义的表现形式，注意反对党八股式的文风，继续保持和发扬生动活泼、新鲜有力的马克思主义的文风。

文山会海

形容公文堆积成山，会议多如海洋。意为行政事务太多，穷于应付，是人们对过多的文件和会议的一种讽刺性比喻。最早出现在1988年11月26日的《人民日报》上："机关干部解脱了文山会海之后，获得更多时间和精力，该是一件幸事。"要提高公职人员的工作效率、工作水平，摆脱文山会海的束缚是必要措施之一。

问　责

问责主体对其管辖范围内各级组织和成员承担责任和义务的履行情况，实施并要求其承担否定性后果的一种责任追究制度。问责制和权力是密不可分的，有权力就必然要负责任，只要在权力范围内出现某种事故，必须有人为此承担责任。特点为：（一）它区分了责任，是谁的责任由谁来承担；（二）它重点追问的是负有直接领导责任的领导者，即只是拿具体责任者问罪；（三）问责制问的是"责"，追究的是具体问题的具体过错，不问功劳苦劳，不搞将功抵过，是真正的赏罚分明。

无产阶级人生观

亦称“共产主义人生观”。无产阶级对人生的根本看法。无产阶级人生观的本质特征是全心全意为人民服务的思想。它要求人们在关于人生目的的认识上不是只图个人私利，而是致力于造福社会，完全、彻底地为人民服务。在个人与集体的关系上，在个人利益与人民利益的关系上，坚持人民的利益高于一切的观点。

勿以恶小而为之，勿以善小而不为

不要认为坏事小就去做，不要认为好事小就不去做。语出《三国志·蜀志·先主传》载先主遗诏敕后主曰：“勿以恶小而为之，勿以善小而不为。”刘备劝其子刘禅要进德修业，有所作为。好事要从小事做起，积小成大，也可成大事；坏事也要从小事开始防范，否则积少成多，也会坏了大事。因而不要因为好事小而不做，更不能因为不好的事小而去做。小善积多了就成为利天下的大善，而小恶积多了则“足以乱国家”。

物权制度

物权制度，是物权法所规定的有关物权的法律制度总称。物权是指权利人依法对特定的物享有直接支配和排他的权利，包括所有权、用益物权和担保物权。物权的特征在于，物权是权利人直接支配物并享有物的利益的权利，是排他物权，即物权人有权排除他人对自己行使物权的干涉。物权包括动产物权和不动产物权。物权受到侵害的，权利人可以通过和解、调解等途径解决，也可以向人民法院提起诉讼。

X

西柏坡精神

敢于斗争、敢于胜利的开拓进取精神；坚持依靠群众，坚持团结统一的民主精神；戒骄戒躁的谦虚精神、艰苦奋斗的创业精神。是毛泽东在西北坡召开的七届二中全会上提出的。中共中央在西北坡的时期，是中国革命的伟大历史转折时期，也是新民主主义革命过程中最成功、最辉煌的时期。党中央在西北坡时期的辉煌历史和成功经验，铸就了伟大的西北坡精神。这是一种代表历史性转折的革命精神，是中国无产阶级革命精神发展的新阶段，是井冈山精神、延安精神的延续和发展。西北坡精神博大精深，内涵丰富，鞭策共产党人面向未来，把中国特色社会主义事业不断推向前进。

西门豹

战国时魏国人。政治家及水利专家。魏文侯在位期间，担任邺令，任内破除了“河伯娶妇”的迷信习俗，又发动民众开凿了十二条运河，引河水灌溉民田。在发展农业生产的同时，还实行“寓兵于农、藏粮于民”的政策，很快就使邺城民富兵强，成为战国时期魏国的东北重镇。《韩非子》《论衡》《战国策》《淮南子》《说苑》等书都有西门豹的事迹。司马迁在《史记》中称赞他为“贤大夫”，褚少孙补《滑稽列传》称其“名闻天下，泽流后世”。

洗　钱

将非法所得的钱财（俗称“黑钱”）通过一定方式变为合法收入的行为。贿赂、走私、逃税、毒品交易等都会产生“黑钱”。为掩饰、隐瞒其来源和性质，采取提供资金账户、资金转移、存入境外银行、复杂的金融交易等手段，将黑钱“洗”得合法化。洗钱行为一般具有方式多样、过程复杂、对象特定及国际化等特征。从司法角度看，洗钱是一种“犯罪屏障”，既妨害了司法活动，也助长犯罪分子有恃无恐的气焰。从金融管理秩序角度看，洗钱活动不仅侵害了金融管理秩序而且也严重破坏了公平竞争规则，破坏了市场经济主体之间的自由竞争，从而对正常、稳定的经济秩序带来一定的负面影响。

厦门远华特大走私案

厦门远华集团从事走私犯罪活动的案件。其涉案金额之巨，办案时间之长，规模之大，案件涉及面之广，堪称中国第一经济大案。案件的主角是厦门远华集团董事长赖昌星。远华集团从事走私犯罪活动达五年之久，采取进口货物不报关、伪报贸易性质、伪报货物品名等手法走私成品油、植物油、汽车、香烟等货物总值人民币530亿元，偷逃税额人民币300亿元，合计造成国家损失830亿元。厦门走私集团，并以金钱、女色为手段，有预谋地拉拢腐蚀一批国家工作人员为其走私提供帮助和庇护。1999年4月，国家海关总署接到一封长达74页的检举信，检举揭发厦门远华走私犯罪集团利用各种手段走私500亿的大案，其中还涉及公安部原副部长李纪周等人的腐败问题。2000年初，厦门特大走私案及相关的职务犯罪的案情基本查清，共有600多名涉案人员被审查，其中有近300人被追究了刑事责任。远华走私犯罪集团的主角赖昌星在逃亡12年后，于2011年7月21日被加拿大方面否决其暂缓执行遣返令的申请。并于7月23日被加拿大有关部门遣返回国。7月23日下午，中加双方在北京首都国际机场办理了有关交接手续。我公安机关依法向赖昌星宣布了逮捕令，随后赖昌星被法院判处无期徒刑。

先公后私

先以公事为重，然后考虑私事。语出《三国志·魏志·杜恕传》：“忧公忘私者必不然，但先公后私即自办也。”这是领导干部的道德标准之一。

先天下之忧而忧，后天下之乐而乐

在天下人忧愁之前先忧愁，在天下人都享乐之后才享乐。语出北宋名臣范仲淹《岳阳楼记》一文。范仲淹的这一思想，是对自孔子、孟子以来直至唐代韩愈儒家基于民本主义的忧乐观的继承和发展。八百余年来，它一直引起对国家和民族的前途与命运十分关心的志士仁人的深切共鸣，激励着一代又一代的为国为民之士，奋斗不息。现在常用来说明革命者吃苦在前、享乐在后的高贵品质。

宪 法

国家的根本法。通常规定一个国家的社会制度、国家制度、国家机构、公民的基本权利和义务等。在一个国家的全部法律中具有最高的权威和最大的效力，是制定其他法律的依据。宪法的制定和修改，一般须经过特定的程序。在不同时代和不同类型的国家里，宪法的形式和内容有所不同。资本主义国家的宪法出现于资产阶级革命胜利后。英国资产阶级在与封建贵族的斗争和妥协中，先后通过或确认一些法律、惯例、判例，逐渐形成了宪法体系，即不成文宪法。18世纪美国和法国资产阶级革命取得胜利后，都制定了成文宪法。1918年制定的苏俄宪法，是社会主义国家的第一部宪法。中国于1954年制定的《中华人民共和国宪法》，1975年、1978年、1982年作了修改；1988年、1993年、1999年、2004年对1982年宪法的个别条款作了修改与补充。

宪 政

一种以法治为形式、以民主为基础、以分权制衡为手段、以个人自由为宗旨的政治体制。宪政的实质就是限政，即对政治权力进行有效地限制，防止它被滥用，尤其要防止它被用来侵犯人权和人的自由。因此，宪政的意义就是限制政治权力，保障公民权利，促进公共福利。它所奉行的原则是：政府权力有限，必须遵照宪法和法律治理国家。宪政与民主、法治的职能分工各有不同，民主负责权力的归属，法治负责权力的实施，宪政负责权力的制约。将宪政、民主、法治三者结合起来乃是在可以达到的范围内的最优选择。而宪政本身就包含着法治，宪政的基本涵义就是依照宪法和法律治理国家。所以，宪政、民主、法治三者的结合可以化约为宪政民主。

羡腐心理

公众对腐败者及腐败行为存在的某种程度的羡慕或嫉妒的变异心理现象。这种心理的存在和蔓延必将导致社会环境的恶化，在它的刺激下，极易出现腐败行为的正常化、大众化、社会化甚至“合理化”。现在，有些地方腐败成窝成串，领导干部相继落马，腐败行为屡禁不止，大部分都是源于这种心理的泛滥。另一方面，社会上的羡腐心理也会直接影响反腐的社会环境及效果，影响公众行为，产生严重后果。因而，必须加强先进文化建设，净化社会环境，消除腐败行为的负外部性示范，降低公众对腐败的容忍度，杜绝羡腐心理。

乡财县管

在乡镇政府管理财政的法律主体地位不变，财政资金所有权和使用权不变，乡镇享有的债权及负担的债务不变的前提下，县级财政部门在预算编制、账户统设、集中收付、采购统办和票据统管等方面，对乡镇财政进行的管理和监督。可帮助乡镇财政提高管理水平。乡镇政府在县级财政部门指导下编制本级预算、决算草案和本级预算的调整方案，组织本级预算的执行。

乡镇便民服务中心

基层政府为了解决民众办事困难而设立的高效率服务机构。办好乡（镇）便民服务中心，重在便民，实在利民，贵在为民。要有为民办事的决心、为民解难的苦心、为民排忧的诚心、为民着想的热心，帮民致富的真心。更要做到“四个健全，四个到位”：（一）健全组织机构，人员落实到位；（二）健全服务功能，项目集中到位；（三）健全规章制度，运行机制到位；（四）健全办公设施，中心管理到位。

乡镇议事会制度

为规范管理乡镇事务而建立的议事制度。乡镇议事会制度要求与群众生产生活密切相关的事项，必须在议事会上商定。作为一项长期性制度，议事会根据工作需要不定期召开。每次议事会前一周，由乡镇把需讨论协商的事项拟成议题公示，注明报名条件、报名时间等，让大家积极参政。参会代表一般不少于8人，根据议题需要，从村干部、村民代表、企业法人、学校领导等中间择优产生。

享乐主义

一种伦理学说。认为享乐是人生最大的幸福，而追求享乐是行动的原则的思想体系。早在古希腊哲学中就广泛传播，在文艺复兴时期得到了进一步的发展。当时为了反对封建教会的禁欲主义，产生了人道主义的伦理学。它宣布人有满足其自然的、天生的需求和爱好的权利。功利主义伦理学把享乐同利益联系在一起。享乐主义的进一步发展是由资产阶级道德中的个人主义的发展所决定的。例如，英国伦理学家G·威廉斯在《享乐主义、冲突和残忍》一文中，宣布个人有为了享乐而残酷折磨别人的道德权利。马克思和恩格斯在《德意志意识形态》一书中对“享乐哲学”进行了科学的批判，否认享乐主义哲学是整个社会的“人生观”。这种脱离个人的生活条件而得出的抽象的享乐理论是一种虚伪的道德学说。

消极腐败

未明显触犯法律规范的非贪污贿赂型的腐败行为。多因主体积极或消极作为致使权力偏离公共职权轨道，出现类似不良作风的权力变异现象。“三公消费”、政绩工程、违背民主科学决策原则而导致的决策失误、奢侈浪费、腐化堕落等都属于消极腐败的表现形式，这些严重损害了党、政府以及广大干部的形象，也严重地腐蚀了部分党政干部。党的十七大明确提出“中国共产党的性质和宗旨，决定了党同各种消极腐败现象是水火不相容的”。在纪念中国共产党成立90周年大会上的重要讲话中，胡锦涛把“消极腐败”视作我们党急需直面解决的“四大危险”之一，这充分显示了党和国家在反对“消极腐败”上的明确态度和坚定决心。

小金库

违反法律法规及其他有关规定，应列入而未列入符合规定的单位账簿的各项资金（含有价证券）及其形成的资产。具体见《中国共产党纪律处分条例》若干问题的解释文件。换言之，小金库指侵占、截留国家和单位收入，化大公为小公，化小公为私有，未在本单位财务会计部门列收列支和私存私放的各种资金。主要来源包括：以各种名义挪用、转移国家预算内、预算外收入；截留销售收入、营业收入、营业外收入和其他收入；高价倒卖、非法牟取价差收入；一些经济主管部门和监督部门侵占、截留罚没收入。“小金库”形式多样，内容庞杂，在某些方面已成为产生腐败现象的一个根源和温床，严重干扰了财政经济管理秩序。

小圈子

在一些党政干部中存在的为个人利益互相利用、互相拉拢而网织成的小团体。小圈子以权力为纽带，以谋私为目的，严重破坏党的形象，削弱党的战斗力，已经成为滋生腐败的温床。要彻底铲除小圈子，首先就要铲除其思想根源。一些人把正常的个人利益和自私混为一谈，反而把大公无私的行为污蔑成虚伪。所以，必须加强“立党为公、执政为民”的宣传教育。其次，对领导干部的监督，不仅要监督八小时以内，还要监督八小时以外，特别要把监督的触角延伸到干部们的交际圈，发现问题及时提醒，及时教育和训诫，防止小圈子形成。此外，还应加快选人用人体制的改革和完善，从制度上打破人身依附，做到公开选人、民主决策、依法办事，防止由少数人说了算，使小圈子失去存在的价值，杜绝任人唯亲现象的发生。

效能监察

行政监察机关及受行政监察机关委托的组织，在政府的领导下有计划、有目的地针对行政管理的效率、效能以及国有企业生产和经营管理的质量效果、效率、效益等情况开展的一项监督检查活动。效能监察的内容包括行政效率和行政效能两个方面；效能监察的主体是具有行政监察权力的行政监察部门或其授权的行政监察组织；效能监察的核心问题是提高行政管理效能。

獬　豸

中国古代传说中的神兽。外观似羊（或说似鹿），头顶正中有长独角，有短尾，尾巴像蜗牛，羊蹄。喜欢居住在水边，性情忠贞，能辨是非曲直，能识善恶忠奸。若见二人相斗，就会以角撞不对的一方；见二人争吵则会去咬理亏者；发现奸邪的官员，就用角把他触倒，然后吃下肚子。在中国文化中象征司法公正。

新加坡内阁廉政署

新加坡内阁设立的一个专司监察政府官员的机构。直属于政府最高行政机构，职权是调查政府官员是否廉洁。每一个在政府供职的公务员在年终都要依法向廉政署填表呈报自己和亲属的财产状况，包括不动产、银行存款、证券、贵重珠宝及负债情况等。负债超过三个月薪水的会受到询问，私人财产增加了，也必须解释其来源。这一机构从内部监督政府官员的行为，有效地杜绝了腐败。

新加坡贪污调查局

是新加坡独立行使肃贪职能的专门机构。成立于1952年，既是行政机构，又是执法机关，隶属于总理公署，局长由总统任命，向总理负责。主要职责是对公共服务部门和政府法定机构进行监督和调查。贪污调查局官员的地位、身份、权力、薪金有严格的法律保障。调查局，分为两个部门：行动部和行动与特别支援部。贪污调查局享有特别侦查权、无证搜查与强行搜查、对财产的查封扣押、监察复制银行账目、要求有关人员提供犯罪证据、要求嫌疑人申报财产、无证逮捕以及限制转移财产等特殊权力。具有极高的工作效率。对于署名的投诉和举报，必须在一个星期内给予正式答复；一旦决定调查的案件，必须在确定查案官员后48小时内展开调查；除非案情复杂，所有的贪污案件必须在3个月内调查完毕。贪污调查局在新加坡政府防范贪腐、树立国家廉洁政府形象上功勋卓著。

新西兰国家单位委员会

新西兰具有独立行政权、对国家各部门各单位进行监督管理的组织机构。它要求每个国家机关的雇员都具有富于为公众服务的精神，并维护适当的道德和品行标准。委员会可以随时对国家任何一个部门的活动开展调查并自行作决定，被调查的部门不得销毁档案，并有义务向调查人提供一切有关情况、文件和记录。调查人也有权向该部门的任何一名工作人员提出口头询问，并有权得到答复

信息贿赂

行贿人通过向有关人员提供信息而获取好处，接受人通过对所获得信息的利用，获得可观的经济或政治利益。信息在传播中具有即时性、隐蔽性、无形

性等特性，因而在市场经济条件下，信息已经成为一种极其重要的商品，它能为企业的决策带来极大的增值价值和效应。信息贿赂主要涉及商业领域、管理审批、干部考核、金融证券等领域。比如提供人事职务升迁信息，泄露商业秘密、内幕交易等。预防方法是消除信息特权，政府信息公开透明。另外，要加大惩处力度，将信息贿赂纳入党纪国法的调整范围。

信用危机

原指经济领域中因信用过度扩张，引发通货膨胀和经济动荡，进而影响整个银行体系的信誉，导致各个环节难以衔接的现象。现指人与人之间，人与政府、企业之间，甚至企业与企业之间，都处于一种相互之间缺乏信任的状态。当前，由于个别人的功利主义盛行，做事只为达到目的而不讲方式手段，造成部分人对是否遵循应有的伦理、制度等缺乏信心，彼此之间互相戒备；一部分公职人员不讲原则，随意承诺，枉法办事，透支了人民对政府的信任，也使政府和法律的公信力打了折扣。以至于出现遇到纠纷，力图通过体制外的途径加以解决的不良现象。

信用制度

关于个人与不同个体或单位之间建立信用及产生信用关系的制度体系。包括信用的征集范围的界定、信用等级的核定、信用等级对应的权限规定、违背有关规定的对应后果等；以及为获得信用信息而必备的后勤设置如管理信用评级的机构设置、工作方式、法律权限职责等。信用制度的一个重要职能在于恢复人与人及组织之间的信任关系，减少人们对某些事项的不确定预期，建构彼此进一步交往的制度保证。它还能通过违反某些法律而自动记录在案的自动纠错机制约束所有的社会活动主体，使其自觉遵守特定的道德、行业或法律要求。

信 誉

单位或个人因自然累积或由法律保障的对特定事项所作的承诺以及具备的履行承诺的实际能力，也包括社会个体或机构对其言行可采信程度的评估。其实质是依附于人与人、人与社会、人与实物之间的相互信任认可的社会关系。

它形成于个体或社会既往行为的示范展现，如某个人或机构的一贯表现；形成于个体基于自身的经验体悟认知对特定事物所做出的评价，如消费者对品牌产品宣传所秉持的态度；形成于一些个人或机构基于特定资本所做出的承诺，如个人的人格担保和国家以政府为后盾所发行的国库券等。信誉的好坏来自于多个因素的综合，但主要还是与信誉主体的既往行为有关。当前，应提倡官员算好廉政账，从国家的前途、社会的发展、个人的明天等角度筹划自己的未来，严于律己，遵规守法，积极地构建自身良好的信誉。

刑 罚

泛指依照法律对违法者实行的强制处分。具有惩罚性、剥夺性特征。是适用于犯罪分子的特殊制裁方法，是对犯罪分子某种利益的剥夺，表现出国家对犯罪分子及其行为的否定评价，并起到改造罪犯、保护社会和警醒世人的作用。在中国，刑罚是维护国家利益、社会利益与公民合法权益的工具，由审判机关严格依法实施，目的在于预防犯罪。中国刑罚按性质可分为主刑和附加刑，其中，主刑包括管制、拘役、有期徒刑、无期徒刑、死刑，附加刑包括罚金、剥夺政治权利、没收财产、驱逐出境。

刑 法

规定犯罪、刑事责任和刑罚的法律。是掌握政权的统治阶级为维护本阶级政治上的统治和经济上的利益，根据其阶级意志，规定哪些行为是犯罪并应当负刑事责任，给予犯罪人何种刑事处罚的法律。有广义刑法与狭义刑法之分。广义刑法是指一切规定犯罪、刑事责任和刑罚的法律规范的总和，包括刑法典、单行刑法以及非刑事法律中的刑事责任条款。狭义刑法只是指刑法典，即《中华人民共和国刑法》。刑法作为一个独立的部门法，具有公法特征，个人处于受国家权力支配的法律地位，只要主体的行为触犯刑律构成犯罪，即应当受到司法机关的刑事追究。刑法是与民法、行政法相对应的概念，同时，刑法还是与任意法相对应的概念，是必须绝对执行的法律规范。

刑事诉讼法

国家制定或认可的调整刑事诉讼活动的法律规范的总称。内容主要包括刑事诉讼的任务、基本原则与制度，公、检、法机关在刑事诉讼中的职权和相互关系，当事人及其他诉讼参与人的权利、义务，以及如何进行刑事诉讼的具体程序等。刑事诉讼法有广义和狭义之分。广义的刑事诉讼法指一切与刑事诉讼有关的法律规范。而狭义的刑事诉讼法单指国家立法机关制定的成文的刑事诉讼法典，在中国是指1979年7月1日第五届全国人民代表大会第二次会议通过，1996年3月17日第八届全国人民代表大会第四次会议修正的《中华人民共和国刑事诉讼法》。

行 贿

为谋取不正当利益，给予其他国家工作人员以财物的行为。“不正当利益”，既包括非法利益，如行为人为偷税而给予税务机关工作人员以财物，走私人员为走私物品进出口而给予海关人员以财物等；也包括违背政策、规章、制度而得到的利益，如不具备升学、提干、就业、入伍条件的人，得以升学、提干、就业、入伍。行贿行为可构成犯罪。

行贿犯罪档案查询系统

检察机关将个人和单位构成行贿犯罪的有关事实情况进行整理录入，并对外提供查询，以开展职务犯罪预防的信息系统。根据2006年《最高人民检察院关于行贿犯罪档案查询工作暂行规定》，全国检察系统行贿犯罪档案查询系统自2006年1月正式启用，该系统只限于建设、金融、医药卫生、教育和政府采购五个行业和领域。2009年9月颁行的《最高人民检察院关于行贿犯罪档案查询工作规定》，将行贿犯罪档案录入、查询范围扩大到所有的行业和领域，并将逐步实现查询系统全国联网。该系统向社会各界免费提供快捷准确的查询服务。各级检察机关职务犯罪预防部门负责受理查询申请。申请查询不受地域管辖限制。检察机关对受理的查询申请应当及时处置。建立行贿犯罪档案查询系统是检察机关发挥职能作用，斩断腐败链条，遏制行贿犯罪，从源头治理腐败，是预防社会主义市场经济条件下领导职务犯罪的内在要求，有利于健全和完善社会信用体系。行贿犯罪档案查询系统充实了社会信用体系的内容，促进了失信惩戒制度和守信激励制度的建立，实现了信用体系与司法工作的有机结合。

行贿罪

在经济往来中，违反国家规定，给予国家工作人员以财物，数额较大的，或者违反国家规定，给予国家工作人员以各种名义的回扣费、手续费的行为。因被勒索给予国家工作人员以财物，没有获得不正当利益的，不以行贿罪论处。所谓谋取不正当利益，是指谋取违反法律、法规、国家政策和国务院各部门规章规定的利益，以及要求国家工作人员提供违反法律、法规、国家政策和国务院各部门规章规定的帮助或者便利条件。行贿罪侵犯的客体是国家机关的正常管理和公职人员的职务行为的不可收买性；其犯罪客观方面表现为：为自己谋取不正当利益，用钱财收买国家工作人员的职务行为，违反国家规定，给国家工作人员以各种名义的回扣费、手续费，且数额较大；其犯罪主体是一般主体，即行为人是达到刑事责任年龄，具备刑事责任能力的自然人；其犯罪主观方面表现为故意。

行己有耻

一个人行事，凡自己认为可耻的就不去做。语出《论语·子路》："行己有耻，使于四方，不辱君命，可谓士矣。"子贡问孔子怎样才能成为一个真正的"士"，孔子说"行己有耻"是第一要义。这里的行己有耻，就是对自己的不良行为要有羞耻之心。要以道德上的羞耻心来规范自己的行为，不断加强修养，提高道德品质。

行政部门雇员道德行为准则

美国公务员道德法规。该规则囊括了美国先前颁布的公务员道德法规，包括《公务员改革法》《政府道德法》《政府道德改革法》《美国行政部门雇员道德行为准则》以及政府的一些部门和各州制定的具体规定如美国国防部颁布的《美国国防部人员行为准则》等一系列公务员道德法规。包括对政府官员的14项基本要求，涉及互赠礼物、利益冲突、公正执法、为亲属就业的问题，以及滥用职权和外出活动的规则等。于2002年10月2日颁布实施。

行政程序

行政机关行使行政权力，作出行政行为所应遵循的方式、步骤、顺序和期间的总和。包括行政诉讼程序和行政处罚程序。行政程序的基本制度有：行政听证制度、信息公开制度、行政调查制度、说明理由制度、行政案卷制度、行政回避制度。行政程序的基本原则包括：程序法定原则、相对方民主参与原则、行政效率原则、程序公正原则。行政程序的法律价值和意义在于，规范和制约行政权合法行使，体现法制政府和文明政府的理念；为维护相对人的法律地位和人格尊严提供程序性保障；促进行政权合理行使，提高行政效率。

行政处分

行政制裁的一种形式。国家机关、企事业单位依照有关法律和有关规章，对工作中违法失职的公务人员（工作人员）实行的惩处和制裁。行政处分属于内部行政行为，由行政主体基于行政隶属关系依法作出，具有强烈的约束力，行政主体可以强制执行。行政处分适用于国家行政机关的公务人员、国有和集体企事业单位的工作人员（职工）。行政处分的种类由不同法规列举，如《国务院关于国家行政机关工作人员的奖惩暂行规定》把行政处分规定为：警告，记过，记大过，降级，降职，撤职，开除留用察看，开除。《企业职工奖惩条例》规定有：警告，记过，记大过，降级，撤职，留用察看，开除，一次性罚款（不超过本人月标准工资的20%）。行政处分是对公务人员（工作人员）的过错行为的一种否定和惩戒，使之受到抑制和消除，对未受到惩戒的公务人员（工作人员），也有着规范和警戒作用，同时又是被处分人的行政责任的体现形式之一。

行政法

规范行政主体在行使行政职权和接受行政法制监督过程中而与行政相对人、行政法制监督主体之间发生的各种关系，以及行政主体内部发生的各种关系的法律规范的总称。由行政组织法、行政行为法、行政程序法、行政监督法和行政救济法等部分组成。其重心是控制和规范行政权，保护行政相对人的合法权益。行政法有一般行政法和特别行政法之分。一般行政法规定国家行政管理的基本原则、方针、政策；国家机关及其负责人的地位、职权和职责；国家机关工作人员的任免、考核、奖惩；有关行政体制改革和提高行政机关的工作效率等。特别行政法规范各专门行政职能部门如教育、民政、卫生、统计、邮政、财政、海关、人事、土地、交通等方面的管理活动。

行政机关公务员处分条例

2007年4月22日国务院颁布的相关条例。于2007年6月1日起施行。是为严肃行政机关纪律，规范行政机关公务员的行为，保证行政机关及其公务员依法履行职责而制定的。该条例包含以下主要内容：公务员非法出境或违反规定滞留境外不归将被开除；公务员拒绝执行上级依法作出的决定命令将受处分；公务员违反规定超计划生育情节严重者将开除处分；公务员包养情人将给予撤职或者开除处分；行政机关公务员在受处分期间不得晋升职务和级别；公务员参与赌博色情活动将给予撤职或者开除；公务员企业兼任职务情节严重将开除；泄露国家秘密、工作秘密，或者泄露因履行职责掌握的商业秘密、个人隐私，造成不良后果的，给予警告、记过或者记大过处分；情节较重的，给予降级或者撤职处分；情节严重的，给予开除处分；严重违反公务员职业道德，工作作风懈怠、工作态度恶劣，造成不良影响的，给予警告、记过或者记大过处分。

行政纪律

即政纪，由国家行政机关制定，并规定各级国家行政机关及其工作人员在从事行政管理活动中必须遵守的行为规则。适用对象是国家行政机关及其工作人员，制约国家行政机关及其工作人员在国家行政管理活动过程中的各种行政行为，以及与其行政职务相关的其他行为。包括最高国家权力机关制定的宪法和法律中有关行政管理的规定、最高国家行政机关制定的行政法规、各部门制定的行政规章以及地方权力机关制定的地方性法规和规章。

行政监察

行政监察机关对国家行政机关及其工作人员以及国家行政机关任命的其他人员实施监督、检查、惩戒活动的总称。实施行政监察活动的主体是设立在行政系统中专司行政监察职能的机构，行政监察的对象是国家行政机关及其工作人员以及国家行政机关任命的其他人员，行政监察的客体是国家机关任命的公务员的行为和行政机关的综合行政行为。监察机关依法履行监察职责，向行政机关提出改进工作的建议，堵塞行政管理中的漏洞，避免和减少工作失误；对违反行政纪律的行政机关、国家公务员和国家行政机关任命的其他人员进行查处，依法进行纪律制裁；依照法律支持和鼓励行政机关、国家公务员忠于职守，清正廉洁，保障其合法权益，为其创造一个良好的行政环境，进而提高其依法行政的水平，廉洁高效地工作，达到改善行政管理，提高行政效能的目的。

行政监察法

中国为加强监察工作，保证政令畅通，维护行政纪律，促进廉政建设，改善行政管理，提高行政效能而制订的相关法律。根据宪法，1990年12月9日，国务院发布《中华人民共和国行政监察条例》。2010年6月25日，十一届全国人民代表大会常务委员会第十五次会议通过决议，通过新修订的《中华人民共和国行政监察法》，自2010年10月1日起施行。该法具体规定了行政监察的主体、职责、对象及其范围、原则、行政监察纪律、监察程序与相关法律责任。

行政监察法实施条例

中国为适应形势发展和行政监察工作实践的客观需要而制订的条例。于2004年10月1日起施行。该条例以1997年颁行的《行政监察法》为依据，进一步明确了监察机关的监察对象范围以及监察机关派出的监察机构或者监察人员的设置、领导体制、职责权限和履行职责的程序，进一步规范了监察机关的权限和履行职责的程序，规定和完善了特邀监察员制度、举报制度、回避制度等行政监察制度。《行政监察法实施条例》进一步规范行政监察工作的一部重要行政法规，它的颁布实施，对于进一步加强行政监察工作，保证政令畅通，维护行政纪律，促进廉政建设，改善行政管理，提高行政效能，促进依法行政，从严治政，深入开展党风廉政建设和反腐败斗争，具有十分重要的意义。

行政监察机关

隶属于各级人民政府，是各级人民政府行使监察职能，管理行政监察事务的行政机关。行政监察工作是国家行政管理的重要内容和必要环节，也是国家机关内部监督的重要形式，应当在国务院及地方各级人民政府的领导和管理下进行。行政监察机关依法对国家行政机关、国家公务员以及国家行政机关任命的其他人员实施监察，以改善和加强行政管理，提高行政效能，促进廉政建设，保障社会主义建设事业的顺利发展。

行政监察专员

由宪法规定的独立监督行政权力的运行并且不受政治影响的公共官员。发端于1809年的瑞典，在当今世界上影响日盛并为许多国家效仿，到2003年，世界上共有行政监察专员公署100多个。监察专员负责处理公众对政府部门违法行政和不当行政的申诉，享有调查、报告以及对个案处理和行政程序规范的建议权。通常由议会或者政府首脑任命并直接向这些机构汇报工作。在调节政府与公众及社会各种关系、保障法律法规和政策的实施方面发挥了极大作用，成为构建和谐社会的重要安排和路径选择。

行政监察专员公署

芬兰根据1919年宪法设立的行政管理机构。监察专员由议会无记名投票选举产生，任期 4 年。任职期间，议会不能罢免其职务，不能向他发出工作指令或指派工作，除非案件涉及政府部长。监察专员对公署负全权责任。1971年起，设助理监察专员，协助监察专员工作。公署职员由监察专员任命和解雇，现有律师十几名，兼职律师若干名。监察专员的主要职责是监督国家官员和国家机构行为的合法性。除共和国总统、政府司法总监等极少数人外，刑法所确定的所有国家工作人员，包括地方政府官员、法院法官、军人以及任何以官方身份工作的人，都在其监督之下。其管辖权甚至延伸至宗教和社会团体。监察专员有视察各政府机关和公共机构，出席它们的决策会议的权力。上至国务委员会，下至法院和地方自治委员会，监察专员都可以视察和参加他们的会议。甚至警察站、边防哨所都在其巡察之列。

行政监督

在公共行政管理过程中所进行的监察、督促和控制活动。按照监督主体的不同，有狭义和广义之分。狭义的行政监督是指行政机关内部上下级之间，以及专设的行政监察、审计机关对行政机关及其公务人员的监督。广义的行政监督泛指执政党、国家权利机关、司法机关和人民群众等多种社会力量对国家行政机关及其公务人员的监督。

行政良心

国家公职人员在履行其行政责任和义务的过程中所形成的深刻的道德责任意识以及对自我的行政行为进行自我道德评价的能力。一般说来，行政人员的行政良心包括三方面的内容：第一，行政人员在自身违反宪法、法律和组织章程时会感到一种犯罪感，自觉接受所应受到的惩罚，及时矫正这种行为，自觉履行法定责任；第二，行政人员不能有效准确地贯彻执行宪法、法律和组织章程所赋予的职责时应自觉对其后果负责；第三，行政人员不仅应自觉遵守法律，依法行政，而且也要遵从行政伦理的核心价值，即为公共利益服务。

行政伦理

调控政府及公职人员行政行为的伦理意识和伦理规则的综合。在本质意义上也是一种政治性伦理。在责任主体的意义上，行政伦理由政府伦理和公职人员的职业伦理所构成；在伦理性质的意义上，行政伦理由制度伦理（即公共政策伦理）、行为伦理和美德伦理所构成；在表现形式上，行政伦理由主观伦理意识、习俗化的伦理规则和制度化伦理法则（如公务员道德法）所构成。作为社会对政府公职人员提出的职业道德义务要求，行政伦理最主要的要求是公职人员忠于国家和人民，全心全意为国家和人民服务，最根本的要求是政府尊重并保护公民的各项权利，在制定和执行政策时要做到公正和高效率。

行政伦理学

亦称“行政管理伦理学”。关于行政道德的本质和发展规律的学科。属于应用伦理学范畴。20世纪中叶由政治伦理学和行政学分化而来，在中国，直到20世纪90年代后才确立。其内容主要是：行政机关及公职人员应当对谁负责、对什么负责的问题；行政领导、行政决策、行政协调、行政控制和行政监督等的正当性问题；公职人员的职业伦理标准以及行政的伦理调控机制问题和行政腐败的防治等问题。

行政权力

政治权力的一种。国家行政机关依据宪法原则，依靠特定的强制手段，对全社会进行管理的一种能力。其主体必须是国家行政机关及其工作人员；根本目标是通过贯彻执行国家法律、法令和各类政策来有效地实现国家意志；作用方式主要是强制性地推行政令；其客体具有普遍性，是以整个社会为对象的国家权力；性质是执行性和管理性权力。中国行政权力的主要内容包括：执行宪法和法律，制定行政方针、行政法规、发布行政命令，组织行政实施的权力；编制和执行国家经济和社会发展计划、国家预算，提出法律议案的权力；领导中央政府各部门的工作，领导国家经济、科技、文化、教育、公安、司法、民政、监督等工作的权力；领导地方各级行政机关的权力，有权改变和撤销地方各级政府不适当的命令和决议；依法组织行政机关的权力，包括确定国家行政机关的编制、任免、培训、考核、奖惩国家公务人员；领导和管理国防工业，保卫国家安全的权力等。

行政荣誉

社会舆论对行政组织及其行政人员的行为做出的肯定性的道德评价，以及行政人员对这种肯定评价的自我认知。按照主体来划分，可以分为团体荣誉和个人荣誉。按照内容和产生的原因来分，可以分为职业荣誉、道德荣誉和行为荣誉。职业荣誉主要是与行政人员专门从事行政管理这一特殊职业活动而具有的特殊身份相联系着的荣誉。具有道德激励与工作评价相统一、权威化和大众化相统一、客观性与主观性相统一、共性与个人相统一的特点。

行政诉讼法

规范法院审理行政案件的程序及行政诉讼参加人（原告、被告、代理人等）进行诉讼活动时行使权力、承担义务的法律。行政诉讼法是中国社会主义法律体系中一部重要的基本法律，规范人民法院正确、及时审理行政案件，保护公民、法人和其他组织的合法权益，维护和监督行政机关依法行使行政职权。

行政效能

行政主体在实施行政行为时，以较小的行政资源投入来实现最佳的行政工作目标，达到资源配置的最优状态。具体而言，是指政府部门行政管理活动的能力、效率、效果、效益四个方面的综合体现。是实现行政管理高效能的基本条件。

行政效能监察

行政监察机关及授权的组织，在政府的领导下有计划、有目的地针对行政机关及其授权的组织的行政行为所产生的效率、效能情况开展的一项监督检查活动。特征：（一）具有较强的法律特征；（二）具有本质特征；（三）具有行政主体特征；（四）具有监察对象特征；（五）具有内容特征。

行政许可制度

关于行政许可的设定和实施程序的法律制度。行政许可是指行政主体根据行政相对人的申请，通过颁发许可证或执照等形式，依法赋予特定的行政相对人从事某种活动或实施某种行为的权利和资格的行政行为。行政许可的设定权，是指通过制定法律、法规设定行政许可的权限。设定行政许可应遵循许可法定的原则，公开、公平、公正、平等、民主的原则，合理裁量的原则，便民、效率的原则，适应形势发展需要的原则。行政许可的实施程序包括申请与受理、审查与决定、期限、听证、变更与延续。

行政执法大格局

全国行政执法机关为克服职能交叉、执法力量分散、监管办案难以兼顾等问题，进行资源和执法权的整合，所构建的以相对集中执法办案模式为平台的大执法体系。2004年国务院发布《全面推进依法行政实施纲要》，提出要深化体制改革，加快建立权责明确、行为规范、监督有效、保障有力的行政执法体制，继续开展相对集中行政处罚权工作，积极探索相对集中行政许可权，推进综合执法试点。这一格局重组了执法机构，整合了执法队伍，集中了执法力量，提高了执法效率，解决了多头检查、多头执法、重复执法、重复处罚等问题。

形式主义

片面追求形式而忽略内容的形而上学的工作作风。形式主义往往割裂形式和内容的关系，夸大事物的表面形式，抹杀内容对形式的决定作用，只注重形式而不注重实际，或只追求外在的表面一致而不考虑内在实际差别。当前形式主义有多种表现，如个别领导为了升迁或显示政绩，热衷于进行一些短平快但影响大声势隆的项目，而不管其实际效果的好坏。

形象工程

某些领导为了个人升迁或累计政绩的需要，不管社会的实际情况和人民的现实需要，而强行发动开展的一些表面光鲜而实际劳民伤财的工程建设。形象工程出现的原因主要有以下几个：一是在当下以GDP为核心的考核体系，一些官员在政绩冲动支配下，希望在任期内迅速有所突破，往往以投资少、见效快的短平快项目作为追求而并不顾及其长远后果；二是当前的官员任命考核体系使人民群众对官员任命和提拔的发言权、决定权影响有限，从而使一些官员可以不顾当地民意、财力、物力而一意孤行讨好上级；三是官员的决策、监督科学化不够，官员的权力过大且得不到有效制约，在好大喜功、急功近利思想指导下，使官员可以干一些拍脑袋的样子工程。

幸福感

对幸福的主观感受。个人对自身当前生活状况心理是否感到幸福的体验和认知。评价幸福感的强烈有多重指标体系，多重参考因素。不外乎经济上的现实物质生活状况以及心理预期收入水平等，情感上是否感到紧张压力等，涉及具体的多种因素如就业环境、收入水平、闲适自由程度、福利待遇、权益保障、个性特长发挥、理想实现等。总体而言，对一个人的幸福感有至关重要影响的有以下几点：（一）个人的价值观念，不同的价值观念，会强调不同的事物追求，而这就赋予了人们现实环境中不同事物的不同权重；（二）参照对比系的选择，个人从横向纵向对比，选择的对象不同映衬的个人境况也就不同；（三）个人安全感的获得，个人对自己的生命、健康、未来是否焦虑和有信心，是个人是否舒心平静的关键因素。

性贿赂

包括性受贿和性行贿两个对行性的罪名。公职人员违反法律法规，利用职务上的便利或相关条件接受其他人员提供的非正当性行为并为他人谋取不当利益，称为性受贿；其他人员为公职人员提供非正当性行为以谋取不当利益，称为性行贿。其实质是公职人员利用手中的权力和另一方进行权色交易。一方利用权力和权力带来的利益与另一方发生性关系以达到满足生理欲望和感情需要的目的；而另一方或利用自身姿色与对方发生或者保持不正当性关系，或借用、雇佣美色勾引对方，从对方手中获取财物和利益。

修齐治平

修身齐家治国平天下的简称。语出《礼记·大学》：“身修而后家齐，家齐而后国治，国治而后天下平。”儒家以“修身”为中心，强调个人道德修养与治国、平天下的一致性，主张由近及远，由己及人，从而形成封建伦理政治哲学的整个体系。

羞耻感

人们依据一定的宗教信仰、伦理规范、法律意识等对自己的言行举止进行评价，对个人不符合规范理念的行为会感到羞愧的心理品质和心理状态。它通常形成于对善的观念的把握如个人的理想目标注重的事物与自我当前拥有现状的比照反思中。羞耻感是人心理的最后底线，知耻才能树立正确的荣辱观，才可能从思想根源上彻底杜绝腐败。

徐有功

徐有功（640～702年），唐偃师（今河南偃师东南）人，名弘敏，字有功。他曾长期任司法官员，是唐武则天时期与酷吏斗争的一面旗帜，也是历史上罕见的一位以死守法、公正执法的清官。徐有功在殿廷上论奏曲直，有时遭到武则天厉声责问，仍坚持已见。他办案执法护法，持平守正，曾冒着风险向武则天上书，批评当时刑罚的严酷，建议按法办案，宽缓量刑。他的主张和做法同酷吏周兴、来俊臣、张知默等人产生尖锐的对立，与武则天以刑杀镇压李唐宗室和其他反对势力的政治目的格格不入。因此，他在任期间，曾因替冤屈者请命，三次被判死罪，但他执法之志不移，被时人称誉之为“自古无有”的好法官。

悬鹅示众

明朝廉吏周新廉洁自律的故事。他担任司法按察使时，有人给他送来一只烤鹅，他坚决不受，但送礼人已经抢先出了门。于是，周新叫家人把烤鹅挂在屋子后面，以后再来送礼者，他就让家人领着去看那只已经风干了的烤鹅，此后就不再有人向周新行贿。

学 风

社会团体、学校或个人在学习态度、学习方法等方面表现出来的风气和精神面貌。毛泽东在1942年中共中央党校开学典礼上将这个概念用于中国共产党建设。他指出："所谓学风，不但是学校的学风，而且是全党的学风。学风问题是领导机关、全体干部、全体党员的思想方法问题，是我们对待马克思列宁主义的态度问题，是全党同志的工作态度问题。既然是这样，学风问题就是一个非常重要的问题，就是第一个重要的问题。"他还说："学风和文风也都是党的作风，都是党风。"在延安整风运动中，毛泽东提出的整顿学风，就是反对教条主义和经验主义两种形式的主观主义，树立马克思列宁主义的学风。这是中国革命历史经验的总结，对中国特色社会主义建设有重要指导意义。党的十七大报告指出，要"加强调查研究，改进学风和文风，精简会议和文件，反对形式主义、官僚主义，反对弄虚作假。"这就要求继承和发扬理论联系实际、实事求是的优良学风，反对主观主义的不良学风，善于运用马克思主义的立场、观点和方法，研究新情况、解决新问题。

寻 租

腐败分子为了实现自己的目的，将自己的权力让渡出去以获取不正当利益的行为。如有的政府部门通过设置一些收费项目，来为本部门谋求好处。寻租往往使政府的决策或运作受利益集团或个人的摆布。这些行为有的是非法的，有的合法不合理，往往成为腐败和社会不公之源。

巡视制度

中央和省、自治区、直辖市党委，通过建立专门巡视机构，按有关规定对下级党组织领导班子及其成员进行监督的制度。2003年中共中央颁布《中国共产党党内监督条例（试行）》，以党内法规的形式把巡视制度确定为党内监督的重要制度。2004年，全国31个省区市和新疆生产建设兵团党委均设立巡视机构，组建专职巡视队伍。为规范巡视工作，中纪委、中组部于2004年制定了《关于巡视工作的暂行规定》。2009年7月，中纪委、中组部颁布了《中国共产党巡视工作条例（试行）》这一制度有助于克服对党的干部，特别是对“一把手”监督普遍薄弱、甚至处于虚化状态的弊端，填补了监督制度的空白。

循吏列传

正史中记述那些重农宣教、清正廉洁、所居民富、所去见思的州县级地方官事迹的固定体例。《史记》首作《循吏列传》，司马迁在太史公自序中说：“奉法循理之吏，不伐功矜能，百姓无称，亦无过行。作《循吏列传》第五十九。”《汉书》《后汉书》继之，《晋书》改为《良吏传》，以后其他史书直至《清史稿》均设《循吏传》，专为奉职守法的官吏作传。旧志书中亦袭用。历代《循吏传》中记载的大量清官，是古代官员忠君爱国惠民的典范，其人其事对于当今的廉政文化建设具有多方面的借鉴作用。

徇私枉法

为了私情和个人利益而违反法纪的行为。司法人员徇私枉法、徇情枉法，对明知无罪的人而使其受到追诉，对明知有罪的人而故意包庇，使其不受法律追诉，或者在刑事审判活动中故意违背事实和法律做枉法裁判的行为，可构成徇私枉法罪。本罪的特征是：（一）本罪侵犯的客体是司法公正，即确保无罪的人不受法律追诉，确保有罪的人受到法律的制裁及司法机关对犯罪作斗争过程中的正常的司法活动。（二）本罪在犯罪客观方面表现为司法工作人员利用职务便利，故意歪曲事实致无罪的人受到法律追诉，有罪人不受法律制裁。

Y

延安精神

自力更生、艰苦奋斗的创业精神，全心全意为人民服务的精神，理论联系实际、不断开拓创新的精神，实事求是的思想路线。是中国共产党人在延安时期所形成的革命精神气质。从1935年到1948年，中共中央和毛泽东在延安领导、指挥了抗日战争和解放战争，奠定了中华人民共和国的基石。延安精神是中国共产党和中华民族的宝贵精神财富，对中国历史发展进程产生了巨大而深远的影响。它是以毛泽东同志为首的中国共产党人把马克思列宁主义的科学思想体系与中华民族的优秀传统风范结合的产物，是中国共产党在长期革命斗争中所形成的优良传统和作风的结晶，是“井冈山精神”“长征精神”的继承和发展，是一种具有中国特色的无产阶级革命精神。江泽民同志在陕西考察时指出，“无论过去、现在和将来，延安精神都不能丢。全党同志，一定要结合新的实际，大力弘扬延安精神，使延安精神成为我们党在新世纪团结和带领人民不断开创有中国特色社会主义事业新局面的强大精神动力，使延安精神永放光芒。”

延安整风

1942年中国共产党在延安革命时期开展的一场普遍的马克思主义教育运动。抗日战争时期，中国共产党为提高全党的马列主义水平，夺取抗战的最后胜利，在延安和各抗日根据地的党组织和军队中进行了大规模的整顿党的作风的运动。1935年1月遵义会议后，中国共产党在以毛泽东为首的党中央领导下，逐步纠正了“左”倾错误，使党的路线转到了把马克思主义普遍真理同中国革命具体实践相结合的正确轨道上来。但是，由于战争环境和形势的迅速变化，对于“左”倾思想根源还未来得及彻底清算，把马克思主义教条化，奉共产国际和苏联经验为神圣信条的错误倾向仍然存在。加上抗日战争爆发后，大批小资产阶级出身的人加入中国共产党，把许多非无产阶级思想带到党内，致使党内存在思想不纯、组织不纯、作风不纯的现象。针对这种情况，中国共产党开展了整风运动。延安整风运动是一次普遍的马克思主义教育运动和伟大的思想解放运动，它极大地加强了全党的思想统一和团结，为中国共产党第七次全国代表大会的召开和抗战的全面胜利，奠定了思想基础，丰富了马列主义的建党学说。

严　嵩

严嵩（1480～1567年），明江西分宜人，字惟中，一字介溪。弘治进士。曾任谨身殿大学士、少傅兼太子太师，少师、华盖殿大学士。据《明史·奸臣传》记载，严嵩并没有什么执政能力，他踏入官场以后，实际上只做了四件事情：一是媚主，二是整人，三是弄权，四是索贿。早在他入阁拜相之前，就公然向宗室藩王索取贿赂。成为当朝宰相后，更是结党营私，卖官鬻爵，敲诈勒索，贪得无厌。嘉靖四十四年（1565）八月，严嵩因得罪明世宗，家产被抄，共抄得黄金三万多两，白银二百万两，相当于当时全国一年的财政总收入，此外还有田地上百万亩，房屋六千多间，以及无数的珍稀古玩、名人字画。在中国历史上，严嵩是和蔡京、秦桧齐名的奸臣，他的贪腐和晚明社会风气的腐败有着直接的联系。

言官制

中国历史上的一种监察制度。言官主要指帝王身边负责言谏的随从官员，一般有谏议大夫、议郎等头衔。历史上的清官魏徵、包拯等人都曾经担任过言官。明代建立了历史上最为完善的言官制度，到了清代，言官制逐渐走向衰亡。

阳光八步法

亦称“八步工作法”，凡涉及村级经济发展规划、村级财务预决算、村内兴办公益事业、重点项目和村民切身利益的大事，都需通过八个程序，广泛听取群众意见，由全体村民或村民代表讨论决策，并由村民代表进行管理和监督的制度。其主要步骤为：第一步，深入调查收集民意，弄清楚大多数群众希望办什么；第二步，召开党员干部和村民代表会议，讨论形成初步方案；第三步，宣传发动统一思想，征求群众对初步方案的意见，争取最大多数人的理解和支持；第四步，民主讨论确定方案。方案确定后，推选工程建设领导小组人选，人选中普通群众必须达到50%以上；所有钱物均有群众代表管理，干部管事不管钱；第五步，户户签字进行公决，赞成率达到85%以上，才予以实施；第六步，分解工程落实到户；第七步，村民小组组织实施；第八步，竣工结算张榜公布。由群众财务管理委员会清算账目，多退少补，并张榜公布，每个群众均可随时查账。"八步工作法"的实质在于民主决策、民主管理、民主监督。必须着眼于充分尊重民意，把决策权交给群众，彻底改变过去"干部指挥命令，群众被动服从"的做法，在广泛集中民意的基础上，进行充分民主决策；在接受群众监督的前提下，提高决策执行的效力，促使政府决策由"集权"向民主转变，确保政府决策民主、科学。

阳光采购

企事业单位按照"公开、公平、公正"和"质量优先，价格优先"的原则，采购产品或服务的行为。阳光采购立足于科学化、合理化的采购制度和监管制度，通过合理的竞价议价谈判，有效降低采购成本，提高采购效率，避免采购过程中的暗箱操作、吃回扣等贪污腐败现象。阳光采购包括以下环节：采购内容、方式、条件、程序公开以及采购人员职责公开等。采购内容公开是指采购时应详细说明采购的对象、数量、品质及货物交寄方式等；采购方式公开是指采购时应明确采购的途径、地点、人员等；采购条件公开是指采购时应明确被采购方的资质范围、必备要素等；采购程序公开是指采购时应明确采购的招投标方式，投标规则以及毁弃约的应急处理等；采购人员职责公开是指应制定规则明确相应的利益回避制度、采购层级报批制度以及因采购人员出现失当或违法行为而应承担的职责等。

阳光法案

规定政府及其工作人员的行为都以公开的方式进行，同时公众有权利获得除法律规定不予公开的各种政府的文件资料的法律的统称。其中财产申报制度为阳光法案的重要组成部分。它通常以国内立法的形式对公职人员的范围进行界定，明确针对特定人员提出如实申报并公开个人及亲属财产、获得来源及投资渠道等的规定。1776年，瑞典制定《信息自由法》，公民可以依法查阅政府人员的收入状况。1883年英国通过《净化选举防止腐败法》，1978年美国通过《政府行为道德法》，都对官员申报财产进行了规定。1978年美国国会又通过了《从政道德法》，明确政府官员的行为规范，其中规定：总统、副总统、国会议员、联邦法官，以及美国行政、立法、司法三大机构的工作人员，必须在任职前报告并公开自己以及配偶的财务状况，以后还须按月申报，逾期不报将会受到司法部起诉。申报单可供公众和新闻机构随时查阅，现职官员不能接受游说者的钱财报酬，公职人员离职或退休后至少一年内不得到原工作部门从事游说活动等。

阳光公选

当某一职位空缺时，实行公开招聘、公开竞争、公开选拔，做到程序公开、民主、透明，结果公正合理的选拔方法。它是相对于人员选聘过程的决策不公开、暗箱操作以及从少数人中选少数人而言的。在某些职位空缺时，通过媒体公开招聘所要招聘的职位、职责、数量、条件和报名途径、程序，然后允许竞聘者自我推荐报名，遵循公开、公平、公正的原则进行竞聘，竞聘做到过程公开、录取标准公开、结果公示。在此过程中实行考官回避制度，凡是与竞聘者有直接或间接利益关联的人员应当回避，避免人情关系等介入评判环节。在候选人资格设定上力避因人设岗、画圈打靶的现象。中国2002年通过的《党政领导干部选拔任用条例》规定，在选拔任用领导干部时必须注重候选人的能力素质以及程序的公开公正，强调要坚持：党管干部原则；任人唯贤、德才兼备原则；群众公认、注重实绩原则；公开、平等、竞争、择优原则；民主集中制原则；依法办事原则等。

阳光司法

国家的司法机关在进行司法活动时，应依法对其各个环节如立案、审判、听证、执法、司法判决结果等进行公开，力求司法公正的原则。立案公开包括案件受理条件公开、立案程序公开、诉讼收费标准公开、诉讼文书格式公开等；审判公开包括应当公开审理案件的范围目录公开，审理人员信息公开、庭审过程公开、媒体信息公开，具体为凡是不涉及国家秘密和个人隐私的案件均应公开；案件听证公开包括各种证据的举证、质证和定性均应公开，庭审过程应允许公民自由旁听；执法公开包括执行的程序、规则、当事人的权利和义务、执行进程、执行结果等公开，经济活动中的评估、拍卖、交易进程等也应公开；司法判决结果公开是指公开司法调查的过程、裁判的依据、量刑的理由以及审判的结果等。中国最高人民法院分别于1999年出台《关于严格执行公开审判制度的若干规定》，2006年出台《人民法院新闻发布制度》，2007年出台《关于加强人民法院审判公开工作的若干意见》《关于人民法院执行公开的若干规定》，2009年出台《关于司法公开的六项规定》等，强调要在司法过程中推行公开制度，为司法公开公平、阳光司法提供了理论依据和现实指导。

阳光投诉

政府进行行政管理时，为方便人们针对引发个人不满、利益受到侵害或违法犯罪等现象进行举报投诉，而尽可能公开受理投诉的平台或机构的办公场所、联系方式、处理依据、处理过程和处理结果的工作方式。它通常要求设立专门的投诉热线、网页、信箱；公布不同受理平台、机关的职能权限、人员构成、办公地点及其受理投诉的范围、处理的权限、解决投诉的方式途径、进度和结果以及解决投诉的依据原则等；同时，建立必要的被投诉者申述反馈制度、监察纠错制度、保护投诉人隐私制度以及受理投诉人不积极履行职责的处理规则等。

阳光议事制度

部分单位和组织在处理重要事项或群众关心的问题时，定期召集广泛的民意代表，就要处理的事项本着公开透明的原则进行讨论听证表决，只有经过公开讨论并获得足够支持的事项才具有合法性的民主决策管理制度。包括合理划分决策过程中必须经由代表决议表决的事项范围，确定议事的召集人或机构，参与人员的条件，设立定期议事机构确定其职责范围，人员构成及其议事程序，议事结果的落实监督措施以及违反议事程序、决议而给予的相应处罚措施等。

阳光政府

进行行政管理时做到依法行政使之公开透明，具有规律性、明晰性和可预见性，不存在徇私舞弊、幕后交易、暗箱操作的政府。其本质是执政为民的政府，决定了政府必须实行政务公开，使人民充分享受知情权和监督权；决定了政府必须更加注重以人为本，全力维护和发展人民的根本利益，真正体现执政为民的本质。阳光政府建构在信息透明公开的基础上，具体包括：政府执法行为的依据内容公开，包括政府的各种公文公开、办事的程序公开、收费依据标准公开、不同政府职能权限公开等；政府的活动过程公开，包括经常性地政府活动安排公开、通常的决策处理过程公开、处理结果进度公开等。当前民众对政府自身运作的程序、成本以及政府具体雇员的收支活动和特定事项的开销也给予高度关注，适时公布相关内容也是阳光政府建构的重要方面。

养廉银

中国清朝特有的官员俸禄制度。创建自清世宗雍正元年（1723）。本意是想借由高薪，来培养鼓励官员廉洁习性，并避免贪污发生，因此取名为“养廉”。养廉银的来源来自地方火耗或税赋，因此视各地富庶与否，养廉银数额均有不同。一般来说，养廉银通常为本薪的10倍到100倍。《清全典事例》记载：总督为13000至20000两，巡抚为10000至15000两，布政使为5000至9000两，按察使为3000至8444两。清代试图通过养廉银制度提高官员待遇来解决廉政问题，其实际结果反而助长了官员的豪奢之风，也加重了民众的负担和政府财政的困难。

业绩贿赂

发生在同系统上下级之间的一种贿赂方式。行贿人出于种种不正当的目的，故意将其业绩推到上司身上，有些上司为升官也向下级索取业绩，并封官许愿，在其得到提拔晋升后，主动或被动为下属办事。与物质贿赂相比，业绩贿赂有如下特点和危害：一是隐蔽性，二是温和性，三是多次性。铲除这一现象，既要靠教育，更要靠制度。一是公开透明，二是舆论监督，三是分权制衡。

“一案两报告”制度

调查组每办结一起重大案件、典型案件或有影响的案件后，同时要求撰写案件调查报告和案件剖析报告的制度。案件调查报告是调查组对立案检查的违纪案件调查结束后，写出的报告案件事实真相，提出定性和处理意见的书面综合材料，是对问题进行处理的主要依据。案件调查报告应包括：立案依据、主要违纪事实及性质、有关人员的责任、被调查人对错误的态度、处理建议等。案例剖析报告以对案件所暴露问题的内在原因进行解剖分析为主要内容，是开展警示教育、推进源头治腐的重要材料。剖析报告应包括：案件的主要特征、案件暴露出来的问题、案件发生的主观原因与客观原因、案件的警示作用、关于防弊、防腐、源头治理加强管理的建议等。实施“一案两报告”要按干部管理权限由本级纪检监察部门实施，主要包括以下情况：（一）贪污、受贿、违反财经纪律等经济类案件；（二）造成企业损失，损害职工利益的失渎职案件；（三）其他有必要实施“一案两报告”的案件。

一党制

国家政权长期由一个政党独占的政党体制。一党制可分为“绝对一党制”（即只有一个政党，不允许其他政党合法存在，如法西斯一党制）和“相对一党制”（除了执政党外还有其他政党，但不得与执政党分享和争夺政权，如民族主义的一党制）。一党制的优点在于，长期处于执政地位，受到其他政党的影响和干扰较小，能够执行长期政策，并使政策进行延续，还能减少内部的权力斗争，能有效保证国家决策的效率，国家与社会的稳定。但在一党制体制下，长期处于执政地位，其他政党难以有效干预错误方针的制定，同时，基于执政地位的控制力，一党制的执政党受到的监督较弱。提高监督能力、降低腐败和官本位思想是一党制的长期工作内容。

一岗双责

国家各级机关、企事业单位领导干部应当对所在单位所在岗位的业务管理工作和党风廉政建设工作负双重责任。“一岗”就是一名领导干部的职务所对应的岗位；“双责”就是该领导干部既要对所在岗位应当承担的具体业务管理工作负责，又要对所在岗位应当承担的党风廉政建设责任制负责。

一个中心，两个基本点

党在社会主义初级阶段建设中国特色社会主义的基本路线的主要内容。

“一个中心”，就是坚持“以经济建设为中心”；“两个基本点”，就是坚持“坚持四项基本原则，坚持改革开放”。新时期以来中国改革开放30余年来的伟大实践表明，坚持党的基本路线，最根本的就是坚持“一个中心，两个基本点”，这是党在社会主义初级阶段的兴国之要、立国之本、强国之路。“一个中心”和“两个基本点”是相互贯通、相互依存、不可分离的统一整体。其中，经济建设是中心，四项基本原则和改革开放这“两个基本点”必须服从和服务于这个中心。在中国特色社会主义实践中以经济建设为中心，离不开坚持四项基本原则和坚持改革开放这“两个基本点”。经济建设是以四项基本原则为政治保证、以改革开放为强大动力的；离开四项基本原则和改革开放，经济建设就会迷失方向和丧失动力。因此，要正确认识和把握它们各自不可替代的地位和作用。确立经济建设的中心地位决不能忽视和动摇“两个基本点”；而强调“两个基本点”的重要性也决不能去代替或冲击经济建设这个中心。总之，要把“一个中心”和“两个基本点”统一于发展中国特色社会主义的伟大实践，任何时候都决不能动摇。

一卡通

同一张卡上实现多种不同功能智能管理的模式。最根本的需求是“信息共享、集中控制”，使各管理系统，各读卡终端设备综合性能的智能化达到最佳系统设计。由于“信息共享、集中控制”的基本思想，一卡通被广泛应用于各行各业，根据运用的行业性质来划分，可以分为公用一卡通和民用一卡通。一卡通主要在智能楼宇、数字小区、数字化校园、移动通讯、电信、银行、广播电视、医疗卫生等领域得到普遍应用，并取得良好的社会效应，为反腐倡廉建设提供了重要的技术支持。

一钱太守

本是人们对东汉清官刘宠的称呼。后泛指为政清廉的官吏。刘宠在任会稽郡太守时，政绩卓著，廉洁奉公，朝廷调他为主管工程建设的官员。在他离任前，会稽郡山阴县有五六位鬓发斑白的老人各带了一百文钱，想送给他，刘宠不受，老人们一定要他收下。盛情难却，刘宠只好收下几位老人各一文钱。他出了山阴县界，就把钱投到了江里。后人将该江改名为“钱清江”，还建了

“一钱亭”“一钱太守庙”。

一事一议

村级每开展建设一个村级公益事业项目，都召开一次村民议事大会的制度。议事前提：一是要有发起人，二是群众对所议事项要求强烈，三是议事会范围内群众直接受益。“一事一议”采取群众自愿、权利义务一致、公平负担的议事原则。有利于增强农民集体意识、加速村民自治进程、提高农民生产生活水平及防止农民负担反弹。但目前推行过程中仍存在认识上的误区、宣传中的弱区、操作时的痛区等推行障碍。为此应当加强宣传引导、把握政策界限、加强监督管理、创新推行机制。

一台三院

唐代监察机构的简称。“一台”指中央最高监察机关“御史台”，专司监察之职，直接受皇帝控制，任务是“掌以刑法典章纠正百官之罪恶”。“三院”指御史台下设的台院、殿院、察院，共司监察但各有侧重。在“一台三院”的体制内，各部门职责明确，互相配合，对吏、户、礼、兵、刑、工形成分察制度。唐朝监察制度发展形式多样，分工明确，制度完备，为以后历朝所效仿。

一条主线、五大建设

中国共产党关于执政党建设的总体布局。内容包括是：把党的执政能力建设、先进性建设和纯洁性作为主线，加强思想建设、组织建设、作风建设、制度建设、反腐倡廉建设。十七大报告用言简意赅的语言，强调了“五大建设”的各自重点：思想建设以坚定理想信念为重点，组织建设以造就高素质党员、干部队伍为重点，作风建设以保持党同人民群众的血肉联系为重点，制度建设以健全民主集中制为重点，反腐倡廉建设以完善惩治和预防腐败体系为重点。这就为新形势下大力提高党的建设科学化水平指明了明确方向。

一言堂

与个人专断、家长制作风相关联，主要指历史上封建专制主义及家长制这种陈腐的社会现象在党和国家机关民主生活中的一种表现。一个人说了算，专横跋扈，个人高度集权，凌驾于各级政府和组织之上，使各级机关成为个人或少数人行使权力的工具的政治现象。一言堂搞说一不二，固执已见，文过饰非，听不进群众的正确意见，致使党和政府脱离群众，听不到群众的呼声，得不到绝大多数人民的支持和拥护。它的存在损害了党和人民群众的利益，破坏了党和政府的民主生活、集体领导以及民主集中制的原则。它是党和政府管理活动和政治生活中所必须克服的一种弊病，要必须加以克服。

依法行政

行政机关必须根据法律法规的规定设立，并依法取得和行使其行政权力，对其行政行为的后果承担相应的责任的原则。提高政府立法质量，是切实推进依法行政的前提；严格行政执法，是依法行政的关键；强化行政执法监督，是切实推进依法行政的保障。依法行政是政治、经济及法治建设本身发展到一定阶段的必然要求，也是市场经济体制条件下对政府活动的要求。依法行政有利于保障人民群众的权利和自由，有利于加强廉政建设，防止行政权力的缺失和滥用，提高行政管理水平。

以民为本

人民是国家存在的根本所在，把人民群众当作国家的根本、基础，要关心人民的切身利益的原则。是一种民本社会政治思想，强调国家的治乱、兴亡都以民心的向背为转移，在中国历史上特别为儒家所强调。以孟轲为代表的有识之士在社会政治生活中，摒弃夏商时期的神本观念和君本思想，高度重视人的力量和民众的地位与作用。这些思想虽非帝王所能完全接受，但对当时及后世众多开明君主产生了深远的影响，在人类历史上具有划时代的历史意义。先秦和明清之际是民本思想发展的两个高峰时期，近代以来民本思想又具有资产阶级民主的意义。

以权谋私

利用手中的权力来为个人谋取直接或间接的好处。在中国，权力来源于人民大众的授予，权力拥有者与人民之间存在一定的契约关系，其应当牢记人民的重托，除了契约规定的合理利益之外不能再谋取其他任何利益。如果权力拥有者凭借自身对权力的拥有，用权力为自身捞取直接或间接的非法利益就构成以权谋私。是腐败的实质与主要表现形式。

义利之辩

中国哲学史上关于道义和功利相互关系的争论。义与利的对立，最早由孔子提出，出自《论语·里仁》："君子喻于义，小人喻于利。"古代圣哲始终坚持以"义"为尺度来衡量取舍，孟子强调贵义贱利，董仲舒提出义利不能并存。到了宋代，程颢、程颐、朱熹等坚持董仲舒的观点，认为道义和功利是互相排斥的。为了道义，可以放弃利益，这是中华民族的一种民族精神的体现，也是千百年来无数英雄为了民族大义忘小利，甚至舍生取义的精神动力。作为廉政伦理基础的义利之辩，要求掌握一定政治权力的人在物质利益方面谦让、不苟取，反对贪污腐败。

义　务

"权利"的对称。人在相应的社会关系中应该进行的价值付出。基于法律、道德、宗教教义或其他社会规范而产生。按法律规定，义务与权利是不可分割的。根据不同标准可以对义务进行不同分类，如政治生活的义务和一般民事关系的义务、积极义务和消极义务、绝对义务与相对义务、第一义务与第二义务等。

义务观

人对社会和他人应尽的责任的理解和认识，即人的责任观念。人只有具有了正确的义务观，才能使个人需求与他人需求、个人需求与社会需求处于相平衡的状态。对于领导干部而言，更应该时刻铭记"为人民服务"的宗旨，树立正确的义务观，本着对人民负责、对国家负责、对社会负责的思想做好人民的公仆。

义援金分配委员会

日本政府对灾后善款进行专项管理的机构。2007年7月，日本新潟县遭受了6.8级大地震后，收到了来自社会各界的捐款。日本政府根据2001年4月起正式实施的《情报公开法》，成立了专门的“义援金分配委员会”来保管这笔善款。根据这一法律，普通公民可以查看各级政府部门的有关情况，合理监督。这对监管灾害后捐款的流向，起到了非常大的作用，日本民众可查看与捐赠有关的任何资料，有效预防挪用、滥用等以权谋私、贪污腐化现象的发生。

引咎辞职制度

党政领导干部因工作严重失误、失职造成重大损失或者恶劣影响，或者对重大事故负有重要领导责任，不宜再担任现职，由本人主动提出辞去现任领导职务的制度。在西方国家，引咎辞职是政治官员（指政治选举和政治任命的官员，而非一般文职人员）的一种自责行为，是自责的最严厉形式。政治官员的不称职行为或严重违背民意的行为，即使道歉也难以获得公众的谅解，只有提出引咎辞职。

隐瞒境外存款罪

国家工作人员违反国家规定，对境外的存款故意隐瞒不报，数额较大的行为。本罪的主体是特殊的主体，即只能由国家工作人员构成。本罪在主观方面表现为故意犯罪，即行为人明知自己的境外存款应当申报而故意隐瞒不报。本罪侵犯的客体是复杂客体，即不仅侵犯了国家机关的正常活动，也侵犯了国家的外汇管理制度。所谓“国家规定”，是指《中华人民共和国外汇管理条例》以及《对个人的外汇管理施行细则》等有关规定。所谓“隐瞒不报”，是指国家工作人员在境外所得的合法收入或是非法收入不按国家有关规定申报而隐瞒存入境外地区的银行或金融机构。

印度防止腐败委员会

印度中央政府的反腐机构。由中央廉政委员会、部门廉政主任和中央调查局组成。中央廉政委员会负责从总体上规划廉政工作，指导、协调和监督其他廉政机关的工作；部门廉政主任是各部门内的廉政班子负责人，主管本部门的廉政工作；中央调查局是全国范围内对中央政府属下的公务人员的腐化行为和某些经济犯罪案进行调查的专门机构，是印度政府手中强有力的调查机关和廉政工具。中央调查局在首都和各邦均设有工作站，其管辖范围包括中央政府各部门和国有企事业单位的公务员。调查局工作站可以根据调查结果向有关部门提出起诉和给予行政处分。

影响力交易

利用权力的影响力获取不正当利益的行为。《联合国反腐败公约》第18条所规定的一种新型腐败形式。包括两类情况：直接或间接向公职人员或者其他任何人员许诺给予、提议给予或者实际给予任何不正当好处，以使其滥用本人的实际影响力或者被认为具有的影响力，为该行为的受益人或者其他任何人从缔约国的行政部门或者公共机关获得不正当好处；公职人员或者其他任何人员为其本人或者他人直接或间接索取或者收受任何不正当好处，以作为该公职人员或者其他人员滥用本人的实际影响力或者被认为具有的影响力，从缔约国的行政部门或者公共机关获得任何不正当好处的条件。

佣　金

具有独立地位和经营资格的中间人在商业活动中为他人促成交易所取得的酬金。在商品交易必须通过中间人的情况下，佣金是一种带有强制性的中间剥削。大多由卖方付给，也有由买卖双方分别付给的情况。所付佣金的数额大多依商品的性质和货值多少而定。政府机关利用手中的权力换取所谓的佣金，便是一种寻租行为，是滋生各种腐败现象。

忧患意识

一种清醒的防范意识和预见意识。源于自觉的危机感、责任感和使命感。孔子在《论语》中曾经说："人无远虑，必有近忧。"《孟子·告子下》说："生于忧患，死于安乐。"意思是忧患使人生存发展，而不思进取，安于享乐，就会走向灭亡。忧患意识是中国传统廉政文化的重要内容，在培养古代官员清廉为官的责任感方面曾经起到过重要的作用。

有钱能使鬼推磨

只要有钱，连鬼神都可以役使驱遣。语出明冯梦龙《喻世明言》："正是‘官无三日紧’，又道是有钱能使鬼推磨。”鬼推磨的故事见南朝宋刘义庆《幽明录·新鬼》：一个新鬼来到人间，不知如何谋食，饿得瘦弱不堪。一次，忽然遇见一个已死了二十余年的老朋友，这个朋友却生得很是丰腴肥胖。朋友教他，只要经常去人家兴妖作怪，闹得人家不得安生，主人就会烧纸钱遣神送鬼。新鬼于是就找到了一户人家，又是推磨，又是舂米。主人见石磨无人自传，十分惊异地说：“佛怜吾家贫，乃令鬼推磨。”这个鬼的原意是作怪骗财，因此从另外一个角度看，只要给予一定的利益，便可驱使鬼为人推磨。是对社会上金钱至上、拜金主义现象的一种讽喻。

于成龙

于成龙（1616～1684年），清代山西永宁州（今山西离石）人。字北溟，别号子山。著名廉吏。顺治十八年（1661年）出仕，历任知县、知州、知府、道员，后出任两江总督。一生勤政廉洁，生活上非常简朴，每天吃青菜，终年不知肉味，人称“于青菜”。在20余年的宦海生涯中，三次被举“卓异”，以卓著的政绩和廉洁奉公的精神，深得百姓爱戴和康熙帝赞誉，被称为“天下廉吏第一”。

于 谦

于谦（1398～1457年），明代浙江杭州钱塘县人。字廷益号节庵。民族英雄。于谦十七岁时便作《石灰吟》：“千锤万击出深山，烈火焚烧若等闲。粉身碎骨全不怕，要留青白在人间。”后为官一直坚守清廉原则。有一年，于谦由山西、河南调任入京，当时纳贿送礼之风盛行，有人劝他也带些礼物去，于谦坚决不肯，举起两手笑道：“我带有两袖清风。”并作《入京诗》一首：“绢帕麻菇及线香，本资民用反为殃；清风两袖朝天去，免得闾阎话短长。”这便是“两袖清风”典故的来历，也是于谦一生廉洁的写照。

舆论监督

新闻媒体代表公众对权力运作尤其是权力滥用导致的腐败进行的监督。舆论监督的一个重要内容或手段，是揭露腐败现象。新闻报道在揭露腐败现象时，必须注意事实准确，依据法律和政策，把握分寸。结案处理前，新闻报道不得随便给当事人肯定罪名。对所有公开揭露的重大问题，都必须公开交代处理结果。如果报道严重失实，要公开更正。舆论还应当负起宣传法制、弘扬正气、交流廉政经验、推广成果做法等职责。为了正确发挥舆论监督作用，新闻工作者必须进一步提高自身的责任感和法制观念，坚持实事求是的思想路线和工作作风。

与时俱进

党建创新理论的基本观点之一。党的全部理论和工作要和时代一起进步，准确地把握时代特征，始终站在时代前列和实践前沿，体现时代性，把握规律性，富于创造性。能否始终做到这一点，决定着党和国家的前途命运。党的十五大报告明确指出："坚持党的思想路线，解放思想、实事求是、与时俱进，是我们党坚持先进性和增强创造力的决定性因素。"这就从内涵上丰富和发展了党的思想路线。在世情、国情和党情发生重大变化的今天，在充满机遇和挑战的新世纪，把与时俱进确立为党的思想路线的重要内容，具有重要的实践意义。

御史大夫

中国古代官职。负责监察百官，防范朝廷主官贪赃枉法。秦置此官，是仅次于丞相的中央最高长官，主要职务为监察、执法，兼管重要文书图籍。西汉时丞相缺位，往往以御史大夫递补，并与丞相、太尉合称三公。汉成帝时改为大司空。隋唐以后，御史大夫仅为御史台长官，专掌监察、执法。明朝洪武年间，改御史台为都察院，御史大夫遂废。

御史台

中国古代官署名。秦汉以御史负责监察事务。御史所居官署称御史府，又称兰台、宪台。南朝梁陈、北魏魏齐时称御史台。隋唐五代宋金元历代沿置。御史台是中央行政监察机关，也是中央司法机关之一，负责纠察、弹劾官员、肃正纲纪。唐朝贞观之前，御史台仅仅风闻奏事，没有司法权力。贞观间，御史台设置台狱，受理特殊的诉讼案件。中唐以后，节度使、刺史等外官可带御史台官衔，称外台。宋代元丰改制后，恢复设立御史台官署，职掌同唐朝，但不设留台，外官不带御史台官衔。元代，御史制度空前发达，御史台直接在地方设立行御史台，与行枢密院、行中书省并立。明代，废御史台，改设都察院，清沿置。

御史制

秦汉至清代的一种监察制度。秦汉时期御史制度确立下来，并发展成为重要的国家监察制度，一直延续至清。御史制度在国家的政治生活中扮演着十分重要的角色。秦汉时期，御史主管纠劾百官，虽然品级不高，但因其特有的监察权和纠劾权起到了以小制大的作用。隋唐宋元时期，御史制度沿袭前代不断发展，到明朝达到了一个新的阶段。明朝将御史台改为都察院，设左右都御史，其下有左右副都御史、左右佥都御史及十三道监察御史，监察百司。十三道监察御史在京内监察百官，在外则巡按地方。御史们直接受制于皇帝，对皇帝负责，在皇帝的授意下监察百官，从而使皇帝将中央和地方的权力都牢牢地控制在自己手里。御史在这一时期极为活跃，形成较强的言谏势力。清朝在御史制度方面又有不同。都察院内设置左都御史、左副都御史，右副都御史此时成为地方督抚的兼职头衔。

御史中丞

中国古代御史类官名。汉朝为御史大夫的次官，或称御史中执法，秩千石。掌兰台图籍秘书事，统领十三州刺史和侍御史，指挥他们监察天下郡国官吏、审计上报的各类文件、账簿等，对三公、九卿有弹劾之权。汉哀帝废御史大夫，以御史中丞为御史台长官，此后官名时有变动。明朝废御史台，改设都察院，此官遂废。清朝，督抚常带都察院右副都御史衔，时以为副都御史可比前代御史中丞，故习称督抚为中丞。

遇赦不原

中国古代，贪官在大赦天下的时候也不得赦免的律令。封建社会册立太子或太后、皇上生日时常常会发布大赦天下的诏令。《晋律》开始规定：“吏犯不孝、谋杀……受财枉法及掠人和卖、诱藏亡奴婢，虽遇赦，皆除名为民。”这条律令把官吏贪赃枉法与不孝、谋杀等重罪并列，作为不能赦免的罪行之一，开了唐宋及以后赃罪“遇赦不原”的先河，说明古代中国在吏治清廉方面的严格要求。

月旦评

亦称“汝南月旦评”。东汉末年由汝南郡人许劭兄弟所主持的对当代人物或诗文字画等品评、褒贬的一项活动。因常在每月的初一发表，故称“月旦评”。例如，许劭评曹操是“治世之能臣，乱世之奸雄”。月旦评在汝南一代蔚成风气，盛极一时，对当时社会的政治、思想文化、选官制度等均产生了重大的深远的影响。

越　权

超越权限或权力的范围。各项公务活动存在既分工又合作的关系，按照国家的法律法规，不同机构及其工作人员承担着不同的管理职能，政府必须严格按照法律规定的方式和范围进行活动，否则，超越法律规定的边界和权限范围，擅自做出某种决定就属于越权。中国通过立法法对不同法律适用都进行了详细规定，用下位法干扰和阻挠上位法的实施、做出没有明确授权的行为都属于越权。

运动反腐

亦称“群众运动反腐”。新中国成立初期通过党和政府自上而下地发动和领导群众运动，靠群众检举揭发来达到惩治预防腐败及官僚主义等现象的一种反腐败模式。这是毛泽东同志在对执政后可能出现党员干部腐化堕落现象的正确预测下提出的。“三反”运动是具有代表性的反腐运动。其间，全国共揭发出贪污分子和有贪污错误的人120多万，其中中共党员近20万人，全国共查出105916名贪污1000元以上者。20世纪60年代，在参加“四清”运动的41万人中，清查出15100人有贪污盗窃、投机倒把行为，占3.9%。当时运动反腐败的效果非常明显，对腐败分子具有很大的威慑力。这种反腐败模式在特殊的历史发展时期取得了一定的成效，但在当前经济转轨和社会转型时期，更应由运动反腐向制度反腐转变。

Z

赞助费

原指一些单位或个人出于自愿对特定的活动事项或人员群体提供的一定资金的支持，如为希望工程、慈善救助的捐款等。但现实社会中，收取赞助费成了一些单位和个人谋取非法钱财的途径。其表现为一些单位往往利用事项审批、事件办理、上下级关系等强势地位向其他单位和个人索取财物，否则就予以刁难。一部分公益事业单位如教育医疗等，利用对稀缺资源的垄断，在名校就读、孩子上学、医疗救护、结对帮扶等事项中，巧立名目，要求对方给予好处。还有一些单位或个人利用社会中的评价机制，以提供好的评价相诱惑及以不良的评价相威胁，诱迫对方提供相应资金，如各种评估和排行榜等；还有部分单位和个人以自身所处地位进行道德勒索，强迫其他单位和个人提供必要资金，如各种名目的捐献等。

赃　物

贪污、受贿、盗窃等非法获取的财物。包括各种实物形态的具体物品如货币、有价证券、财物、住房等，也包括各种含有隐形或潜在价值的字画、印章、书籍等。窝藏、转移、购买、销售赃物也是犯法行为。在中国，个人或集体国家的合法财产受法律保护，任何人不得随意以非法途径将其他人的财产据为己有，以非法途径获取其他人获得的财产即是赃物。体现了法律对非平等非公平条件下获得财产的不认同。

责任意识

认识到个人所肩负职责的范围，并自觉认真履行职责的心理特征。人是社会性动物，人在社会中生存，与他人产生经济文化政治等多方面联系，结成社会共同体，就必然要对自己、对家庭、对集体、对祖国承担并履行一定的责任。责任有不同的范畴，如家庭责任、职业责任、社会责任、领导责任等。这些不同范畴的责任，有普遍性的要求，也有特殊性的要求。当前，各级公务员应当强化责任意识，认识到自己是人民的公仆，肩负着为人民谋利益的责任，要增强为人民长远利益和根本利益奋斗的信念，为了社会的发展，国家的长治久安，人民的幸福安康而勇于担当乐于奉献。

责任追究

对未能完成工作职责或工作出现违法乱纪或造成损失及不良后果的，根据有关规定追究其相应责任，必要时追究上级相关部门连带责任的行为。通常会确立被责任追究的主体、其肩负的职责及违背职责的具体表现，以及启动追究的程序、机构，申诉的途径及矛盾的解决和最后所受到的对应惩处等。根据责任追究主体的不同，可以区分为对公职人员的追究和对非公职人员的追究，对领导班子集体的追究和领导个人的追究，发生特定事项后责任的直接追究和间接追究等。2000年1月中央纪委第四次全会、2000年12月第五次全会提出责任追究的“六个重点”是：（一）本地区、本部门出现重大经济损失；（二）发生重大事故和恶性事件；（三）不正之风严重、群众反映强烈、长期得不到治理；（四）领导干部配偶、子女利用该领导干部的职权和影响获取非法利益造成恶劣影响；（五）领导干部对自己职责范围内的反腐败工作敷衍塞责、不抓不管，以致屡屡发生大案要案、造成恶劣影响；（六）选拔任用领导干部违反有关政策和规定，造成严重后果。

铡美案

中国传统经典戏剧剧目。宋朝时，陈世美中状元，又当上驸马。原妻子秦香莲带领子女入京寻夫，陈世美不认，反使家将韩琪追杀她们母子灭口。秦香莲哭告实情，韩琪自刎于三官堂。秦香莲到包拯处控告，包拯设计招来驸马，与秦香莲对质。陈世美自以为国戚，强词狡辩。包拯不畏强权，依法审讯。太后、皇姑前来劝阻，包拯不顾，铡死陈世美。该剧歌颂了包公刚正不阿的勇气和清正廉明的品格。

占用公物

政府公务人员或行使公共职能的人员，利用个人工作上的便利，长期将公共物品拿来归自己使用的行为。占用公物具有以下特征。第一，占用公物的主体是特殊主体，即必须是党和国家工作人员或者其他公务人员中的党员干部。第二，行为人主观上必须出于故意。第三，客观上表现为行为人具有以下情形之一的行为：一是占用公物归个人使用，时间超过6个月，这里所谓“归个人使用”，是指归行为人自己使用或者供家人或者朋友使用；二是占用公务进行营利活动，这里所谓“进行营利活动”，是指利用占用的公物进行谋求利润、给本人带来经济利益的活动；三是占用公物进行非法活动，这里所谓“进行非法活动”，是指利用占用的公物进行法律法规所禁止的行为。

账外账

单位或个人在正常账簿之外另行设立的账簿。一些单位和个人为偷逃税款，损公肥私，或为逃避检查，为极少数人使用方便，而在正常供核查账簿之外设立另外的秘密账簿，如一些单位的小金库，其实质是损公肥私的违法犯罪行为。其资金通常来源于：以各种名义将部分合法收入纳入其中；截留上级拨款或上交款项将其划入秘密账簿；侵吞公款，化公为私将非法所得并入其中；将部分创收收入、罚没收入、虚列套支收入等存入特定账户。账外账已成为滋生腐败的温床，必须予以坚决查处。

甄别平反

特指对过去党内斗争中受到批判和处分（包括判刑）的党员、干部的案件，本着实事求是，有错必纠的原则，重新进行审理、复查、复议，区别真伪，对受到冤屈、被错误批判和处分的党员，进行平反昭雪，澄清历史是非，改正错误结论。20世纪40年代，毛泽东领导延安整风，总结党的历史经验，加强团结，纠正党内斗争中出现的错误，在党中央文件及领导人讲话中渐有“甄别平反”的提法。60年代曾对过去发生的所谓“反右倾”等斗争新造成的冤假错案进行甄别平反工作。粉碎“四人帮”特别是党的十一届三中全会后，党中央对“文化大革命”及历次政治运动中遗留下来的冤假错案进行了全面、彻底的甄别平反工作，为大批被错误批判、处理的党员、干部澄清了历史是非，落实了政策。

整　党

整顿党的组织。新中国成立后，中国共产党主要经历了三次整党活动，分别是1951～1954年的整党运动、1969～1971年的整党建党运动和1983～1987年的整党运动。整党的任务是统一思想，整顿作风，加强纪律，纯洁组织。整党的步骤，一般是从中央到基层组织，自上而下、分期分批地整顿。整党与整风的区别在于，整风主要是整顿党内特别是各级领导机关和领导干部的思想工作作风问题，而整党则除了整顿思想工作作风之外，还要进行组织整顿，纯洁党的队伍。整风除特别突出的问题外，不对党员作组织处理，而整党则要讨论并决定对不合格党员的处理问题，借以纯洁党的组织。历史上的多次整党，有成功的经验，也有失败的教训。在社会主义现代化建设和改革开放的新形势下，需要认真地总结这方面的经验教训，使党的建设能够适应新的形势和任务的要求。

整　风

整顿党的作风。是在一定的时间内，在全党范围通过批评与自我批评的方式进行马克思主义教育，集中对党的领导机关的干部或党员的思想和工作作风进行的全面整顿。从而解决党内思想矛盾的一种重要形式。整风对纠正党内各种不良作风和现象，统一思想，进一步实现党在思想上、组织上的高度一致具有重要作用和意义。中国共产党最早的整风，是1942年到1945年初毛泽东倡导的延安整风运动，此后有1950年的各级领导机关的整风运动，1957年的整风运动（不久发展成为整风反右运动）。整风的内容，主要是反对和纠正当时党内存在的主要错误思想倾向，纠正不正之风，提高党的马克思主义理论水平。整风的方针是“惩前毖后，治病救人”“团结—批评—团结”，即从团结的愿望出发，通过批评和自我批评，在新的基础上达到新的团结统一。整风的方法是在学习文件的基础上，开展批评和自我批评，实事求是地总结检查思想和工作，纠正错误的思想倾向和作风，提高思想认识，端正思想作风。

正当所得

依据法律规定，通过诚实劳动或其他法律所认可的继承、利息等方式所获得的各种报酬收入。凡收入主体以自己的合法行为取得，不论缘于劳动要素还是非劳动要素而形成的经济收入，都属于正当所得，受法律保护。近年来，随着市场经济改革的深入推进，专利、技术、财产、股票、管理等要素也被认为可以参与财富的创造，因而人们凭借对这些要素的拥有而获得的财富也属正当所得。是相对于贪污受贿、洗钱诈骗、抢劫勒索、违法犯罪获益等非法所得而言的。

正其谊（义）不谋其利，明其道不计其功

做事情的出发点在于它合不合乎道义，而不是贪图功利。西汉董仲舒的义利观。语出《汉书·董仲舒传》：“夫仁人者，正其谊不谋其利，明其道不计其功，是以仲尼之门，五尺之童，羞称五霸，为其先诈力，而后仁义也。”“谊”通“义”。从伦理学的角度而言，是要求自己的行为和动机应以符合道义为价值取向，而不应该以谋取功利为动机和目的。

正人先正己

要让别人做到公平正直就必须自己先做到。是对中国伦理思想中关于执政者率先正己方能正人思想的表述。语出《论语》：“苟正其身矣，于从政乎何有？不能正其身，如正人何？”为儒家所倡导，是儒家德治理念的重要内容。也是现今廉政文化建设的重要精神财富。

政府采购制度

对政府采购行为进行规范管理的一系列法律制度和惯例的总称。政府采购就是指国家各级政府为从事日常的政务活动或为了满足公共服务的目的，利用国家财政性资金和政府借款购买货物、工程和服务的行为。具体包括政府采购政策（采购的目标和原则）、政府采购的方式和程序、政府采购的组织管理等。完善、合理的政府采购制度对社会资源与财政资金的有效利用具有重要作用。

政府公信力

政府所具有的使公众信任的力量。具体是指政府的行为、政策等在公众群体社会中的影响力。政府作为一个为社会成员提供普遍服务的组织，其公信力通过政府履行其职责的一切行为反映出来，因此，政府公信力实际上是公众

对政府履行其职责情况的评价。政府要提高公信力，就必须是一个负责任的政府，以公民为本位的服务型政府，依法行政透明的政府。

政府会计制度

根据国际会计准则委员会的规定，用于确认、计量、记录和报告政府和事业单位财务收支活动及其受托责任的履行情况的会计体系。由于各个国家的政治经济体制和管理体制不同，政府会计的内涵也有一定差别。通常将政府会计界定为是一门用于确认、计量、记录政府受人民委托管理国家公共事务和国家资源、国有资产的情况，报告政府公共财务资源管理的业绩及履行受托责任情况的专门会计。政府会计制度的基本目标应以反映政府受托责任的履行情况为主。内容概括起来可称为“一项制度，两个体系”，即：政府会计准则体系、政府会计制度体系和政府财务报告制度，具有监控预算执行过程的合规性、提高财政透明度以及评价政府绩效、解脱受托责任等功能。

政府论

英国约翰·洛克于1690年出版的旨在为1688年英国光荣革命的正当性辩护的政治著作。分为上、下两篇，上篇主要是针对英国当时一位非常有名的作家菲尔默所持“君权神授”观点的论战，阐释了他主要的政治思想。下篇提出统治者的权力应来自于被统治者的同意，建立国家的唯一目的，是为了保障社会的安全以及人民的自然权利，当政府的所作所为与这一目的相违背的时候，人民就有权利采取行动甚至以暴力的方式将权力收回。《政府论》所涉及的理论相当广泛：自由说，权利说，分权说，契约论，法治论等，而它们的出发点和基础则是一种以人类理性为核心的自然法论。其中的一些论断，对我们今天要建设的“服务型政府”仍具有一定的启示意义。

政府信息公开条例

2007年4月，中国公布的相关条例。该条例于2008年5月1日起生效。为贯彻施行《中华人民共和国政府信息公开条例》，2008年4月29日，国务院发布了《国务院办公厅关于施行〈中华人民共和国政府信息公开条例〉若干问题的意见》（国办发〔2008〕36号）。政府信息包括政府机关掌握的与经济、社会管理和公共服务相关的，以纸质、胶卷、磁带、磁盘以及其他电子存储材料等载体反映的内容。该条例对于打破信息不对称、提高政府工作透明度、提升公众对政府的监督力有着积极的作用。

政府职能

亦称“行政职能”。国家行政机关依法对国家和社会公共事务进行管理时应承担的职责和所具有的功能。反映着公共行政的基本内容和活动方向，是公共行政的本质表现。中国政府主要有四大政治职能：军事保卫职能，即维护国家独立和主权完整、保卫国防安全、防御外来侵略的职能；外交职能，即通过政府的外交活动，促进本国与世界其他各国正常的政治、经济往来，建立睦邻友好关系，促进国与国之间互惠互利，反对强权政治，维护世界和平等方面的职能；治安职能，即维持国家内部社会秩序、镇压叛国和危害社会安全的活动、保障人民的政治权利和生命财产安全、维护宪法和法律尊严的职能；民主政治建设职能，即通过政府活动，推进国家政权完善和民主政治发展的职能。

政绩工程

群众对一些干部为了显示所谓“政绩”，为个人捞取荣誉、升迁而上马的各种工程的辛辣说法。政绩工程最显著的特征就是不量力而行，不结合本地经济发展的具体实际，劳民伤财，华而不实。彻底根除这一弊端要求领导干部树立正确的政绩观。一要从实际出发，办实事、求实效，不浮夸，要力戒形式主义和长官意志。二要树立“执政为民”的从政理念，真正做到权为民所用，情为民所系，利为民所谋。对那些公众关注度高的大型工程的建设与否、标准如何，要由当地人民群众来定夺，避免那些超越实际发展水平和百姓难以承受的“面子工程”。三要建立健全绩效审计和责任追究制度，对不求实绩实效、热衷于搞“政绩工程”的领导干部，严肃追究行政责任，问题严重的要毫不留情地摘掉其头上的“乌纱帽”。

政绩观

领导干部对政绩的总的看法，包括对什么是政绩，为谁创造政绩、如何创造政绩和怎样衡量政绩等的根本认识和态度。对干部如何从政、如何施政具有十分重要的导向作用，是人生观、价值观和世界观在领导干部思想中的根本体现。牢固树立正确的政绩观，是加强干部队伍建设的根本要求。党的十六届四中全会强调，坚持科学发展观和正确政绩观。这就是要求领导干部要本着以人为本、执政为民的宗旨，坚持实事求是的思想路线。

政务公开

将政府筹划及正在进行的各项工作内容及进程予以公开，任何公民都可以通过特定途径，如政务公开栏、政务公开网络等进行查询、监督的制度。既包括政府信息公开，也包括行政权力及其运行过程的公开。政务公开主要有六种形式：一是政府新闻发布会；二是政府公报、政务公开栏、公开办事指南和其他形式；三是利用报刊、广播、电视、网络等媒体；四是社会公示、听证和专家咨询、论证，以及邀请群众旁听政府有关会议等；五是通过各类综合或专项行政服务中心，对行政许可、公共服务等事项予以公开；六是逐步扩大网上审批、查询、交费、办证、咨询、投诉、求助等基本服务项目范围，使群众直接在网上了解相关政务信息。推行政务公开有助于政府加快转变职能，创新管理方式，形成行为规范、运转协调、公正透明、廉洁高效的行政管理体制；有利于切实保障人民群众的知情权、参与权和监督权；有利于扩大基层民主，保证人民群众依法参与管理国家事务和社会事务，管理经济和文化事业。

政治互殴

西方国家的政客往往通过揭出政治对手的各种丑闻和花边新闻来进行互相攻击的现象。在美国中期选举和总统大选中，媒体上到处可见以揭短、抹黑等手段进行个人攻击的政治竞选，被称作“负面竞选”。对于这些攻击对手丑闻的竞选方式，选民虽然不一定完全相信，但至少会留下深刻印象。美国宾夕法尼亚大学的政治学学者凯特尔评论说：“在一场至关重要的选举中，由于胜负影响太大，两党把任何过度的行为都视作合理。”美国国会共和党全国委员会的发言人福蒂也曾一针见血对媒体说：“为什么这次选举中出现这么多负面攻击的广告？因为它有效。”这种“政治斗殴”的结果也让政客的整体形象越来越娱乐化。这是西方政党制度固有的一种丑恶现象。

政治迫害

政客或政党基于政治目的对持不同政见的个人、团体或其他党派，利用政治手段进行迫害的行为。对个人往往采取肉体上伤害、毁灭，限制人身自由及其他合法权利，恐吓，人格上诋毁，道义上诽谤等方式；对团体或其他党派往往通过组织上瓦解、经济上制裁，阻挠其活动等途径来达到目的。

政治生态

一个地方政治生活现状以及政治发展环境的综合状态。核心是领导干部的党性问题、觉悟问题、作风问题，因此必须长期培育、持续建设。营造良好的政治生态，领导干部要树立正确的权力观、事业观，心系群众、服务群众，始终保持清正廉洁。

政治责任

政府及其工作人员制定符合民意的公共政策并推动其实施的职责，以及没有履行好职责时应承受的谴责和制裁。政治责任的评价与追究是以制度道德即制度规范及其价值原则为基本评价标准的。这就要求政治责任主体即政府官员需要不断强化政治责任意识，提升个人的道德素养。

执法监察

监察执法部门依照国家法律规定对执法部门及其工作人员执行国家法律法规的情况进行监察的行为。包括对有关部门行为进行评估、对执法不当行为进行纠正、对不法行为进行惩戒、对存在的问题进行督促整改、对未落实部分要其落实等。它是不同权力部门相互监督制约的具体体现，通过相对独立部门的监察督促，有利于发现部门内部存在的通常未能加以重视或长期隐藏的问题，对于法律的权威和具体结论的落实有着重要意义。

执政党

通过制度性选举或暴力革命而执掌一国政权的政党。在资本主义国家，执政党又称在朝党。在各个不同政体的国家，执政党的含义有所不同，在实行议会内阁制的资本主义国家，执政党是指在议会竞选中获得多数席位的政党；在实行总统制的资本主义国家，执政党是指在总统竞选中取得总统职位的政党；在实行多党制的资本主义国家，内阁如果由几个政党联合组成，这几个政党就都是执政党；在社会主义国家，无产阶级政党是执政党。

职务犯罪

国家机关、企事业单位、人民团体工作人员利用职权，贪污、贿赂、徇私舞弊、滥用职权、玩忽职守，侵犯公民人身权利、民主权利，破坏国家对公务活动的规章规范，依照刑法应当处以行政处罚的犯罪。其本质特征是以权谋私、权钱交易，主要表现是贪污贿赂、挪用公款等经济犯罪和渎职侵权犯罪，是腐败现象最突出的表现，败坏政府的威信，损害公众利益，具有严重的危害性。

职务侵占罪

公司、企业或者其他单位的人员，利用职务上的便利，将本单位财物非法占为己有，数额较大的行为。犯罪主体为特殊主体，包括公司、企业或者其他单位的人员。职务侵占罪在主观方面是直接故意，且具有非法占有公司、企业或者其他单位财物的目的。犯罪客体是公司、企业或者其他单位的财产所有权。侵犯的对象是公司、企业或者其他单位的财物，包括动产和不动产。所谓“动产”，不仅指已在公司、企业、其他单位占有、管理之下的钱财（包括人民币、外币、有价证券等），而且也包括本单位有权占有而未占有的财物，如公司、企业或其他单位拥有的债权。就财物的形态而言，犯罪对象包括有形物和无形物，如厂房、电力、煤气、天然气、工业产权等。在客观方面表现为利用职务上的便利，侵占本单位财物，数额较大的行为。具体而言，包括以下三个方面：必须是利用自己职务上的便利，利用职权及职务有关的便利条件；必须有侵占行为；必须达到数额较大的程度。

职　责

担任特定职务应当履行的与职务相应的责任和义务。社会为了应付各种事情以及提高效率的需要，往往会将不同的事情交由不同的人来做，并规定不同的人承担不同的职责，承担相应的权利和义务。提倡廉政建设，就要使不同的人员意识到自身不同的职责，做好本分工作，不越位，不缺位，兢兢业业地为人民谋利益。

制 裁

法律上指对违法犯罪者的惩罚。包括刑事制裁、民事制裁和行政制裁等，刑事、民事制裁是法院对违反刑事、民事法律者的制裁；行政制裁是国家行政机关对违反国家其他法律、法令者的制裁。中国法律规定，刑事制裁或刑事惩罚表现为刑罚方法，分主刑和附加刑两类。

制度防腐

对腐败的预防和惩处，注重从制度体系上进行规范的机制。是从源头上防治腐败的有效途径。首先通过宪法以及具体的各项法律确立反对腐败的相关条文，形成各种具体制度，这些制度应当涉及经济政治文化等各个方面，并通过党的一些文件，使领导干部的具体行为都有章可循。其次，要设立各种执行法律的各种机构，确保法律的规定能落到实处。再次，要通过法制的建设，创造全社会共同反腐败的氛围。通过立法，媒体支持或舆论号召等形式使网络、非政府组织、民间力量等都能对官员的行为进行监督。

制度公正

社会各项制度的宏观设计能够有利于公平正义的实现的原则。制度设计缺失公正性，执行制度便是非正义的行为。马克思指出，工人之所以受剥削、受压迫的根源在于不平等的资本主义私有制存在，即资本家占有生产资料，而工人不占用任何生产资料，因而他给出的改变这种状况的方式就是，打碎原有的旧制度，与过去的一切决裂，建立以生产资料公有制为基础的新制度。邓小平指出，“制度好可以使坏人无法任意横行，制度不好可以使好人无法充分做好事，甚至走向反面。”近代美国哲学家罗尔斯在其《正义论》中强调了构建公平正义的制度力促社会公平正义的实现的重要性。主张要实现社会主义，必须立足于保护弱势群体的利益。法律和体制如果是不正义的，那么无论它们多么有效，多么有条不紊，也必然会为人们所改革或废除。制度公正应在法律制定、财产保护、自由平等、利益分享及弱势群体帮扶等方面得到体现，在政治领域，应创造条件确保每一个人在法律面前平等，把人人自由全面发展作为社会发展的核心理念；在经济领域，要使个人的所得与付出相当，弱势群体也应从社会得到必要的回报；在司法领域，法律面前人人平等，罪责相当等必须得以贯彻。

制度性腐败

掌握国家权力的一部分人，利用国家具体制度或体系上的某些缺陷，通过权力结伙的方式，形成一种跨行业、跨地域、跨系统的非正式群体，对社会财富进行疯狂掠夺的体系内腐败。其实质是用特权干预法权，用权威对抗秩序，用个人贪欲侵占社会利益。主要特征在于腐败分子利用现有政治、经济体制中的缺陷或漏洞为其腐败行为服务。组织特征是各个部门都由腐败成员把持，上下有序，分工明确，利益均沾。在现实生活中，表现出的一把手决策吃回扣、学霸操纵瓜分学术资源、公务员大吃大喝、三公消费严重脱离实际需求等均是制度性腐败的体现。

制度真空

在具体事项的落实中缺乏制度层面的规定，或者虽有制度的规定但相关的支持力度太弱或规定不够具体，而使规定只能流于形式的现象。在现实生活中，由于立法的滞后或社会相关演变的过于复杂，一些领域尚缺乏相应的制度与之相配套和指导，从而形成制度真空。

治国必先治党，治党务必从严

2000年1月14日，由江泽民在十五届中共中央纪律检查委员会第四次全体会议上提出的重要思想。进入20世纪90年代后，随着世界上不少国家和地区长期执政的政党，尤其是共产党组织纷纷失政下野，中国共产党对执政党自身建设的认识更加深刻。在这次讲话中，江泽民指出：由于党是领导建设有中国特色社会主义伟大事业的核心力量，当今的世界又处于深刻的发展变化当中，改革正处在攻坚阶段，发展处于关键时期，中国的事情办得怎么样，关键取决于党，取决于党的思想、作风、纪律、组织状态和战斗能力、领导水平，所以从党的性质、党在国家和社会生活中所处的地位、党肩负的历史使命看，治国必先治党，治党务必从严。治党始终坚强有力，治国必会正确有效。这是对党长期从严治党传统的继承和发展，也是在对世界上其他长期执政党失败教训进行总结的基础上得出的结论。

治理商业贿赂专项工作

为进一步规范市场秩序，维护公平竞争，促进改革开放和经济社会健康发展，中央要求在全国范围内开展的专项治理工作。2006年2月8日，中共中央办公厅、国务院办公厅印发了《关于开展治理商业贿赂专项工作的意见》，对治理商业贿赂作出全面部署。为加强对治理商业贿赂专项工作的组织领导，中央成立了由中央书记处书记、中央纪委副书记何勇同志任组长的治理商业贿赂领导小组，并在中央纪委监察部设立办公室承担日常工作。

质　询

国家代表机关代表在代表机关开会期间对政府工作提出问题，要求答复。国家代表机关对政府实行监督的一种形式。中国宪法规定："全国人民代表大会代表在全国人民代表大会开会期间，全国人民代表大会常务委员会组成人员在常务委员会开会期间，有权依照法律规定的程序提出对国务院或者国务院各部、各委员会的质询案。受质询的机关必须负责答复。"

中共中央纪律检查委员会

全称为中国共产党中央纪律检查委员会，简称为中共中央纪委、中央纪委或中纪委。中国共产党最高纪律检查机关。由中国共产党全国人民代表大会选举产生，承担监督党风党纪和反腐智能，实行书记负责制。新民主主义革命时期，党内专门监督机构经历了从1927年党的五大提出设立中央监察委员会，到1928年底改为中央审查委员会，再到1945年党的七大要求重设中央监察委员会的过程。新中国成立后，根据形势发展要求，1949年11月中共中央决定设立中共中央纪律检查委员会和各级党的纪检机构，首任书记是朱德。1955年3月中国共产党全国代表会议决定设立中央监察委员会，代替中央纪律检查委员会。"文化大革命"开始后，党的纪律检查机关被冲垮，九大正式取消纪律检查机关。1978年12月党的十一届三中全会决定重新设立中央纪律检查委员会，在中央委员会领导下进行工作，每届任期五年。

中国共产党纪律处分条例

2004年2月18日，中共中央颁发的相关条例。分三编、十五章、一百七十八条。它是贯彻落实党要管党、从严治党原则的重要举措，目的是维护党的章程和其他党内法规，严肃党的纪律，纯洁党的组织，保障党员民主权利，教育党员遵纪守法，维护党的团结统一，保证党的路线、方针、政策、决议和国家法律、法规的贯彻执行。

中国官僚政治研究

中国第一部用马克思主义科学方法系统地剖析传统官僚政治的著作。出版于1948年初。作者是民国时期著名的政治学家王亚南。其最具代表性的观点是，“历史家倡言中国一部二十四史是相砍史，但从另一个视野去看，则又实是一部贪污史”。该书从分析中国社会经济形态入手，结合秦汉，以至民国的历史找出官僚政治的产生、形态和特征，及其与封建社会长期停滞的关联；并从与西方官僚制度的对比中，揭示出官僚政治发展和转化的一般规律，颇多卓越创见，至今仍具现实意义。

中国纪检监察学院

中央纪委监察部直属事业单位，承担着纪检监察专业人才培养、纪检监察学科建设、党员干部廉政教育培训、反腐倡廉理论研究、国际反腐败交流与合作和开展党员干部廉洁从政教育等工作的学习机构。成立于2010年10月11日，功能定位明确为“三个基地、两个中心”：纪检监察专业人才培养基地、纪检监察学科建设基地、党政领导干部廉政教育基地以及反腐倡廉建设理论与实践研究中心、国际反腐败交流与合作中心。

中华人民共和国惩治贪污条例

中国为惩治贪污腐败而制订的相关条例。1952年3月28日由政务院通过，4月18日由中央人民政府委员会批准，并于4月21日公布施行。该条例规定，一切国家机关、企业、学校及其附属机构的工作人员，凡是侵吞、盗窃、骗取、套取国家财物，强索他人财物，收受贿赂以及其他假公济私违法取利之行为，均为贪污罪，将要受到严格的惩处。该条例对新中国成立以来反腐倡廉工作有重要价值，推进了中国反腐败的法制化进程。

中华人民共和国反洗钱法

中国为了预防通过各种方式掩饰、隐瞒的洗钱活动而制定的相关法律。2006年10月31日由第十届全国人民代表大会常务委员会第二十四次会议通过，分为总则、反洗钱监督管理、金融机构反洗钱义务、反洗钱调查、反洗钱国际合作、法律责任、附则等七章。这是中国第一部关于反洗钱的专门性行政法律，对于有效地防止和打击相关犯罪具有重要意义。

中华人民共和国公务员法

中国为了规范公务员的管理，保障公务员的合法权益，加强对公务员的监督，建设高素质的公务员队伍，促进勤政廉政，提高工作效能而制定的相关法律。2005年4月27日由中华人民共和国第十届全国人民代表大会常务委员会第十五次会议通过，自2006年1月1日起施行。该法规定中国公务员的范围是指依法履行公职、纳入国家行政编制、由国家财政负担工资福利的工作人员。确立了公务员分类管理原则，即公务员职位划分为综合管理类、专业技术类和行政执法类等类别，再根据职位类别设置不同的职务序列，将公务员分为领导职务和非领导职务；完善了职务级别制度；对职位聘任制度作了明确规定。公务员法明确了公务员的权利和义务、公务员管理机构和有关法律责任。涵盖了公务员管理的各个环节和各个具体制度。

中华人民共和国物权法

中国为维护国家基本经济制度，维护社会主义市场经济秩序，明确物的归属，发挥物的效用，保护权利人的物权而制定的相关法律。2007年3月16日由中华人民共和国第十届全国人民代表大会第五次会议通过，自2007年10月1日起施行。物权法是国家的基本财产法，基本范畴大体有三个方面：确定物的支配秩序，建立“定分止争”的法律基础；建立物权变动制度，保障物权取得人的交易安全；建立第三人保护制度，保障利害相关人的交易安全。

中华人民共和国行政处罚法

1996年3月17日，第八届全国人民代表大会第四次会议通过的相关法律。目的是为规范行政处罚的设定和实施，保障和监督行政机关有效实施行政管理，维护公共利益和社会秩序，保护公民、法人或者其他组织的合法权益。该法对行政处罚的追究时效、告知程序、形式要件等有明确规定。自1996年10月1日施行以来，该法对于规范行政处罚的设定和实施，保障和监督行政机关有效实施行政管理，维护公共利益和社会秩序，保护行政管理相对人的合法权益起到了很好的促进作用。

中华人民共和国行政监察法

1997年5月9日，八届全国人大常委会第25次会议通过的相关法律。目的是为加强监察工作，保证政令畅通，维护行政纪律，促进廉政建设，改善行政管理，提高行政效能。该法规定，监察机关是人民政府行使监察职能的机关，依照本法对国家行政机关及其公务员和国家行政机关任命的其他人员实施监察。2010年6月25日，根据第十一届全国人民代表大会常务委员会第十五次会议《关于修改〈中华人民共和国行政监察法〉的决定》进行修正，着重修订了与实际情况不符、规定不够明确等方面的条文。

竹头木屑

比喻可利用的废物。语出《晋书·陶侃传》："时造船，木屑及竹头，悉令举掌之，咸不解所以。"东晋时期江西官吏陶侃十分注重节约，把造船剩下的木屑留下来，旁人都很疑惑。冬天下了雪，路上很滑，这些木屑便被铺在雪上垫路，方便百姓行走。除此之外，他还把剩下的竹头做成战船的竹钉，把"废物"都变成了有用的东西。后也以"竹头木屑"来称赞官员勤于政事。

主官联审会签

对一定时期的经费开支计划和已完成的经费支出项目，由行政主官牵头，组织军政主官、部门领导、财务人员和有关经办人员参加，定期以会议的形式，集体研究，联合审查，集体会签的一项经费管理制度。实行主管联审会签，不仅确保了经费开支过程中不花“冤枉钱”、不花“过头钱”、不花“无效益钱”的现象，还使有限的经费发挥出最大效益。做好主管联审会签，一是严把准备关，二是严把审查关，三是严把查处关。主管联审会签制，作为一项强化廉政建设的措施正式出台后，各部门以党委名义下发文件，再颁布实施。有效地刹住了一些不正常、不合理或是不科学的开支，避免了盲目开支、交叉花钱，使廉政建设出现了好的局面。

专项治理

在某一行业或专业领域进行的治理活动。如治理教育乱收费、治理商业贿赂、清理“小灵通”捆绑办公电话、治理小金库、治理三公消费、治理庆典论坛过多过滥等，都是曾经开展过的专项治理工作。

咨　询

询问，请教。通过某些人头脑中所储备的知识经验和对各种信息资料的综合加工而进行的综合性研究开发。咨询产生智力劳动的综合效益，起着为决策者充当顾问、参谋的作用。

资产阶级腐朽思想

基于资本主义的经济关系和政治制度而产生并为它们服务的思想体系。以极端个人主义为核心，主要表现为唯利是图、损人利己、尔虞我诈、腐化堕落等。在社会主义中国，资产阶级作为阶级已经消灭，但资产阶级腐朽思想仍然存在。党的十一届三中全会后，随着改革开放政策的深入推行，资产阶级腐朽思想逐渐侵入中国，给社会风气和党内作风建设带来严重的负面影响。1980年8月18日，邓小平同志在中共中央政治局扩大会议上的讲话《党和国家领导制度的改革》中指出：“由于近年国际交往增多，受到外国资产阶级腐朽思想作风、生活方式影响而产生的崇洋媚外的现象，现在已经出现，今后还会增多。这是必须认真解决的一个重大问题。”在党的十二大开幕词中，邓小平同志再次深刻指出：“我们坚定不移地实行对外开放政策，在平等互利的基础上积极扩大对外交流。同时，我们保持清醒的头脑，坚决抵制外来腐朽思想的侵蚀，决不允许资产阶级生活方式在我国泛滥。”

资产阶级人生观

反映资产阶级对人生根本看法的价值体系。核心是利己主义。与无产阶级人生观根本对立，有合理的一面，但主要体现的是资产阶级私有制，是腐朽的价值反映。

资源配置

在一定的范围内，对各种社会资源按不同用途进行分配的行为。资源的稀缺性决定了任何一个社会都必须通过一定的方式把有限的资源合理分配到社会的各个领域中去，以实现资源的最佳利用，即用最少的资源耗费，生产出最适用的商品和劳务，获取最佳的效益。资源配置合理与否，对一个国家经济发展的成败有着极其重要的影响。

子 罕

春秋时期宋国的卿（司城）。又称司城子罕。乐父衎的后裔，宋国贤臣。宋国有人得了块玉，拿去献给子罕。子罕没有接受，并说："我把不贪心作为宝，你把宝玉作为宝；如果你把玉给了我，我们都失去了自己的宝，不如各人留着各自的宝。"体现了子罕清正廉洁的形象，对现代的廉政文化建设具有重要意义。

自 律

遵循法度，自我约束。在没有人现场监督的情况下，通过自己要求自己，变被动为主动，自觉地遵循法度，拿它来约束自己的一言一行。在廉政建设中，要大力提倡廉洁自律。

自由裁量权

国家行政机关在法律、法规规定的原则和范围内有选择余地的处置权力。一般可以划分为以下几种：在行政处罚幅度内的自由裁量权，即行政机关在对行政管理相对人作出行政处罚时，可在法定的处罚幅度内自由选择，包括在同一处罚种类幅度的自由选择和不同处罚种类的自由选择；对事实性质认定的自由裁量权，即行政机关对行政管理相对人的行为性质或者对管理事项的性质的认定有自由裁量的权力；作出具体行政行为时限的自由裁量权；对情节轻重认定的自由裁量权；决定是否执行的自由裁量权等。

自由主义

主张个人完全自由发展、自由表现的思想与意识形态。是19世纪初出现的资产阶级政治思潮，提倡以私有财产权为核心的个人权利，主张个人活动和发展的完全自由，实际上是奉行金钱的特权和垄断权。革命组织中取消思想斗争、主张无原则的和平的错误倾向，主要表现为事不关己、高高挂起，无组织、无纪律等，也是自由主义的一种形式。

自责感

当一个人因为闪现过某种念头及秉持某种情感或做过某种事情，而这种念头、情感和行为与社会认可的道德观念、法律意识或个人自身的理想追求等存在着矛盾或冲突时，个人心中为此感到愧疚和悔恨的感觉。当前廉政文化建设中尤其要树立人们正确的荣辱观念，是非意识，并使之内化为指导人们行为做事的指导原则。这样，当自身行为有所违背时，就因没有履行职责而产生自责感，从而激发在以后的工作中尽可能做得更好的愿望和勇气。

纵欲主义

一种极端化的对待人生的态度和无理性的思想意识形态。认为人生的意义在于个人欲望的无限制满足而无需在意任何后果。持这种观点的人认为人的本性在于人的自然属性即趋乐避苦，因而满足于肉体的各种生理需求就是自然而然且合理应当的事情，人生的意义在于追求各种感官的享受，其他的一切似乎都是毫无价值的。现实生活中，一些官员由于缺乏远大的理想目标，沉溺在金钱美色的诱惑之中，变得不思进取，得过且过，认为人生所能获得的只是现在，因而必须趁自己还在位、在世时尽可能地去攫取各种好处，满足各种愿望，这也是纵欲主义的一种表现。

组织监督

一个政党通过一定的组织系统，按照一定的组织制度、组织程序，运用一定的组织方法、组织手段，对党组织、党员和干部所实施的监督。不同于党内纪检监督的主体是党的各个纪律检查机关，它的主体是各级党委及其组织部门。在新民主主义革命、社会主义革命与建设过程中，中国共产党始终重视党的建设，对党内组织监督的意义、原则、重点、方法、制度等问题作了较深入、较系统的阐述，将其作为党的制胜法宝之一。

最高目标

个人、部门或整个组织最期望达成的理想。最高目标的确定往往和特定的价值体系、信仰观念、风俗习惯、能力禀赋、现实境遇以及理想认知等密切相关。就不同对象而言，有个体最高目标、社会最高目标等不同。个人奋斗的最高目标取决于个人对人生意义的理解、个人能力潜能的评价、人生的定位及实现可能的分析预期等因素的把握。社会共同体的最高目标，则与该社会团体的自我定性、价值追求、现有禀赋等密切相关。在中国，中国共产党的最高目标就是实现共产主义社会，与此同时，每一个共产党员应当为共产主义的实现而奋斗终生。

罪行豁免

司法机关为取得某些重要的证据，或为追究首恶分子的严重罪行，对同罪或罪行较轻的罪犯做出承诺，如果受起诉人放弃举证权而提供某些关键的证据，将不再对其进行刑事追究的原则。是为取得证人证言而进行的一种司法交易。通常包括两种，“证据使用豁免”是指取得豁免的证人所提供的证词，不得在以后的任何刑事诉讼中用作对该证人不利的证据。“罪行豁免”是指取得豁免的证人在提供了有关其犯罪行为的证词后，不得再就其证词所涉及的行为进行刑事追诉。在这两种形式下，证人作伪证的均不能得到豁免。

尊德性

尊崇道德修养。语出《礼记·中庸》。具有“形上”和“形下”两个层面。“形上”层面是指一种哲学思维，是对于世界和人生的本质探寻与思考；“形下”层面则是注重传统道德实践和践履的理论阐释。反映在中国传统廉政文化中，即特别强调官员的从政道德修养，强调官员为民办事的动机，是以德治国思想的重要基础。

作 风

在思想、工作和生活等方面表现出来的比较稳定的态度和风格。形成于个人的自觉要求和外在的有意识引导。通常包括工作作风、生活作风、思想作风等。

作风建设

通过多种形式使某个群体的工作、生活、学习、品德等方面表现出符合特定要求的状态或特征。在中国，不同的人往往具有不同的工作生活作风，有的距离理想的状态还有一定的距离，因而必须通过多种方式，使之向特定目标靠拢。通常采用的途径有：首先通过舆论的鼓动宣传，使人们明白特定领域的理想、应然状态，以便与自身的思想、言行相对照；告知进行这项活动的意义，使人内心认同其必要性和紧迫性。其次，通过榜样激励、个人反省、他人督促、社会惩戒等形式营造使思想言行向特定方向转变的舆论氛围和外在压力。再次，通过分析前阶段的行为及其所达到的效果，查漏补缺，梳理经验与教训，在下一阶段的活动中有针对性地选择和应对。

图书在版编目(CIP)数据

简明廉政文化词典/杨礼宾，成云雷主编．—济南：山东人民出版社，2015.5
ISBN 978-7-209-08901-2

Ⅰ．①简… Ⅱ．①杨… ②成… Ⅲ．①廉政建设—世界—词典 Ⅳ．①D523.4-61

中国版本图书馆CIP数据核字(2015)第057782号

责任编辑:王海涛

简明廉政文化词典
杨礼宾　成云雷　主编

山东出版传媒股份有限公司
山东人民出版社出版发行
社　址:济南市经九路胜利大街39号　邮　编:250001
网　址:http://www.sd-book.com.cn
发行部:(0531)82098027　82098028
新华书店经销
莱芜市华立印务有限公司印装
规　格　16开(169mm×239mm)
印　张　15.5
字　数　220千字
版　次　2015年5月第1版
印　次　2015年5月第1次
ISBN 978-7-209-08901-2
定　价　28.00元

如有质量问题,请与印刷厂调换。　电话:(0634)6216033